河北省 2016 年度哲学社会科学研究规划基金项目（项目批准号：HB16JY038）

中国古代职业教育思想研究

赵建平　路宝利　著

中国财经出版传媒集团
经济科学出版社
Economic Science Press

图书在版编目（CIP）数据

中国古代职业教育思想研究/赵建平，路宝利著.
—北京：经济科学出版社，2017.5
ISBN 978 – 7 – 5141 – 8086 – 2

Ⅰ.①中… Ⅱ.①赵… ②路… Ⅲ.①职业教育 – 教育思想 – 思想史 – 研究 – 中国 – 古代 Ⅳ.①G719.29

中国版本图书馆 CIP 数据核字（2017）第 122854 号

责任编辑：周国强
责任校对：徐领柱
责任印制：邱 天

中国古代职业教育思想研究
赵建平 路宝利 著
经济科学出版社出版、发行 新华书店经销
社址：北京市海淀区阜成路甲 28 号 邮编：100142
总编部电话：010 – 88191217 发行部电话：010 – 88191522
网址：www.esp.com.cn
电子邮件：esp@ esp.com.cn
天猫网店：经济科学出版社旗舰店
网址：http://jjkxcbs.tmall.com
固安华明印业有限公司印装
710 × 1000 16 开 21.5 印张 340000 字
2017 年 6 月第 1 版 2017 年 6 月第 1 次印刷
ISBN 978 – 7 – 5141 – 8086 – 2 定价：68.00 元
（图书出现印装问题，本社负责调换。电话：010 – 88191510）
（版权所有 侵权必究 举报电话：010 – 88191586
电子邮箱：dbts@ esp.com.cn）

前　言

　　人类社会自从有了劳动分工就有了不同劳动的技能传授活动。广义而言，这种技能传授活动便是原始的职业教育形式。伴随着人类社会的进步，中国古代职业教育现象、制度和思想经过漫长的历史积淀和实践探索，得到不断丰富和发展。回顾和研究我国古代职业教育发展的历史脉络和思想成果，广泛吸收我国古代职业教育发展的宝贵思想与有益做法，探索和建立有中国特色的职业教育理论体系，推动我国现代职业教育科学发展，是当今职业教育工作者的重要使命。

　　尽管中国古代的职业教育现象客观存在，由此生发的职业教育思想源远流长，但是在经学思想主导下的官修史籍中，除了极少的技术职官教育部分被纳入官办教育体系，其余绝大部分涉及农、工、商、医等职业教育现象和职业教育思想都以"隐性"的形态存在于史料典籍的记载中。春秋战国时期的《墨经》《考工记》，魏晋南北朝时期的《齐民要术》、北宋时期的《梦溪笔谈》、明代的《天工开物》等科技著作，不仅记载了我国古代精湛的科学技术，也蕴含了丰富的古代职业技术教育思想。中国古代还涌现了大量反映不同行业技术的著作和教材，如：农业技术著作有西汉时期的氾胜之著《氾胜之书》、东汉时期的崔寔著《四民月令》、宋代的陈旉著《农书》、元代的王祯著《农书》、明代的徐光启著《农政全书》等，医学著作有马王堆汉墓医书《黄帝内经素问》、东汉时期的张仲景著《伤寒杂病论》、唐代的孙思邈著《千金方》、明代的朱丹溪著《格致余论》和李时珍著《本草纲目》等，畜牧兽医技术教材有明代的《元亨疗马集》、清代的《养耕集》等，建筑技术教材有宋代的《营造法式》和明代的《园冶》《髹饰录》等，经商计算教材有明代的《算法统宗》《盘珠算法》等。这些大量史料典籍为深入研究我国古代职业教育思想提供了丰富的资料和素材。

对于中国古代职业教育的研究，特别是对中国古代职业教育思想的系统研究，既是职业教育院校教学和科研的现实需要，也是为我国当代职业教育发展提供传统文化滋养、注入改革发展源动力的客观需求。在学术价值方面，一是增强职业教育理论的"中国话语"，为当今我国职业教育理论体系的丰富和发展注入"本土元素"；二是廓清中国职业教育思想研究的原点和路径，从古代百家思想著作、官修史志和农、工、医、商等史料文献中考据中国古代朴素的职业教育形态和隐性的职业教育思想表达；三是力求对中国古代职业教育思想作系统的梳理，形成较为独立、系统、完整的理论研究成果。在应用价值方面，一是把中国古代职业教育思想研究成果应用到教育教学实践中，满足职业院校的教学、科研需求；二是研究过程和成果注重"古为今用"，探索用中国古代职业教育思想的宝贵基因解决当代职业教育发展的现实困惑和实际问题。

目前，对中国古代职业教育思想的研究见诸少数教育史学著作和部分学术论文中。如路宝利所著的《中国古代职业教育史》、米靖所著的《中国职业教育史研究》、孙培青所著的《中国教育思想史》、郭齐家所著的《中国教育思想史》等著作，对先秦以降的墨子、孔子、管仲、徐干、傅玄、颜之推、胡瑗、颜元等古代思想家及其职业教育思想进行了一定的研究和阐述。另外，通过检索发现，与职业教育思想研究相关的公开发表论文较多，其中包括刘立琴的《墨子的职业教育思想及其现代价值新探》、李英杰《论孔子的职业教育思想》、刘海林的《管仲与古代职业教育思想的发展起源》等。尽管这些宝贵的研究成果未能系统归纳、整理我国古代不同历史时期的代表性职业教育思想，特别是没能重视农、工、商、医等史料著作中蕴含的职业技术教育思想，但是这些成果依然为本项目作较为深入和系统的研究提供了思路，奠定了基础。

基于上述原因，一种使命感驱使著者写出一本整理和反映中国古代职业教育思想的著作。尽管深感自己对中国古代职业教育方面的研究不多，积淀浅薄，但是在路宝利研究员的鼓励和支持下，凭着多年从事《教育学》《中国教育史》教学与研究的基础和一股由责任而生发的勇气，借助课题组的集体智慧和力量，边学边研、边研边著、边著边学。因此，写作的过程也是著者自身对中国古代职业教育思想的整理、认识、理解的过程，同时也是集体智慧汇聚、碰撞、升华的过程。

在研究方法的选择和运用方面，考虑到对中国古代职业教育思想的研究既属于职业教育学研究范畴，也属于中国古代史研究范畴，因此，坚持把马克思主义的辩证唯物主义和历史唯物主义立场观点、方法论作为指导和把握本研究的根本方法，把"教育事实"作为教育思想产生的基础和根源，把史料典籍、著作文献作为考据提炼"教育事实"、分析归纳教育思想的基本依据和素材，从中查找和提炼有关古代职业教育思想的内容，并结合不同朝代和历史阶段的政治、经济、文化背景，注意经济政策、文教制度和其他思想元素同职业教育思想的相互联系以及对职业教育思想的影响。

中国职业教育思想研究的直接对象是历史文献资料。首先是全面选择和搜集研究的文献资料，对收集到的文献资料进行甄别筛选，判定其价值、类别、属性等；其次是对文献资料作进一步的细化分解，以历史阶段和具体人物为标准划分成若干研究个案，通过对史料的归纳和分析，对职业教育现象作出判断，对历史人物的论述进行观点总结，形成初步的结论；最后是汇集个案研究结论，对各个历史阶段的具体人物思想观点进行整合，抽象成系统的思想理论，基本反映出中国古代职业教育思想发生发展的历史脉络。

本研究的着力点是"挖掘"和"整理"，力图通过总结我国不同历史阶段的职业教育发展概况，介绍中国古代职业教育发生发展过程中的若干代表人物、典型著作等，阐明这些主要代表人物在其著述中直接或间接表达的有关职业教育的朴素思想观点。研究的原点追溯到具有职业教育属性的原始社会后期的劳动教育，终点确定为国内史学界通常划定古代、近代分水岭的鸦片战争之前的清代的职业教育。除了中国古代社会历史发展阶段的"经线"之外，还把关涉中国古代职业教育发生发展的政治、经济、文化、教育历史背景以及士、农、工、商、医职业教育思想研究作为"纬线"，也作为研究的路径和写作的架构。对不同历史阶段的职业教育思想及其代表人物基本采用年代排序。

任何教育现象、教育思想的产生和存在都是与时代的发展相契合的。一方面表现为这种教育现象和思想能够适应时代发展的先进性，另一方面表现为受到时代政治、经济、文化诸因素制约的局限性。同时，职业教育自身也具有其内在的发生发展规律。因此，中国古代职业教育思想中的能够反映职业教育内在规律、适应国情和文化传统的优秀基因不会因为历史的变迁而失去其价值和光彩。正如我国当代的思想文化建设必须植根于中华优秀传统文化的土壤一样，当代中国的职业教育改革发展也离不开中国古代职业教育思想的深厚滋养。所以，挖掘和整理中国古代职业教育思想，其价值绝不仅仅在于反映古代职业教育现象和思想存在的客观史实，同时必须对中国古代职业教育思想的现代价值进行考量，通过深入分析每一历史阶段的职业教育基本特征、思想贡献以及历史局限性，来寻求对当代职业教育发展的借鉴意义。

在课题研究和写作过程中，切身感受到中国历史文化浩如烟海，仅仅从古代教育思想方面看，也堪称博大精深。中国古代职业教育思想的系统研究涉及诸多知识领域，面临诸多研究难题，足以让人望而却步。但是，"千层之台起于垒土"，本书如能为我国古代职业教育研究的"千层之台"贡献"垒土"之力，自当满足心愿。因著者学识、能力水平所限，加之时间较为仓促，书中内容难免多有欠妥之处，所持观点亦为管窥之见，但求抛砖引玉，以期引发各位学者同仁以及广大读者的深入思考和广泛共鸣。

目　录
CONTENTS

第一章　**原始社会劳动教育及职业教育意识萌芽** / 1
　　第一节　原始社会劳动教育的主要形式 / 3
　　第二节　原始社会的职业教育意识萌芽 / 9

第二章　**夏、商、西周职业教育思想奠基** / 15
　　第一节　夏、商、西周时期的职业教育概况 / 16
　　第二节　夏、商、西周时期的职业教育思想奠基 / 25

第三章　**春秋战国时期的职业教育思想** / 37
　　第一节　春秋战国时期的职业教育概况 / 38
　　第二节　春秋战国时期的职业教育思想 / 46

第四章　**秦汉时期的职业教育思想** / 71
　　第一节　秦汉时期的职业教育概况 / 72
　　第二节　秦汉时期的职业教育思想 / 80

第五章　**三国两晋南北朝时期的职业教育思想** / 103
　　第一节　三国两晋南北朝时期的职业教育概况 / 104

第二节 三国两晋南北朝时期的职业教育思想 / 114

第六章 隋唐时期的职业教育思想 / 135
第一节 隋唐时期的职业教育概况 / 136
第二节 隋唐时期的职业教育思想 / 151

第七章 宋代的职业教育思想 / 171
第一节 宋代的职业教育概况 / 172
第二节 宋代的职业教育思想 / 182

第八章 元代的职业教育思想 / 207
第一节 元代的职业教育概况 / 208
第二节 元代的职业教育思想 / 221

第九章 明代的职业教育思想 / 235
第一节 明代的职业教育概况 / 236
第二节 明代的职业教育思想 / 255

第十章 鸦片战争前的清代职业教育思想 / 283
第一节 鸦片战争前的清代职业教育概况 / 284
第二节 鸦片战争前的清代职业教育思想 / 299

参考文献 / 327
后记 / 331

中国古代职业教育
思想研究
Chapter 1

第一章 原始社会劳动教育及职业教育意识萌芽

原始社会（约公元前170万年~公元前21世纪）是人类所建立的第一个社会形态，可以分为"原始人群"与"氏族公社"两大历史阶段，其中氏族公社阶段又分为母系氏族公社、父系氏族公社两个时期。考古研究表明，大约170万年前至1万年前为中国原始社会的旧石器时代，距今大约5万年至5000年为母系氏族公社时期；距今大约1万年至5000年之间是新石器时代，是从母系氏族到父系氏族过渡的历史时期。距今约四千多年前，是传说尧、舜相继掌权的时代，相当于青铜时代和早期铁器时代，是我国从原始社会向奴隶社会过渡的父系氏族公社时期。

马克思主义关于教育起源的基本观点告诉我们，教育产生于人类的生产劳动中，是随着人类社会的产生而同时产生的一种社会现象。人类在远古时代为了生产、生活和自身繁衍发展，必须进行教育活动。考古学发现和考证了原始社会普遍存在生产和生活技能技术传授活动，即原始的劳动教育。建立在原始社会分工基础上的原始劳动教育具有鲜明的生产性和实践性，已经具有了职业教育的本质特征。

原始的职业性教育活动必然会在人们的头脑中有一定的反映，产生主观的思想认识。正如恩格斯所说："历史从哪里开始，思想的进程也应当从哪里开始。"[①] 在漫长的年代里，这些主观意识不断积累和丰富着，又经过抽象、整理和深化，逐渐形成简单而零星的教育观念。到了人类有了文字的时候，人们的教育观念才变得比较复杂而有系统。后世典籍中记载了原始社会后期"圣人为师"，"教化先民"的教育传说以及"设官教民"等教育现象与制度，使这些人类早期教育思想得以保存和延续。因此，最早的传世文字记载的历史是探索中国古代职业教育思想的发端。

---

① 《马克思恩格斯选集》（第2卷），人民出版社1972年版，第122页。

第一章 原始社会劳动教育及职业教育意识萌芽

第一节 原始社会劳动教育的主要形式

旧石器时代的教育活动仅仅是人类代际间生产和生活经验的传授，作为一种生存教育在远古时代长期存在。原始社会后期，氏族公社的社会组织形式和新石器为标志的生产工具广泛使用带来原始生产力的不断进步，从而产生大量剩余劳动产品，进而带来原始社会的分工。原始社会经历了六次大的分工，每一次分工都标志着生产力水平的进步和劳动教育的发展。

一、攫取劳动教育

原始社会的自然条件极端恶劣，原始人类的生产力水平极其低下，人们只能结成原始群体，依靠集体力量战胜各种自然灾害，获得最基本的生存需要。这是一种自然分工条件下的攫取经济，如成年男子从事捕猎等劳动，妇女从事采集和原始种植等劳动，老年人指导生产，小孩帮助妇女劳动。另外，自然分工还体现在生产方式单纯依赖生存环境和自然条件，如出现靠山者为猎人、近水者为渔夫、居草者为牧民、住沃野者为农夫的发展趋向。自然分工导致与之相关的知识与技能得以积累。由于人类生存与发展的需要，攫取劳动教育依托自然分工而出现。但是，那时的教育活动只能是单一地传授采集、狩猎、耕作等活动的基本技能和如何躲避危险、获得温饱的基本生活经验。这样的原始教育活动仅仅是广义上的教育现象，在人类原始生产生活中自然存在。

原始人群阶段先民以采集为主要生活来源。妇女是采集经济的主要承担者，并负有教育儿童的责任。据《尸子》记载："宓羲氏之世，天下多兽，故教民以猎"。渔猎一般由男子担任。考古发现蓝田人以石球为狩猎武器，原始弓箭出现，狩猎技术需多人协作方能完成。《尸子》还记载："燧人之世，天下多水，故教民以渔"。山顶洞遗址曾出土一条青鱼上眶骨化石，是氏族社会捕鱼的重要证据。《世本》记载："黄帝时，诸侯有夙沙氏，始以海水煮乳，煎成盐。其色有青、黄、白、黑、紫五样。"说明原始社会末期出现海水制盐技术。对火的利用之前，原始先民"食草木之食，鸟兽之肉，饮其血，茹其毛"①；"民食果菔，腥臊恶臭，而伤害腹胃，民多疾病"，会利用火之后才使"炮生为熟，令人无腹疾，有异于禽兽"（《韩非子》）。一般认为燧人氏为取火技术的发明者。《韩非子·五蠹》中记载："上古之世……有圣人作，钻燧木取火，以化腥臊，而民说之，使王天下，号之曰燧人氏"。另据《太平御览》记载："伏羲蝉于伯牛，错木取火"，人工取火技术扩大到燧人氏以外氏族。宓羲氏、燧人氏、夙沙氏等对渔猎、取火、制盐等技术技能的发明和传播成为原始社会的重要教育内容。

二、农业生产劳动教育

大约在原始氏族公社时期，人类社会历史上经历了第一次社会大分工，即生产经济与攫取经济的分离。具体来说，就是采集、渔猎与农业、畜牧业的分离。这是原始社会发生的一场社会经济革命，带来了人类最初的社会分工。

从江苏吴县和西安半坡等地的考古发掘证明，早在七八千年以前，我国就开始了农业生产。如黄河流域种植了粟，长江流域种植了稻。随着农业生产的发展，便产生了教民农作的职业性教育。对此，古籍有如下记载：

"古之人民皆食禽兽肉。至于神农，人民众多，禽兽不足。于是神农因天之时，分地之利，制耒耜，教民农耕……"②

"包羲氏没，神农氏作。斫木为耜，揉木为耒，耒耜之利，以教天下，盖取诸益。"③

---

① 《礼记·礼运》。
② 《白虎通》卷一。
③ 《易经·系辞下》。

"尧聘弃……拜弃为农师,封之台,号为后稷"。①

"后稷教民稼穑,树艺五谷,五谷熟而民人育。"②

上述记载,由于阶级的和历史的局限性,尽管宣扬了圣人造世的历史唯心主义观点,但也反映了原始农业的发明和农作技术传授的某些事实。客观上讲,农耕技术应是人类集体智慧的结晶。原始的农业生产技术,是原始人类在长期从事采集活动的基础上逐渐发明的。

考古发现,北方仰韶文化与南方河姆渡文化时期的农业为典型代表。仰韶遗址,耕地分布在村落附近,在西安半坡、宝鸡北首岭和华县泉护村等遗址的窖穴、房屋和墓葬中,都发现了谷物的皮壳,经河北农学院鉴定为粟。另外,在半坡遗址的一个陶罐中,还发现有白菜或芥菜之类的种子,可能是人们当时有意储藏,以备种植用。可以证明,在我国农业生产上,不但种粟,而且种植蔬菜也有悠久的历史③。再有,1972～1974年在浙江省余姚地区河姆渡发现一个新石器文化遗址,在遗址第四层400平方米范围内,普遍发现稻谷、谷壳、稻秆、稻叶等堆积,最厚处达七八十厘米。根据对谷粒外形鉴定,其属于栽培稻的籼稻稻谷,距今约7000年。学者考证,河姆渡遗址第四层出土的农具是骨制耒耜,一般认为耒耜为两种农具,其区别在于刃部的不同,耒是双齿刃,而耜是有宽度而尖首形的耕具。河姆渡遗址第四层出土的骨制耒耜76件,骨制耒耜不仅数量多,而且制作精,此为原始农具重要的飞跃。这是比刀耕火种进步的农耕方法④。

三、畜牧业生产劳动教育

第二次社会大分工是畜牧业从农业中分离出来。几乎在发明农业的同一

---

① 《吴越春秋·吴太伯传第一》。
② 《孟子·滕文公上》。
③ 王玉哲:《中华远古史》,上海人民出版社2003年版,第64页。
④ 王玉哲:《中华远古史》,上海人民出版社2003年版,第66页。

时期，由于人类开始了定居生活及狩猎技能的提高，剩余劳动产品中也包括狩猎所捕获的动物，圈养在定居地，为驯养动物创造了条件。于是，原始畜牧业产生了。《淮南子·本经训》中有"拘兽以为畜"的记载，标志着畜牧业起源。早期人类在长期狩猎的劳动实践中，为了补充食物，时常有意将一些幼小的野生动物带回家中饲养，逐渐发现有一些动物可以驯化成家畜，从而出现了原始畜牧业。狗、山羊最早被驯化，其次是猪、牛、驴、马，再后是火鸡、鸡。约在新石器时期晚期，一般家畜已先后形成。河南裴李岗文化遗址中有多达一千余头牛和猪的遗骸堆积；浙江河姆渡、罗家角文化遗址中有猪骨和猪塑像，以及水牛和鹿的头骨堆积，均可证明至迟七千余年前不少重要的动物已分别在中国南方和北方驯化。传说伏羲氏"教民养六畜，以充牺牲"；还有伏羲氏"茹毛饮血，教民渔猎"之说，反映了人类在渔猎经济时代驯化家畜的努力；同时也表明最初饲养的家畜是供肉食和利用皮毛，也被用作祭品。到五千多年前从神农到黄帝的传说时代，家畜渐被用于驾车使役。以此看来，无论是裴李岗文化、仰韶文化或是河姆渡文化均有畜牧业的萌芽，农业与畜牧业生产技术传承越来越成为原始先民生存与发展的重要依托，积淀了未来畜牧业饲养与防病的经验。此经验在生产与生活中逐步传承。[①]

四、手工业生产劳动教育

第三次社会大分工是指手工业从农业中分离出来。农业和畜牧业的发展及人类定居生活，促进了手工业领域的不断扩大和原始工艺技术的传授日趋专门化。这一时期，除石器、骨器、木器等工艺制作外，还出现了制陶、纺织、房屋建筑以及育蚕治丝等原始手工业。

根据对原始制陶工艺的考证，这种技能的传授不仅具有相当丰富的内容，

---

① 王玉哲：《中华远古史》，上海人民出版社2003年版，第64页。

而且需要相当高的技术水平。如仰韶文化时期出土的细泥彩陶、西安半坡出土的黑陶，都堪称精美的艺术品。在西安半坡、华县泉护村等遗址，都发现了一些专为制造陶器的土窑遗址。仰韶文化的制陶工艺以彩陶为主，成就最高、精品最多。仰韶文化遗址中还发现石、陶制的纺轮，当时人们必然已知利用纺轮的原理捻纱的技术。另外，因氧化作用而变成红色或红褐色，使彩绘纹饰附着在陶器上，由于这种精美花纹特点，故有人称之为"彩陶文化"。仰韶文化遗址出土陶器种类较多，如炊具有鼎、釜、陶灶等，饮食器有钵、碗、盆、盘、杯等，储藏器有瓮、罐等。原始制陶工艺已经具有了相当高的水平，洗陶、制坯、装饰、烧制四道工序都具有严格细致的工艺要求，另在制造陶轮、砌窑、烧窑过程中需要许多物理与化学知识。西安半坡出土的氏族社会晚期的黑陶器，器壁薄如蛋壳，质地坚硬，表面漆黑有光，工艺精美。这就要求对每个参加制作者进行严格的训练，培养职业性的知识与技能。

又如育蚕治丝、缝衣技术的传授，同样体现了教育的职业性。《史记》提到黄帝娶西陵氏之女嫘祖为妻，她发明了养蚕，为"嫘祖始蚕"。后有碑文记载："嫘祖首创种桑养蚕之法，抽丝编绢之术，谏诤黄帝，旨定农桑，法制衣裳，兴嫁娶，尚礼仪，架宫室，奠国基，统一中原，弼政之功，殁世不忘。是以尊为先蚕。"相传嫘祖是西皮氏之女，即黄帝元妃，最早教民育蚕治丝，后世称其为先蚕。这些记载都说明了黄帝时代已经发明和传承了饲养家蚕、缫丝织布做衣服的技术。

五、天文观测知识和技术的教育

第四次社会大分工是脑力劳动从体力劳动之中分离出来。天文观测、制定和掌管历法、宗教和巫医等专门人员从体力劳动者中间分离出来，并专司其职。农业与畜牧业生产需要产生了最早的天文观测技术。当时的人们开始注意到太阳升落、月亮圆缺的变化，从而产生了时间和方向的概念。考古发掘发现，半坡氏族的房屋都向南开门，一些氏族的墓穴也都向着同一个方向。人们还在陶器上绘制了太阳、月亮乃至星辰的纹样。《中国天文学史》记载，"大约在公元前2400年，我国已经利用观测大火昏见来确定春季之始"；五帝时，"观象授时"以定农时。《史记·卷二十六·历书第四》记载："神农以前尚矣。盖黄帝考定星历，建立五行，起消息，正润余。"唐司马贞为《史记·历书》所作索引载："羲和占日，常仪占月，臾区占星气，伶伦造律吕，大桡做甲子，隶首作算术"。天文、历法、祭祀、占卜等方面的知识技术得到萌芽和发展。

六、原始交换与商业萌芽

第五次社会大分工是商人阶层的萌芽。生产的发展、社会分工的出现必然带来交换的产生。《易经·帝系篇》中有"日中为市，致天下之民，聚天下之货，交易而退，各得其所"的记载，这就是最早的商业活动。有人认为，舜是第一商贾。产品交换很早就发生了，至少不晚于第二次社会大分工的出现。但是只有在第三次社会大分工之后，交换才得到了长足的进展。交换与商品生产相互促进并发展。伴随交换规模扩大，品种增多，生产者和消费者之间直接的产品交换越来越不便利，于是专事交换的中间人——商人应运而生。考古发掘，在青海乐都柳湾的齐家文化马厂类型墓葬中，四十五号墓出土了三枚海贝，九十一号墓出土了仿贝制成的石贝，三、四、五号墓出土了骨贝，五零三号墓出土了蚌贝。这些物品虽然还有装饰品作用，还不能算作纯粹的货币，但从其普遍性和以石骨仿制贝的出现来看，贝可以被认为原始货币。海贝不是西北地区的产物，很可能是由交换得来的。[①]

[①] 王玉哲《中华远古史》，上海人民出版社2003年版，第117页。

第二节　原始社会的职业教育意识萌芽

教育是人类在物质生产和社会生活实践中产生并发展起来的。当人们在生产和生活中积累了经验、获得了技能之后，就需要通过教育的形式传播下去，以此保证历史的延续和科技的进步。因此可以说，劳动创造了人本身，同时也创造了教育活动。原始社会生产力的发展带来生产领域的细分和劳动力的分工。建立在原始生产领域分化和劳动分工基础上的原始劳动教育具有了职业教育的性质和特征。同时，随着人类社会的发展和生产技术的不断进步，人类认识自然、改造自然的主观思想也在不断丰富。原始社会的教育传说和思想认识通过口耳相传的形式，一代代流传下来，被后人记述整理成文字。从寥寥记述中，我们仍然可以找寻到朴素的职业教育意识的萌芽。

一、"圣师合一"制度特征与"崇德尚贤"思想起源

"圣师合一"语出唐代文学家、教育家韩愈的《原道》："古之时，人之害多矣。有圣人者立，然后教之以相生相养之道。为之君，为之师。"意思是：古时候，人民的灾害很多。有圣人出来，才教给人民以相生相养的生活方法，做他们的君王或老师。原始社会的生产生活环境十分恶劣，能干的人脱颖而出，便在生产活动中有意识、有步骤地把生产知识、制造使用劳动工具的方法与技能，以及生活经验、风俗习惯及行为准则等传授给部族成员，这些人便成了众人的领袖，同时也是众人的老师。古代传说中燧人氏教人钻木取火，有巢氏教民构木为巢，伏羲氏教民以猎，包牺氏教民以渔，神农氏教民稼穑，仓颉造字等，教育者"圣师合一"。即朱熹所说："有聪明睿智能尽其性者出于其间，此伏羲、神农、黄帝、尧、舜所以继天立极，而司徒之

职、典乐之官所由设也。"① 从一定意义上讲，传说中的伏羲、神农、黄帝、尧、舜等可以说是我国最早的职业教育先驱者。

父系氏族以后，生产力发展使剩余产品增多，一部分人脱离生产而从事专门管理与教育工作。早在夏以前的颛顼时代，就有"火正"一职，专门负责观测"大火"，根据其出没来指导农业生产。后来由于氏族混战，观测中止，结果造成了很大的混乱。帝尧时恢复了火正，还立羲和之官，命羲仲、羲叔、和仲、和叔分赴四方，观察日月星辰，以告农时。《尚书·尧典》记载："乃命羲和，钦若昊天，历象日月星辰，敬授人时"。说明尧帝时就有羲和专司天文观测、历法制定之职。相传尧帝时期设"四岳"为部落酋长，尧议事会成员有禹、皋陶、契、后稷、伯夷、夔、龙、倕、益、彭祖等，彼此之间无具体分工。《尚书·舜典》记载，虞时即设有学官，管理教育事务。如：以契为司徒，敬敷五教，即负责对人民进行父义、母慈、兄友、弟恭、子孝等五种伦理道德的教育责任；由夔典乐，即负责对人民进行音乐和诗歌的教育责任。《史记》记载，"昔在颛顼，命南正重以司天，北正黎以司地。唐虞之际，绍重黎之后，使复典之……"舜即位后，把尧时的部落联盟议事会变成贵族议事机构。舜根据各人所长，分别委以不同职务：禹担任司空，主平水土；后稷主持农业，播种百谷；契为司徒，掌管教化；皋陶为司法官，掌刑；倕为共工，主管手工业；益为虞官，掌山林原隰的草木鸟兽；伯夷为秩宗，主管祭祀典礼；夔为曲乐，负责教育贵族子弟；龙为纳言，专门传达舜的命令和转达下情。舜还规定，每三年考核一次官员的政绩，有成绩者加以提拔，不称职者予以撤换。舜设官分职，其管理的过程即为生产技能传播的过程。《易·系辞传》中记载："备物致用，立成器以为天下利，莫大乎圣人"。圣人为技术发明者，同时成为技术传承者。

"圣师合一"既是原始社会教育制度特征，也是原始社会"崇德尚贤"社会伦理的反映。圣人指道德极高、贡献超常的人，贤人则是指德才兼备、

---

① 《大学章句序》。

具有较大社会影响的人。古代的圣贤人物是中国传统文化的主要代表人物,历代圣人先贤的品德、思想、学说构成了厚重的中华圣贤文化。自"三皇五帝"始,原始社会的"崇德尚贤"思想成为后来中国社会丰富的伦理思想的源泉。中华文明以人为中心,在中华圣贤文化中,圣贤不是天生的,只要经过认真修养和锤炼,就能"人皆可以为尧舜"①。圣贤人物的典型特征有两个方面:一是"崇德",即重视个人的节操和修养,追求人格的完美,这是中华文化的一个重要特点。二是"为公",即舍己为公,把群体利益看得高于个人利益。《礼记·礼运》载:"大道之行也,天下为公"是中华民族优秀传统价值观的集中反映。所以,我国的职业教育在学习借鉴近代以来西方先进的科学技术和科学精神的同时,从"圣师合一"制度萌芽溯源中华教育伦理特征,从"崇德尚贤"思想溯源后世职业人才培养的"经世致用""德艺兼修"等价值追求,对于继承和发扬中华优秀传统教育思想,加强中西职业教育思想的融会贯通,促进当代职业教育的健康发展具有积极意义。

二、先哲圣贤的职业教育意识萌芽

从后世典籍对原始教育的记载中,我们可以发现当时的先哲圣贤已经具有一定的教育观念和职业人才意识的萌芽。

一是注重统治者自身的教育。《尚书·尧典》记载尧是一位"钦明文思安安,允恭克让,光被四表"的人物。《皋陶谟》更是通过皋陶之口,提出了"慎厥身,修思永""行有九德"的要求。对统治者自身的教育到商周时期演变为专门的帝王教育。之后,在漫长的封建社会中,帝王教育作为一种特殊的职业教育形式被制度化,一直延续到清朝末期封建制度解体为止。

二是注重民众教化。尧命舜推行德教,"慎微五典,五典克从"。因"百

---

① 《孟子·告子章句下》。

姓不亲,五品不逊",还命契"作司徒,敬敷五教,在宽。"①《皋陶漠》中提到"天叙五典,勃我五典五悼哉!"《国语·郑语》中记载:"商契能和合五教,以保于百姓者也。"韦昭注:"五教,父义,母慈,兄友,弟恭,子孝。"《史记·五帝本纪》也记载:"举八元,使布五教于四方,父义,母慈,兄友,弟恭,子孝,内平外成。"可见,五典,五品,五教实为一事,即"父义、母慈、兄友、弟恭、子孝"五种人伦关系及其道德规范在尧舜时代已经形成并推行教化。

三是注重生产技术教育。尧命羲和"钦若昊天,历象日月星辰,敬授民时……允厘百工,庶绩咸熙。"② 舜命弃为农官,教民"播时百谷";命禹"作司空",治沟洫,平水土;命益为虞官,掌山林。原始社会后期的设官教民制度从教育内容来看,涉及与原始生产相关的天文、农业、水利、林业等不同领域,实际上带有职业教育的性质。

四是注重人才的选拔和考核。尧选鲧治水采取了"试可乃已"的做法。舜即位后,通过民主形式选拔任命了禹等二十二人分管各方面工作,并规定了"三载考绩,三考黜陟幽明"的制度。③

因此,从原始社会教育传说的文字典籍记载可见,先哲圣贤的注重德教思想、设官教民思想、考试选拔人才的思想等都已萌芽产生了。尽管上述记载无疑掺杂着后世儒家学者的想象、夸大和附会,但在一定程度上能够反映我国原始社会末期的教育史实以及萌芽的职业人才教化意识。

三、中国职业教育思想研究的原点之辨

当前,人们对我国职业教育起源的认识观点并不统一。我们认为造成认识观点差别的根本原因在于对"职业教育"的定义是基于词源属性还是基于

---

①②《尚书·尧典》。
③《尚书·舜典》。

其本质属性。

基于词源属性来定义职业教育，是狭义的职业教育，是从欧美国家的学制系统中"嫁接"过来的。在我国的清末废科举、兴新式学堂的历史条件下，最早出现在中国近代由国家颁布的第一个规定学制系统的文件——《钦定学堂章程》（又称"壬寅学制"）中的"高等学外，得附设农、工、商、医高等实业学堂"应属此列。

基于本质属性来定义职业教育，是广义的职业教育，应追溯到我国原始社会的劳动教育。职业教育的本质属性就是劳动教育属性。职业教育产生的前提是生产领域的细分和社会职业的分工。大约在原始氏族公社时期，人类社会经历了人类历史上的第一次社会大分工，即生产经济与攫取经济的分离。具体而言，就是采集、渔猎与农业、畜牧业的分离。这是原始社会发生的一场社会经济革命，于是带来了人类社会的最初分工。正是人类有了社会分工才有了不同的职业，有了不同的职业才出现了职业性的教育，这是人类社会发展到一定历史阶段的必然产物。毫无疑问，人类社会初始的这种职业教育，只能看作原始的职业性教育，属于广义的职业教育的范畴。它不是出于教育事业内部的结构变化与任务分工而产生的狭义的职业教育，更不同于伴随近代资本主义萌芽而产生的专门职业学校教育。

四、职业教育的本质特征——"手脑教育"溯源

如果从现代职业教育主张的"手脑并用、做学合一"的"手脑教育"角度来考量，伴随着社会分工以及原始职业分化而产生的原始劳动教育首先符合"手脑教育"的定性特征。中国原始人群阶段是"手"的技术训练伴随着人身心成长的关键期。手工劳动发育了大脑，大脑思维亦逐渐指导劳动，积累经验又归纳、提炼出教育的理论材料。因此，探索职业教育之源必须追溯到原始社会的人类先民进行的生产和生活技能传授活动。

职业教育的本质特征——"手脑教育"正是人类漫长发展岁月的教育结

晶。原始社会没有现代意义的"职业",是由当时社会发展程度与分工程度低下决定的。但社会的运转和人类的生存总是需要社会中的个体承担一定的工作,这些工作广泛地分布于农耕、畜牧、手工业等领域,它们以世袭的方式代代延续,逐渐具有职业的特点。为了将这些职业领域中已有的文化知识和生产技术传播给下一代或未来从事这些工作的人,专门传授这些所谓的"职业技能"的教育在原始社会开始出现。这一时期的以生产生活技能技巧为主要内容的劳动教育具有生产性、实践性的特征,已经具有了职业教育的基本特征。

然而,随着中国古代阶级社会的到来和脑、体分化对立,"脑的教育"和"手的训练"被截然分开。直到在现代教育思想中,陶行知先生提出"手脑教育",但根本上是美国实用主义思想家杜威的"做中学"理论的翻版;而黄炎培先生"手脑并用,做学合一,理论与实际并行,知识与技能并重"职教原则客观鲜明地反映了职业教育的人本性、生产性、社会性等本质特征。

中国古代职业教育
思想研究

Chapter 2

第二章 夏、商、西周职业教育思想奠基

中国的奴隶社会（前21世纪~前470），包括夏、商、西周时期。奴隶社会是我国历史上第一个阶级社会，建立了奴隶制国家，奴隶主阶级占有生产资料并残酷地统治与剥削奴隶阶级。在教育领域，表现为奴隶主阶级垄断教育权和受教育权，产生了官办学校，设置国学、乡学，社会主流教育内容与生产劳动相分离。

与此同时，奴隶社会的生产力水平有了很大提高，农业、手工业、商业不断发展，青铜冶炼铸造、天文、历法、医学等科学技术进步很快。融合在生产实践中的生产知识和科学技术传承活动，通过"畴人世学"职官教育、培养"百工"等形式，形成主流教育体系之外的隐性职业教育。奴隶社会中无论是对奴隶实行强制性的职业训练，还是在官吏中实行"子习父学"的职官教育，其职业分工均有固定化的特点，呈现了"各守其业""不知迁业"等制度特征，对后世职业观念产生重要影响。

第一节　夏、商、西周时期的职业教育概况

奴隶制夏王朝的建立标志着我国漫长的原始社会的结束和数千年阶级社会的开始。夏、商至西周的奴隶社会大约经历了一千多年。这一历史时期，由于农业生产技术的提高和农作物产量的大幅度增加，社会分工进一步扩大。手工业的发展特别是青铜冶炼技术的提高，使大批奴隶被驱入手工业作坊，分成很多门类进行生产。此外，陶器制作技术也进一步提高。不仅有了专门作坊，而且使用的奴隶有了固定的分工。奴隶社会这种发达的手工业生产要求对手工业奴隶进行强制性的技术训练，于是形成了手工业职业教育形式。

同时，奴隶社会由于阶级对立的深化，脑力劳动与体力劳动的分工愈加明显和对立。其中一部分脑力劳动者已成为专门掌管天文、历法、医学、宗教以及农业、建造等行业的官员，出现了设官分职的现象。由于奴隶制社会"技术官守"，所以掌握技术的父亲作为职官通过家传形式传承技艺，职官之

子则就其父学，习其所业。这种具有专业分工的职官教育也是职业性教育的形式之一。①

一、"畴人世学"：技术职官教育

（一）畴官制度

父子世代相传为业的世袭职官，称为"畴人"。《史记·历书》《汉书·律历志》《史记·龟策列传》中将精通天文历法、擅长卜筮术的官吏称为"畴人"，并记述了子承父学、世代相袭的职官教育形式。如《史记·历书》记载："幽厉之后，周室微，陪臣执政，史不记时，君不告朔，故畴人子弟分散。"裴骃集解引如淳曰："家业世世相传为畴。律年二十三，传之畴官，各从其父学，义训甚明。"《史记·龟策列传》也记载："虽父子畴官，世世相传，其精微深妙，多有遗失"。畴官作为世袭官职之人，掌管天子王室中的天文、历法、建筑、制造等技术，将有关职事的技术代代相传，形成畴官之学。

职官的起源可以追溯到原始氏族时期的部落首领设官以教民。夏、商、西周时期建立起较为系统和完善的职官体系，国家的各种管理部门都设有专职官员，而且官职的分化非常精细。畴人分布于社会各个管理部门，主要负责宗教祭祀、天文历法、农业畜牧业管理、手工业管理等。夏、商时期，"巫史"承担论证王的统治合法性，负责占卜、祭祀、领兵、掌管历法、教育王子等使命，夏代的"畜夫"是征收贡赋的财务官名称，商代的小耤臣专门管理农业奴隶和农事，百工则是管理手工业奴隶的官吏。西周时期，政务职官与文化职官进一步分化，形成卿事寮和太史寮两大职官体系。隶属于卿事寮的司徒负责管理农政、山林和役徒；司空负责管理手工业和工程营造。

---

① 吴玉琦：《中国职业教育史》，吉林教育出版社，第4页。

太史寮是掌管历法、祭祀、占卜、文化教育等事务的部门，以太史为首长，下设太宗（又称"太祝"）掌管王族祭祀；太卜掌管占卜吉凶；司商掌授氏姓；丧史掌管贵族的丧葬礼仪；内史掌管策命；御史负责保存官府档案；乐正掌管音乐及教育。《管子·立政》记载当时有"虞师""司空""申田""乡师""工师"之职的区别。《周礼·天官冢宰第一》记载，以九职任万民：一曰三农，生九谷。二曰园圃，毓草木。三曰虞衡，作山泽之材。四曰薮牧，养蕃鸟兽。五曰百工，饬化八材。六曰商贾，阜通货贿。七曰嫔妇，化治丝枲。八曰臣妾，聚敛疏材。九曰闲民，无常职，转移执事。这些职官为了履行职责，必须学习所需专门知识，又因为当时实行世袭职官制度，于是便出现父传子学、子承父业的职官教育和继承现象，历史上称为"畴人世学"。因此，畴人世学具有明显的职业教育性质。畴人世学通过父子相继、世代相袭来传承一种技艺，可以保证一种技艺精益求精，还能保证技艺得以薪火相传，还可以保证家族长期占据职官之位。

（二）天文历法职官教育

夏代，劳动人民经过长期的生产实践，逐渐积累了天文、历法方面的知识。甲骨文记述了商代的天文观测活动，在卜辞中记载了"日月蚀"与"虹"现象。甲骨卜辞中有大量关于气象的记载。其中如下雨、不下雨、云、雷、虹、雾、霁、霾、阴、晴均有记载。从武丁时卜辞中可以看到，当时的历法已经具备平年、闰年。阴阳历合用、大月30日、小月29日，以干支记日。西周对于天文、历法的管理更为规范，已设专门人员管理计时仪器和进行天象观测。在历法方面，自夏代便设立了"告朔之政"，由天子向各诸侯以及天下臣民颁布历法，规定各月农事和祭祀等，以专官研究天文、历法、物候，为天子实施"告朔之政"和管理农业生产服务。世代传习天文、历法、物候等技术知识的职官便成为畴人之学的主体。据《周礼》记载，春官所属有冯相氏，设中士二人、下士四人及府、史、徒等人员，掌登高台观察天象，与保章氏同属太史，为天文官之官。数学是天文官学习的基础内容，是"六艺"之一。据《礼记》记载，周朝规定"六年教之数与方名……九年教之数目，十年出就外傅（教师），居宿于外，学书计"。其中的"计"是指一般计算能力的培养，"书计"大致相当于现在的语文和数学。

（三）医学职官教育

夏殷之际，医巫不分。如《山海经·大荒西经》所载灵山十巫善医药及占卜，《山海经·海内西经》所载的六巫"皆操不死之药"。巫师的职业主要是为人祈禳、占卜，以及治历、医药、歌舞，传授知识。巫咸为商代著名的"传天数者"，巫彭则是著名的医师，史书记载了他"操不死之药"以愈病的情况。《说文》也载有"巫彭初作医"。巫师为人祈禳、治病，归来向弟子讲授奇闻怪异之事并传授医学知识与技术。到西周时，伴随巫与医逐步分化，独立的医师职业与制度形成。《周礼·天官冢宰》记载："医师掌医之政令，聚毒药以共医事。食医掌和王之六食、六饮、六膳、百羞、百酱、八珍之齐。疾医掌养万民之疾病。疡医掌肿疡、溃疡、金疡、折疡之祝药，刮杀之剂。兽医掌疗兽病，疗兽疡。"说明当时已有食医、疾医、疡医、兽医之分。《周礼·天官冢宰》还记载："医师，上士二人，下士四人，府二人，史二人，徒二十人。"其中医师为众医之长。这些世袭的医官负责医疗和医学知识的传授，担当起了医学教育的职务。西周的医事不仅已有了分科制度，而且医学职官教育还十分注重考核。据《周礼》记载，西周的医师"使医分而治之"，对疾医分四等稽核，"十全为上，十失一次之，十失二次之，十失三次之，十失四为下"。

畴人世学的职官教育形式的产生，是由于夏、商、西周时期社会生产力不发达，"学在官府""技术官守"，不能在民间流传。因此，畴官以"宦学事师"与"父子世传"两种形式传承技术。"宦学事师"见于《礼记·曲礼上》"宦学事师，非礼不亲。"凡为官从政皆必须学习掌握岗位专有知识技能。但是，"父子世传"是夏、商、周时期畴官技术传承的主要形式。

二、"劝课农桑"：农业职业教育

夏、商、西周时期的井田制土地制度是由原始氏族公社时期土地公有制发展演变的，土地的耕作者对土地没有所有权，只有使用权。因此，官府必须承担农业生产的组织管理责任，其中包括农业知识和技术的传播和教化活动。

（一）设籍礼，帝王亲耕

夏禹特别重视农业生产，能够"卑宫室而尽力乎沟洫"，[①] 并且"身执耒锸以为民先"，[②] 亲自引领人民进行农业生产。《夏小正》等文献记载，夏代的历法已经反映了当时对农业生产基本规律的把握。商代的农业生产水平达到较高程度，甲骨文中"受年""观黍""求晴雨"等与农业生产有关的活动很多，大都由商王亲自主持。商王武丁即位之后，非常注重发展农业生产，使商王朝达到极盛。西周时期，统治者更加注重对农业生产的引导与督促，其重要表现是"籍礼"的产生与延续。籍礼是西周统治阶级重要的时政仪式。在立春前九日，掌管历法的太史观察天象和地气变化，报告给掌管农业的官员后稷，由后稷报告给国王。随后，国王派司徒通告公卿、百吏、庶民，做好行"籍礼"的准备。行籍礼时，由后稷负责监督，膳夫、农正负责布置，太史作为王的引导。具体仪式为"王耕一坡，班三之，庶人终于千亩"[③]。籍礼结束之后，各级官吏要继续监督庶人耕作。籍礼的作用在于使百姓能够敬事农业，完成生产，具有重要的教化和引导作用。这种天子亲耕以教化四方重农、务农的仪式，成为后世历代劝课农桑的重要形式。

[①] 《论语·泰伯》。
[②] 《韩非子·五蠹》。
[③] 《国语·周语上》。

（二）大司徒"教稼穑树艺"

据《史记·周本纪》载："弃为儿时，屹如巨人之志。其游戏，好种树麻菽，麻菽美。及为成人，遂好耕农，相地之宜，宜谷者稼穑焉。民皆法则之。帝尧闻之，举弃为农师，天下得其利，有功。"因教民稼穑有功，弃被舜封号后稷（司农之官）。商周时期，国家机构设置渐趋完备，专设农官以司其职，见诸文献、文物记载的即有籍臣、农正、司民、田畯等。《周礼·地官司徒》中记载，"大司徒"之职是"辨十有二壤之物而知其种，以教稼穑树艺"。具体而言，包括"一曰稼穑，二曰树艺，三曰作材，四曰阜藩，五曰饬材，六曰通财，七曰化材，八曰敛材，九曰生材，十曰学艺，十有一曰世事，十有二曰服事"。这十二项内容涉及大田农作、果树、蔬菜、山林采伐、采集野生植物、化治丝麻、豢养鸟兽等农业生产项目，体现了当时广泛的农业教育内容。可见，西周时的官府担当了农业知识及技术的传授和传播职能。

（三）设官管理农事

《周礼·地官司徒》中记载"大司徒之职，掌建邦之土地之图与其人民之数，以佐王安扰邦国"。下设有"遂人"，"以岁时稽其人民，而授之田野，简其兵器，教之稼穑"，"遂人"这一职官按时督促从事农业生产，教授给他们农业知识和技术，重在农业生产教育。"县正"职官则负责"趋其稼事而赏罚之"，即侧重于用赏罚的手段来督促和管理农业生产，重在农业生产考核和监督。承担此种职责的官员还有"鄙人"和"里宰"。"司稼掌巡邦野之稼，而辨穜稑之种，周知其名，与其所宜地，以为法而县于邑间"，"司稼"这样的职官四处巡察农业生产，对种子的情况及其适宜生长的土地情况考察清楚之后，书写具体的成文要求，颁行于乡里，以使民众能够遵循。

三、培养"百工":手工业职业教育

商代的甲骨文中,"百工"指"百官"。西周时期,"百工"成为工奴的总称,春秋时代被沿用,以后诸代,百工成为手工业者的代称。"百工"的培养分为两个阶段,一为早期父子之间的家庭教育阶段,二为之后生产过程中由官府实施的具有管理性质的教育阶段。

西周基本上承袭了商代的"工商食官"制度。当时比较重要的手工业都是由王室和诸侯贵族所控制,由百工直接掌管。百工就是"百官",他们统辖着各种行业的生产。《礼记·王制》说:"凡执技以事上者:祝、史、射、御、医、卜及百官。凡执技以上市者:不贰市,不移官。"也就是说,以技术为奴隶主贵族服务的,既不可兼做他事,也不能改变行业。西周时期的手工业,除了上述的官府手工业外,还有以家庭副业的形式存在的民间手工业,但都是为了自给自足而生产,只有少数手工业品用于交换。工商食官制度保障了官府对手工业和商业的垄断,也基本垄断了手工业技术传播。

《周礼·考工记》是记载先秦手工业技术的重要典籍,《周礼·考工记·序》记载:"智者创物,巧者述之,守之,世谓之工。百工之事,皆圣人之作也。烁金以为刃,凝土以为器,作车以行陆,作舟以行水,此皆圣人之所作也。"另外,《易·系辞传》记载:"备物致用,立成器以为天下利,莫大乎圣人",将圣人作为技术的创造者。《周礼·考工记》记载:"审曲面势,以饬五材,以辨民器,谓之百工",当时掌握生产技术者称为百工。文中还记载"攻木之工七,攻金之工六,攻皮之工五,设色之工五,刮摩之工五,抟埴之工二",生动地记述了当时手工业生产中分工极其细致的情况,也说明了当时手工业生产的专业化程度。官府手工业中的"工师"既是各种生产的管理者,也是训练手工业者的教育者。《礼记·月令》中说:"命工师令百工",《荀子·王制》记载了工师的职责:"论百工,审时事,辨功苦,尚完

利，便备用，使雕琢、文采不敢专造于家，工师之事也"。工师在执行教育和管理职责的过程中，制定"法度"作为管理规范和教育内容，制定赏罚制度保证教育和管理效果。《墨子·法仪》记载："百工从事，皆有法所度"，《礼记·月令》记载，工师要"物勒工名，以考其诚，功有不当，必行其罪，以穷其情"。

父子相传，世代相承是百工技艺传承的主要途径。血缘关系保证了技艺传递的毫无保留，倾囊而授，保证了从业者的稳定性。官府令做工之人聚居在一起，使得"其父兄之教不肃而成；其子弟之学不劳而能，夫是，故工之子恒为工"①，达到"商工皂隶，不知迁业"②，"民不迁、农不移、工贾不变"③ 的社会治理效果。

四、商人、商官出现：商业教育萌芽

《孟子》记载："古之为市也，以其所有，易其所无者"。夏商周时期，出现商业教育萌芽。以物易物的交换方式，延续至东周。商后期人们从事商业活动的记载，见于《尚书·酒诰》："肇牵牛远服贾，以孝养厥父母"。反映晚商时有人赶着牛车外出做生意，可能专业商人出现。商民是被征服者，从事商业是贱事；周人以征服者自居，从事农业是比较高贵的职业，因此鄙视从事商业的人，称之为"商人"。西周设立了市场管理机构和管理人员，包括司市、青司、司武虎、司稽、肆长、贾师等。西周末年，商人逐步富裕，以至于贵族皆羡慕之。

殷墟发掘的蚌壳、贝、鲟鱼甲等海洋物产可能是通过交易而来，贝类除了作为珍稀饰物，已成为当时的货币，1953 年，在大司空村还发现了铜贝，证明周初有铜贝在使用。这种仿制的铜贝，更可能是货币了。西周金文有

---

① 《国语·齐语》。
② 《左传·襄公九年》。
③ 《左传·昭公二十六年》。

"锡贝""锡金"等记载①，推断出贝与铜已是当时流行的货币。货币的发明，说明人类逐步跨越物物交换的原始阶段。但多指贵族商业，民间仍处于"自给自足"或"以物易物"阶段。

西周时期"凡国野之道……五十里有市，市有候馆，候馆有积。"② 统治者为了便于管理，商业交易活动必须在"市"进行，王畿内的道路上也设有市，两市之间距离为五十里，市建有候馆，用于市场管理和积存谷物等物资。宣王时期《兮甲盘》铭文载："其唯我诸侯百姓，厥贾毋不即市，毋敢或入蛮宄贾，则亦刑。"意思是：提请各地的诸侯、百姓、商贾注意，在从事商贸时要在规定的市肆进行，不得到荒蛮犯上作乱的地方去做生意，否则也要刑罚。周商业职官已经具备丰富的商业知识与实践，商业教育通过商业职官在实践中实现。

官商群体以外，西周时期民间开始出现自由商人，商业为百姓谋生的一种职业。《礼记·月令》记载："是月也，易关市，来商旅，纳货贿，以便民事。四方来集，远乡皆至，则财不匮，上无乏用，百事乃遂。"意思是：这个月，要减轻关市的税收，招徕各地的商旅，收纳财物，以利于百姓的生产和生活。四方之人前来聚集，连偏远乡邑也全都到来。这样，财物就不缺乏，国家用费就充足，各种事情就都能成功。《诗经·卫风·氓》说："氓之蚩蚩，抱布贸丝"，就是用布、丝与粟等物互相交换。商、贾的概念和区别在西周时期基本明晰。郑玄注《周礼·天官·大宰》曰："行曰商，处曰贾。"《司市》曰："通物曰商，居卖物曰贾。"即从事贩运贸易的商人称为"商"，在当地活动、聚集商品、贱买贵卖的商人称为"贾"。商业技巧无疑在家庭熏陶中传承。

---

① 王玉哲：《中国远古史》，上海人民出版社2003年版，第713页。
② 《周礼·地官·遗人》。

第二节　夏、商、西周时期的职业教育思想奠基

夏、商、西周时期职业教育现象的客观存在必然伴随着人们对职业和职业人才培养的主观认识和价值判断等。尽管现存的史料中关于这一时期史实的文字记述资料很有限，但是仍然可以从这些有限的史料中，提炼和概括出若干当时有关职业教育的重农思想、教化主张和人才观念等，这些思想为后世职业教育思想的产生和发展奠定了基础。

一、伊尹的民众教化和帝王教育主张

伊尹（前1649～前1549），伊姓，名挚，小名阿衡，夏朝末年生于空桑，因其母居伊水之上，故以伊为氏，是商朝初年著名贤相、政治家、思想家。

《史记·殷本纪》记载，商汤娶有莘氏女为妻，伊尹作为陪嫁奴来到汤身边，逐渐显露才识，被破格任为右相，辅佐汤灭夏建商。汤死后，又先后扶持汤之子外丙、仲壬，汤之孙太甲，所以是开国功臣、三朝元老。孟轲曾说："故汤之于伊尹，学焉而后臣之，故不劳而王。"[①] 可见伊尹又是商初的三代君主之师。他对帝王教育不遗余力，提出了一些教育主张。

（一）注重民众教育

伊尹曾说："天之生此民也，使先知觉后知，使先觉觉后觉也。予，天民之先觉者也，予将以斯道觉斯民也，非予觉之，而谁也？"[②] 尽管伊尹自认

[①] 《孟子·公孙丑下》。
[②] 《孟子·万章上》。

为是天之臣民的先知先觉者，把自己的话视为最高教义用以教育人民，但他也把自己视为"天生此民"中的一员，并且认为民是应当知、应当觉的。他希望提高人民的道德水平，"使是民为尧舜之民"①。伊尹的教民主张是鉴于夏的灭亡教训，强调要以重民代替暴民，而重民的重要内涵就是教民以德。

（二）注重对君王的教育

史料记载，商王太甲"不明，暴虐，不遵汤法，乱德。于是伊尹放之于桐宫"②。为了教育太甲，伊尹将太甲安置在特定的教育环境中——成汤墓葬之地桐宫，他与诸大臣代为执政，并著《伊训》《肆命》《徂后》等训词，向太甲讲述如何为政、如何修德、如何继承成汤的法度等问题。在《伊训》中，伊尹告诫太甲："惟上帝不常，作善，降之百祥；作不善，降之百殃。"他代天传意，说明上天用降百祥奖励作善者，降百殃惩罚作不善者。太甲在桐宫追思成汤的功业，学习伊尹的训词，反省三年，处仁迁义，悔过反善。伊尹适时迎回太甲并还政与他，继续辅佐太甲执政。太甲复位后"勤政修德"，继承成汤之政，使商朝又出现了政治清明的局面，终成有为之君。伊尹又作《太甲》三篇、《咸有一德》一篇褒扬太甲。伊尹在《太甲》篇中指出："民非后，无能胥以宁；后非民，无以辟四方。"③ 君主与人民互依互存，不可或缺。伊尹说：上天的讨伐是夏桀在他自己的宫室里造成的，而我也不过是从殷都亳邑开始起步罢了。"天作孽，犹可违，自作孽，不可活。"④ 因此，伊尹要求太甲秉承上天所赋予的明德，使之得以发扬。伊尹还申诰太甲"惟天无亲，克敬惟亲。"意思是只有自己克敬、克明、克诚，才能取得臣民的忠诚和顺。他还说："天难堪，命靡常；常厥德，保厥位。厥德匪常，九有以亡。……漫神虐民，皇天弗保。"意思是说老天爷是难以相信的，命运

---

① 《孟子·万章上》。
② 《史记·殷本记》。
③ 《礼记·表记》引《太甲》。
④ 《孟子·公孙丑上》引《太甲》。

也是靠不住的。只有常于有德，才能保住王位，否则统治九州的权利就要失去。如果轻漫祖先和神灵，虐杀老百姓，皇天也保不了你的王位，唯一有效的办法就是"眷求一德"。他在《咸有一德》篇中指出，夏朝所以灭亡是因为"夏王弗克庸德"，商汤所以能代夏而立是由于汤王"眷求一德"，商汤所以称王天下，不是苍天偏爱商王，而是老天爷保佑有德的人；不是商王求于百姓，而是老百姓愿意归顺有德之王。他把帝王的修德、修身看成是关乎国家存亡兴衰的大事，要"惟新厥德，终始如一"。他强调"居上克明，居下克忠，与人不求备，检身若不及"。意思是居上的商王要明断是非；居下的臣民要恪尽忠诚。对待他人不求全责备他人，对待自己则要经常检点不及他人之处，做到自我完善。

伊尹的这些思想从本质上说属于唯心主义"君权神授"论，无论是对民众的教化还是对帝王的训诫，都是为奴隶主阶级的统治服务的，带有其阶级本性和历史局限性。但他重视帝王个人道德修养、重视民众道德教化的思想在当时无疑具有一定的进步意义。伊尹堪称推行帝王教育的先行者，他的主张成为后世统治者和思想家重视帝王教育思想的滥觞。

二、傅说的教育目的论和教学论

傅说（生卒年月不详），古虞国（今山西平陆）人，殷商时期著名贤臣，先秦史传为商王武丁（约前 1250～前 1192 年在位）丞相。傅说曾"筑傅岩之野"[①]，武丁识而举之，"使之接天下之政，而治天下之民"。[②] "举以为相"，"殷国大治"[③]。傅说还担任了商王教师的职责。

《说命》是《尚书》中的一篇，传说是傅说所作，分上、中、下三篇。在《尚书·说命》下篇中，傅说论述了他的教育思想："人求多闻，时惟建

[①] 《尚书·说命》。
[②] 《孟子·尚贤下》。
[③] 《史记·殷本记》。

事，学于古训乃有获。事不师古，以克永世，菲说攸闻。惟学，逊志务时敏，厥修乃来。允怀于兹，道积于厥躬。惟教学半，念终始典于学，厥德修罔觉。"意思是：人们追求增多知识，这是想建立事业。要学习古训，才会有得；建立事业不效法古训，而能长治久安的，这不是我傅说所知道的。学习要心志谦逊，务必时刻努力，所学才能增长。相信和记住这些，道德在自己身上将积累增多。教人是学习的一半，心思始终放在学习上，道德的增长就会不知不觉了。这段话言简意赅，包含了诸多教育思想。

儒家典籍常引用《说命》文句，反映了傅说的教育观。被称为我国最早的教育学著作《学记》三次引用《说命》文句，作为对某个问题的概括语。首先，在论述"古之王者，建国君民，教学为先"时，以"念终始典于学"作结。其次，在论述"教学相长"原则时，以"学学半"作结。最后，在论述"时教必有正业，退息必有居学"的原则时，以"敬孙务时敏，厥修乃来"作结。

从保存下来《说命》零星文句推知，傅说对教育问题的论述既全面又精辟，包括教育的目的和意义、教与学的辩证关系、对教学的规律性认识都已初步形成。

三、箕子的"农用八政"思想

箕子（约前1173~前1080），名胥余，因封国于箕（今山西太谷县东北），爵为子，故称箕子。箕子与纣王同姓，是殷商贵族，性耿直，有才能，在商纣王时期任太师辅朝政。武王灭商建周后，命召公释放箕子，向箕子垂询治国之道，箕子不愿做周的顺民，带领遗老故旧一大批人从今胶州湾东渡到朝鲜，创立了箕子王朝。

《尚书》记载："武王胜殷，继公子禄父，释箕子之囚。箕子不忍周之释，走之朝鲜。武王闻之，因以朝鲜封之。"周武王知道箕子是治国之才，临行前向他请教治国安邦之道，箕子第一次系统提出了"洪范九畴"的理论。箕子的这些言论、思想记载于《尚书·洪范》中。"惟十有三祀,王访于箕子。王乃言曰：'呜呼！箕子,惟天阴骘下民,相协厥居,我不知其彝伦攸叙'"。[①] 周文王十三年,武王拜访箕子,请教箕子治国的常理。箕子认为上天把九种大法赐给了禹,治国安邦的常理因此确立起来。所谓"九畴"即"初一曰五行,次二曰敬用五事,次三曰农用八政,次四曰协用五纪,次五曰建用皇极,次六曰乂用三德,次七曰明用稽疑,次八曰念用庶征,次九曰向用五福,威用六极。"[②] 意思是：第一是五行,第二是慎重做好五件事,第三是努力办好八种政务,第四是合用五种记时方法,第五是建立最高法则,第六是用三种德行治理臣民,第七是明智地用卜筮来排除疑惑,第八是细致研究各种征兆,第九是用五福劝勉臣民,用六极惩戒罪恶。箕子在"八政"中提出国家重要的政务"一曰食,二曰货,三曰祀,四曰司空,五曰司徒,六曰司寇,七曰宾,八曰师。"[③] 这八种政务包括：一是管理粮食,二是管理财货,三是管理祭祀,四是管理民居,五是管理教育,六是管理治安,七是接待宾客,八是管理军事。

箕子的农用八政思想既是一种国家和社会管理思想,也是一种职业划分和职业教育思想。正如后来《农桑辑要》中引述："一曰食。教民使勤农业也。人不食则死,食于人最急,故教为先也。食则勤农以求之。二曰货。教民使求资用也。衣则蚕绩以求之。"可见,《尚书·洪范》的"八政"包含了重视农业技术教育以及设民分业、设官分职等朴素的职业教育思想。

四、姬昌的"业分而专,方可成治"思想

姬昌（前1152~前1056）,岐周（今陕西岐山）人,周太王之孙,季历之子,其父死后,继承西伯侯之位,故称西伯昌,周朝奠基者。西伯昌四十二年,姬昌称王,史称周文王,在位50年,是中国历史上的一代明君。

[①②③] 《尚书·洪范》。

西周时期，国家的统治逐渐完备，在关于社会分工和社会职业发展方面逐渐形成一套早期的思想观念，这种思想观念可以概括为"业分而专，方可成治"。周文王姬昌首次在《程典》中提出这种思想。他说："士大夫不杂于工商，商不厚，工不巧，农不力，不可成治；必善其事，治乃可成也。士之子不知义，不可以长幼；工不族居，不足以给官；族不乡别，不可以入惠；族居乡别，业分而专，然后可以成治。"① 意思是说，贵族与从事工商业的人不能混杂居住，士、农、工、商是不同的社会职业分工，商品不流通、手工业技术不精巧、农业耕作不勤劳努力，国家就不会长治久安。士、农、工、商的居住地必须分开，使其各专其业，互不影响，这样就实现了国家和社会的有序治理。周文王受命的第九年，在镐京谆谆教诲儿子武王说："工匠以为其器，百物以平其利，商贾以通其货。工不失其务，农不失其时，是为和德。"② 意思是：工匠得以制成器物；百业得以均其利益，商贾得以流通货物；百工不失掉职业，农夫不失掉农时，这叫作和德。由此可见，早在周文王时期就已经形成了四民社会的原型。

在这种社会治理思想指导下，西周时期形成系统的职业分工理论。《周礼》是一部通过官制来表达治国方案的著作，内容极为丰富。《周礼》记载：从天子之下的周官直到万民，职业分工非常明确。职官分为天官冢宰、地官司徒、春官宗伯、夏官司马、秋官司寇、冬官司空六类，职官的分工大致为：天官主管宫廷，地官主管民政，春官主管宗族，夏官主管军事，秋官主管刑罚，冬官主管水土。可见，周公安排的职官各有职掌，分工明晰。万民的分工更为详细，共分为九种职业。可见，西周时期，统治者根据社会农、工、商等经济领域发展的需要，对万民的职业加以划分，"以九职任万民"，从而实现"业分而专"的社会治理思想，对后世的影响深远。

---

① 《逸周书·程典》。
② 《逸周书·卷三·文传解》。

五、姬旦的"恤民无逸""恭谦礼贤"思想

姬旦（生卒年月不详），西周初年政治家，为周文王之子，周武王之弟。因采邑在周（今陕西岐山北）且德望甚高，故称为周公。姬旦是武王辅臣，曾任太宰，随武王灭商。灭商后第二年武王病死，成王姬诵尚幼，由姬旦摄政。其后，他平定了其兄弟管叔、蔡叔、霍叔和纣子武庚及东方诸夷的反叛。《尚书·大传》记载周公"一年救乱，二年克殷，三年践奄，四年建侯卫，五年营成周，六年制礼作乐，七年致政成王"。周公首倡礼乐制度对中华民族成为礼仪之邦做出了重要贡献，他提出的"敬德保民"思想成为民本思想的源流。从职业教育的角度来看，他的思想和主张主要有：

（一）帝王教育的恤民无逸思想

周公既是成王之叔，又是成王之师，负有重要的教育责任。据《礼记·文王世子》记述，成王幼小时，和周公之子伯禽一起接受教育，周公"抗世子法于伯禽，欲令成王之知父子、君臣、长幼之道也。成王有过，则挞伯禽，所以示成王世子之道也"。周公用相当于世子应该遵循的礼法教育伯禽，以使成王懂得如何处理父子、君臣、长幼的关系。成王有过失，周公不便对他惩罚，就通过鞭打伯禽的方法，向成王告之以世子之道。其具体要求体现在四个方面：一要做到"无淫于观、于逸、于游、于田"[1]的"四无"，就是不沉溺于观赏，不纵情于逸乐，不无节制地嬉游，以及不分时令地田猎。不能只享用百姓的进献而不顾民生疾苦。二要做到"胥训告，胥保惠，胥教诲"[2]的"三胥"，即彼此劝导、彼此爱护、彼此教诲，而不是互相欺骗、互相迷惑。三要克己自重。在"小人怨汝詈汝"[3]时，要像文王那样，更加谨言慎

---

[1][2][3] 《尚书·无逸》。

行；在人们指出自己的过错时,"不啻不敢含怒"①,还应乐于听取,以知为政得失。四要心胸宽大,不要"乱罚无罪,杀无辜"②,避免在各种狱讼和敕戒方面犯错误。

(二)"知稼穑之艰难"的重农思想

周公辅教成王亦凸显出其重农保民的思想。周公说:"呜呼!君子所其无逸。先知稼穑之艰难乃逸,则知小人之依。"这是以稼穑的艰难比喻周先祖创业不易,尤其是要成王懂得下民生活之疾苦和劳作之艰辛。他又说:"厥父母勤劳稼穑,厥子乃不知稼穑之艰难乃逸,乃谚既诞。否则侮厥父母曰:'昔之人,无闻之!'"意思是说,有些做父母的人终日勤劳耕作,可是孩子们却居处安逸,不知劳作之苦,一味追求享乐,结果变得傲慢无礼。不接受父母的教诲。周公告诫成王要效法先王克己谦逊,敬畏天命:"文王卑服,即康功田功。徽柔懿恭,怀保小民,惠鲜鳏寡。自朝至于日中昃,不遑暇食,用咸和万民。文王不敢盘于游田,以庶邦惟正之供"③。意思是:文王穿着普通人的服装,开荒种地。他和善柔顺,温良谦恭,保护百姓,惠及鳏寡孤独者。每天从早到晚,忙得没有空闲时间吃饭,为的是万民和谐。他不敢纵情于游乐田猎,不敢将各国的进贡用于自己享受。

(三)"恭谦礼贤"人才思想

周公认为治国安邦,成就大业,必须有贤才的大力辅佐。他以自己恭敬待贤的实例"一沐三握发,一饭三吐哺,起以待士,犹恐失天下之贤人"④,要求儿子千万莫要以为自己官大位显而轻视贤士,体现了他对于人才的高度重视。"周公吐哺,天下归心"的美谈,就来源于此。《尚书·立政》记载,周公教诲成王,识人应"忱恂于九德之行",即既审视人的内心之德,又考察体现其德的道艺作为。他特别强调要把识人置于首位,提出"宅乃事,宅

---

①②③④ 《尚书·无逸》。

乃牧，宅乃准"① 的"三宅考吏法"，即对于不同官职的人，按照不同的要求去考察他们的德与能：治事之官，要看其是否善于理事；牧民之官，要看其是否使民安乐；执法之官，要看其施法是否公正。这样考核官吏，选拔人才，使德与官、才与职相称。他主张逸于使贤，对人才要放手使用，不可多加干涉。周公的人才思想直接导致西周的选贤任能，而且也影响到后世，其中一些见解至今仍不失其有益的启示作用。

六、"六艺"的职业教育价值

"六艺"记载于《周礼·地官·保氏》："养国子以道，乃教之六艺：一曰五礼，二曰六乐，三曰五射，四曰五驭，五曰六书，六曰九数"。"六艺"是夏、商、周时期逐步形成和完善的官学教育基本形态，在中国教育史上具有里程碑的意义，成为中国古代普通教育与职业教育共同的教育内容奠基，其核心特征为"诸育兼备，知能兼求"，体现了伦理性与职业技能性的统一。

（一）以"职事官吏"为培养目标

礼乐之教以培养职事官吏修养与规范。夏、商、周时期重视"礼乐"之教，在商代有"以乐造士"之说。礼乐制度重要作用即明人伦与别等级。《礼记·乐记》曰："乐也者，圣人之所乐也，而可以善民心。其感人深，其移风易俗，故先王著其教焉。"《礼记·曲礼》云："夫礼者，所以定亲疏、决嫌疑、别同异、明是非也。……君臣、上下、父子、兄弟，非礼不定……是故圣人作，为礼以教人"，"人有礼则安，无礼则危。故曰：礼者不可不学也。"礼乐在维护社会和谐与稳定方面意义重大。《礼记·乐记》记载："乐也者，情之不可变者也。礼也者，理之不可易者也。乐统同，礼辨异。礼乐之说，管乎人情矣。"礼乐相辅相成，是职事官吏必须掌握的知识技能。

---

① 《尚书·立政》。

射御之教以培养职事官吏的军事技能。夏、商、周时期战事多发，射、御成为职官基本的军事技能。根据《孟子·滕文公上》记载："序者，射也。"《文献通考·学校考》有"夏后氏以射造士"之称。《尚书·甘誓》："御非其马之正"。说明夏初已经有了兵车。《礼记·射义》所说："古者天子以射选诸侯、卿、大夫、士。射者，男子之事也，因而饰之以礼乐也。"射御之教涵盖技艺与德行双重教育。

书数之教以培养职事官吏才智。"六书"传授字的音、形、义，为以后的阅读、写作、理解打下基础。"不明六书，则字无由识。""九数"传授运算、计算等能力。上古时"数"与"礼"的关系密切，合称"礼数"，如城墙的长度、舞蹈的行列数、棺木的厚薄度、守丧的年数、用兵的人数、礼让的次数等，等级不同，数量各异。《左传》中曰："王命诸侯，各位不同，礼亦异数"。例如：舞蹈行列的规定：天子用"八佾"即八行，每行八人，共六十四人；诸侯用"六佾"；大夫用"四佾"。

（二）以"实用技艺"为教育内容

礼乐教育包括五礼、六乐。五礼包括吉礼、嘉礼、宾礼、军礼、凶礼。吉礼即祭礼之礼，指祭祀天神、地祇、人鬼等礼仪活动；嘉礼即冠婚之礼，如君主登基、策拜王侯、公侯大夫士婚礼、冠礼、乡饮酒等；宾礼即宾客之礼，包括天子受诸侯朝觐、天子受诸侯遣使来聘、天子遣使迎劳诸侯等；军礼即军旅之礼，包括召集和整顿军队、检阅车马人众、整修疆界等；凶礼即丧葬之礼，包括丧葬礼、荒礼、吊礼、恤礼、襘礼等。六乐，包括云门为黄帝之乐、大咸即"咸池"为尧之乐、大韶即"大磬"为舜之乐、大夏为禹之乐、大濩为汤之乐、大武为武王之乐。学习五礼、六乐，方可任职执事。

甲骨卜辞已有"庠学教射"的记载，殷墟小屯发现骑射的遗址。《礼记·内则》记载，男孩长至十三岁或十五岁以后，就要"学射御"，此成为后来军体教育的萌芽。不能脱离农业生产的士，则"三时务农，而一时讲武"。射御包括"五射"和"五御"。五射即古代举行射礼的五种射箭法，包括白矢、参连、剡注、襄尺、井仪。五御即古代驾车之五种技术，包括鸣和鸾，逐水曲，过君表，舞交衢，逐禽左。五射和五御概括了射箭和驾车技艺的各个方面，是实践性很强的技能。

"六书"的内容《周礼》中没有说明，汉代才有系统的说法，是指象形、指事、会意、形声、转注、假借。"九数"是指方田、粟米、衰分、少广、商功、均输、盈不足、方程、勾股。《周礼》记载："八岁入小学，保氏教国子，先以六书。"可知，儿童入学先是教最基本的文字。九数的学习，一般在十岁开始，《礼记·内则》曰："十年，出就外傅，居宿于外，学书计。"从"九数"所包含的内容来看，田地面积的划分、租税的合理摊派、土石方体积的计算，各种工程的求证，几乎处处都要用到它。

（三）以"实践授受"为教育方法

礼仪教育不仅要懂得各种礼仪知识，而且还要亲自"演礼"。如学校中定期或不定期举行的各种典礼，其主要表现为如入学、敬师、射、乐舞、飨宴、养老、献俘等，《周礼·春官·大胥》载：学员"春入学，舍采，合舞。秋颁学，合声。以六乐之会正舞位，以序出入舞者。"《酒诰》曰："文王诰教小子有正有事"；《洛诰》曰："朕教汝于棐民彝""文武勤教"；等等。西周时，在学校之外有不同规模的典礼仪式。如《礼记·射义》记载："天子将祭，必先习射于泽。泽者，所以择士也。已射于泽，而后射于射宫，射中者则得与于祭，不中者不得与于祭。"

射御教育更能体现其实践属性。《山海经·海外西经》曰"大乐之野，夏后启于此舞九伐。"此为夏后启在大乐原野上教授人们操练"九伐"舞。《礼记》解释"一击一刺为一伐"。"九伐"为九个回合的击刺。这里"舞"即"武"，说明夏后启在与有扈氏的征战中，进行过武艺的教授。《礼记·射义》曰："故射者，进退周旋必中礼，内志正，外体直，然后持弓矢审固，持弓矢审固，然后可以言中，此可以观德行矣。"以此看出，"射"的目的主要不在于比技艺、决胜负，而在于观德行、贵揖让。

（四）以"诸育兼备"为内在要求

六艺具有诸育兼备、相济相成的特点。礼乐侧重于德育，书数侧重于智育，射御侧重于体育与技能。在"独尊儒术"的汉代与"重振儒术"的唐代，经学一度排挤了六艺，但在小学和私学中书、数、武艺传授并未中断。宋代，胡瑗主办学校又出现以"六艺"为教育内容的盛况。理学家朱熹大力提倡读经穷理，但也主张小学教育要学六艺。明代学校比宋代又有发展，《明史·选举制》记载"生员专治一经，以礼乐射御书数设科分教，务求实才，顽不率者黜之"。清代颜元，为补救教育空疏的时弊，大力提倡六艺教育，主张实学实教。教育内容促进德、智、体、美诸方面发展，在传授知识同时，要兼顾能力培养，至今仍有积极意义。

中国古代职业教育
思想研究
Chapter 3

第三章 春秋战国时期的职业教育思想

春秋时期（前770~前476），属于东周的一个时期，周王的势力减弱，诸侯群雄纷争，齐桓公、晋文公、宋襄公、秦穆公、楚庄王相继称霸，史称春秋五霸。战国时期（前476~前221）是指东周后期至秦统一中原前的历史时期，各国混战不休。总体而言，春秋战国时期是社会分裂动荡的时代，也是中国古代思想发展的辉煌时期。在诸子百家的思想学说中，也蕴含了丰富的职业人才思想和教育观念，成为我国古代职业教育思想的滥觞。

第一节 春秋战国时期的职业教育概况

春秋战国时期，井田制土地所有制逐渐向私有制转变，西周时期的宗法制解体，出现"天子失官，诸侯自政"的历史局面，周天子的政治权力日益削弱，诸侯王伯各自为政，在此基础上，社会分工发生了剧烈变革，并逐渐形成了新的社会职业观。

一、选官制度与士阶层的兴起

春秋战国时期，世卿世禄制度不再适应社会的需要，选贤任能的官吏选任制度势在必行。齐桓公在民众中选拔"秀民"以充当国家官吏，在贤才管仲的辅助下，齐国迅速振兴。战国时期的魏文侯任用李悝变法，实施"察能而按官"和"食有劳而禄有功"的政策，使吴起、西门豹等军事家和政治家集中于魏，造就了魏国的强大。选官制度的改变使官吏不再局限于贵族阶级，而是面向全社会的士人。统治阶层形成了选贤任能的思路和政策，促进了中国第一批知识分子群体——士阶层的形成。这是我国春秋战国时期一种非常重要的职业教育现象。

东汉许慎《说文解字》对"士"的解释为："士，事也。"汉代典籍《白虎通》则认为："士者事也，任事之称也。故《传》曰：通古今，辨然否，谓之士"。西周时期，士作为贵族爵位之一。《孟子·万章下》记载周室班爵之制如下："君一位，卿一位，大夫一位，上士一位，中士一位，下士一位，凡六等"，《礼记·王制》中记载："诸侯之上大夫卿，下大夫，上士，中士，下士，凡五等"。"士"主要担任文化职官，须掌握礼、乐、射、御、书、数等知识技能。春秋战国时期"天子失官，学在四夷"，大批文化职官流落四方。《史记·历书》记载："幽、厉之后，周室微，陪臣执政，史不记时，君不告朔，故畴人子弟分散，或在诸夏，或在夷狄，是以其禨祥废而不统"[①]。这些流落四方的职官逐渐形成此后的诸子百家。士处于贵族和平民阶层之间，具有一定的国家管理经验和社会阅历，上可以体察政治动态，下可以沟通民俗民意，在诸侯争霸、卿大夫争权的动荡时局中，成为诸侯卿大夫首先要依赖的社会政治力量。当时，"国有贤良之士众，则国家之治厚，贤良之士寡，则国家之治寡"[②]。诸侯国君纷纷采取各种手段和方式笼络士人，导致养士纳贤之风盛行，从而形成了"士"这一特殊的社会阶层。士阶层成为各国职事人员的主要来源，士阶层的培养教育也带有浓厚的职业教育特征。

稷下学宫是士阶层职业教育的官学形式代表，成为专门培养士子的教育机构。稷下学宫创立于齐桓公时期，齐宣王、齐湣王时最盛，至秦并六国结束，历时150年之久。稷下学宫广招天下贤士授徒讲学，自由阐述自己的政治观点和学术思想，鼎盛时学生达数千人，为齐国培养了大批人才，极大地推动了齐国的发展。在体现"学术官守"的"畴人世学"职官教育体制被打破之后，稷下学宫成为由国家兴办的职官职业教育的新形式。

私学兴起是士阶层职业教育的民间形态。春秋战国时期"天子失官，学在四夷"，民间学术不断兴起与发展，养士之风促成了私学的兴起，最终形成百家争鸣的格局。各种学术流派在开展学术争鸣的同时，也培养了大批社会所需的各类人才。

---

① 《史记·历书》卷二十六《历书第四》。
② 《墨子·尚贤》。

二、"技术下移"与"畴官"教育

春秋战国时期,西周"技术官守"背景下畴官制度被打破,周王室的畴官一部分散落在各诸侯国,由"天子畴官"变为"诸侯畴官";另一部分畴官流落于民间,开设私学收徒,出现职业教育领域"技术下移"的社会现象。民间私学与学徒制度产生。

"畴人"子弟分散到各诸侯国,对各地区的数学普及和发展起了一定的推动作用。春秋战国以后,数学常识为越来越广泛的人所掌握。春秋时期,乘法表即古代乘法口诀,从九九八十一开始,到一一如一为止,亦称"九九"就已经成为十分普通的常识。可以推测,"畴人"在推广数学知识时首先教育"畴人"子弟。

春秋战国时,天文方面的畴官在"观乎天文以察时变"等方面取得了重要发现。如"上天同云,雨雪雰雰"① 即彤云密布,就要下大雪;还掌握了"朝隮于西,崇朝其雨"② 等气候规律,意思是早晨太阳从东方升起时,西方出现了虹,不久就要下雨了。再如对日食的观测,《诗经·小雅·十月之交》记载:周幽王六年(前776)"朔月辛卯,日有食之"。鲁国史官还在鲁文公十四年(前613)秋七月,观测到"有星孛入于斗",这是世界上关于彗星的最早记录,比欧洲的记载早了670多年。

由于学术下移,春秋战国时期医术的传播也从宫廷进入民间,出现了自由行医的民间医生。春秋战国时期医缓、医和皆为著名官医,扁鹊是第一个杰出的私人医生。春秋战国时期出现了专门医学著作,如长桑君授予扁鹊的《禁方书》,马王堆汉墓帛书《五十二病方》《足臂十一脉灸经》《阴阳十一脉灸经》等。战国时,医书的数量更为丰富,如《黄帝内经》所引用的《上

---

① 《诗经·小雅·信南山》。
② 《诗经·鄘风·蝃蝀》。

经》《下经》《金匮》《揆度》等十多种古医书更早于《内经》。医学著作问世对于传播医学知识发挥了重要作用。

三、农本商末政策和农业职业教育

春秋战国时期,农业生产工具由青铜器进入铁器时代。铁农具的使用促进了牛耕和水利事业的发展,农业领域的职业教育也得到进一步发展。

(一) 重农政治家与农业教育

春秋战国时期是我国传统社会中重农抑商政策和思想形成的重要时期。春秋时期"四民分业定居"思想的形成与发展,使各诸侯国意识到加强农业方面的教育,推动农业发展的重要性。如卫文公治国注重"训农、通商、惠工"[①]诸事,晋文公则强调"通商、宽农、利器"[②]。到了战国时期,重农的思想体系和制度不断形成并完善,从而使农业领域中的教育出现了一些新的措施和实践。魏国丞相李悝在主持变法时推行了重农抑商的"平籴法",同时推出"尽地力之教"的思想和措施,强调农耕的重要性,推广间作套种技术、重视庭院种植等,先进的农业技术提高了农业生产效益。商鞅在主持秦国变法时,大力推行"农战"政策和措施,以官爵劝农、加大赏罚力度来强化对农业的重视,达到富国强兵的目的。

(二) 农官与农业教育

春秋战国时期沿袭了西周的农官制度。《管子·立政》记述了虞师(主林业)、司空(主水利)、司田(主农业)、乡师等农官及其职责:"修火宪,敬山泽林薮积草,夫财之所出,以时禁发焉,使民足於宫室之用,薪蒸之

---

① 《左传·闵公二年》。
② 《国语·晋语四》。

所积,虞师之事也。决水潦,通沟渎,修障防,安水藏……司空之事也。相高下,视肥硗,观地宜……申田(司田)之事也。行乡里,视宫室,观树艺……乡师之事也。"这里所说的虞师、司空、申田、乡师等,都是有管理某种农业生产职能的职官。乡师从综合、宏观角度督导、管理农业,与虞师、司空、司田之职互为补充。这些职官不仅要学习掌握有关的农业知识和生产技术,而且要对世袭其职官的子弟进行教育以及指导农民耕种。

农官还负责农器的推广与应用。《管子·轻重乙篇》记载:"一农之事,必有一耜,一铫,一镰,一耨,一椎,一锤,然后成为农";《盐铁论》也讲道:"农,天下之大业也,铁器,民之大用也"。在当时农器推广方面的教育中,一方面,由农官收集民间农器改良之验方,然后集最先进者在全国推广普及;另一方面,也有一些农官研制新的农器,在某一地区试用后,再向全国推广普及。

战国时期的"啬夫"原为农夫中的生产能手被选拔为田官,是基层政务的主要承担者,负责赋税征收、户口审核、监督生产、主持奖惩等农事管理。

(三)"农家"私学与"农艺"家传

据《汉书·艺文志》记载:"农家者流,盖出于农稷之官。播百谷,劝耕桑,以足衣食,故八政一曰食,二曰货。孔子曰'所重民食',此其所长也"。周初由地官司徒总管农业和教育,下设农稷、农正、农师、司稼、遂人、草人、稻人等中下级官吏专管农业。他们都是世代相传的农业专家。周室衰微,这些人流散民间,设学收徒,著书立言,组织学派成为农家。

春秋战国时期,农业技术父子弟兄家庭传承基本模式确立。各诸侯国尤其以齐国为典型,确立了个体经济,个体家庭成为生产的基本单位,要求"农之子恒为农"并"子就父学、弟从兄学",形成了封建小农经济下的农业技术传承基本模式。

四、"工师"授徒与"父兄之教":手工业职业教育

(一)官营手工业"工师"授徒制度

春秋时期出现人工铁器,进入铁器时代。铸铁出现依托于冶铁鼓风炉发明,由于炼铁炉增大,又改进了鼓风方法,提高了炼炉的温度,冶炼铸铁技术诞生。到战国中晚期,冶铁和铸造开始分工,新郑郑韩古城的内仓、西平酒店村、登封告城镇均发现战国铸铁遗址。保存在《周礼》中的《考工记》是先秦时期一部重要手工业专门著作,是记述齐国官营手工业各个工种设计规范和制造工艺的文献。《考工记》记载了根据观察冶金时火焰以判断冶金进程的技术:"凡铸金之状,金与锡黑浊之气竭,黄白次之;黄白之气竭,青白次之;青白之气竭,青气次之,然后可铸也。"

春秋战国时期,官营手工业中的"工师"授徒成为技术传播主要方式。所以,在这一时期的文献中,关于工师的记载较多,例如:《管子·立政》记载了"论百工,审时事,辨功苦,上完利,监一五乡,以时钩修焉,使刻镂文采毋敢造于乡,工师之事也";《荀子·王制》也记载了"论百工,审时事,辨苦功,尚完利,便备用,使雕琢文采不敢专造于家,工师之事也"。这两段记述大致相同,基本意思是:考查各个工匠的手艺,审察各个时节的生产事宜,辨别产品质量的好坏,提倡产品的坚固好用,使设备用具便于使用,雕刻图案的器具与有彩色花纹的礼服不敢私家制造,这是工师的职事。可见,在官府手工业作坊中,"工师"的职责不仅是管理百工,而且还要掌握关键生产技术、培养技术人才、保证手工业生产顺利进行。

(二)私营手工业技艺家传

盛行于西周时期的"工商食官"制度,在春秋战国时期随着周王室的衰微,官营手工业效率低下而衰落,但是演化出的官营手工业一直存在。私营

手工业开始出现并且不断发展。私营工商业者主要来源于官府支持的商人、衰亡诸侯国的百工等。手工业技术的传承方式主要是家传世学，子承父业；另外还有能工巧匠打破家庭的范围设学收徒，培养弟子，传授技艺。

在春秋战国时期，手工业者"世代为工"的情况相当普遍。《考工记》中说："巧者述之，守之，世谓之工。"意思是说有技能的人能够将技术世代传授而不外泄，就可称之为能工巧匠。《管子·小匡》记载："今夫工群萃而州处，相良材，审其四时，辨其功苦，权节其用，论比计，制断器，尚完利。相语以事，相示以功，相陈以巧，相高以知事，旦夕从事于此，以教其子弟。少而习焉，转心安焉，不见异物而迁焉。足故其父兄之教，不肃而成，其子弟之学，不劳而能。夫足，故工之子常为工"。《荀子》中也说："工匠之子，莫不继事。"说明当时手工业者传授技术的主要途径是父子相传。家族传授手工技艺的方式能够使弟子潜心于此而不转移志向，因此使其技艺达到相当的高度。

除了家族内部的技艺传授，所谓学徒制也已经产生。祝、史、射、御、医、卜和百工技艺无不有师，学徒制度广泛存在。与家传世学不同，师傅在传授弟子技艺的时候往往有所保留，所谓授人以规矩，而不授人以巧。此外，奴隶社会遗留下的一部分畴人流放到民间，也把本来密藏于官府的技术带到了民间。他们著书立说，组织学派，并开设私学收徒，又从民间生产实践中吸收养料，促进了技术本身的发展。

五、商业职业的形成与商人职业素养

春秋战国时期的社会变革，带动了商业的发展以及商业思想的繁荣。这一时期，虽然受到工商食官制度和重农抑末政策影响，但是商人的社会地位有所提高，商业已经成为"四民"之一的专门职业，并出现子贡、范蠡、白圭、吕不韦等商贾巨富。据《左传》记载：春秋时期"商农工贾，

第三章 春秋战国时期的职业教育思想

不败其业"①,"商工皂隶,不知迁业"②。管仲的"四民分业"理论进一步明确了商业作为与士、农、工并列的社会职业之一。

"工商食官"制度春秋时代尚存,至战国时代终结。由于生产力的发展,井田制度的瓦解,所以商业贸易渐趋活跃,列国中出现了官商、私商并存的局面,产生了一些富商巨贾。《国语·晋语》记载:"夫绛之富商……而能金玉其车,文错其服,能行诸侯之贿,而无寻尺之禄,无大绩于民故也。"意思是:国都绛城的富商,凭他们的财富足以用黄金宝玉来装饰车子,穿上刺绣花纹的衣服,用丰厚的礼物与诸侯交往,但这些人并不能得到半点的俸禄,就是因为他们对人民没什么大的功劳。这些富商大贾"无寻尺之禄",之所以"行诸侯之贿",富可敌国,还在于他们掌握了成功的经营之道。正如管仲所言,商人必须善于"观凶饥,审国变,察其四时而监其乡之货,以知其市之贾",并且还要能够"负任担荷,服牛辂马,以周四方,料多少,求贵贱,以其所有,易其所无,买贱鬻贵。"③ 也就是说,商人要具备观察年景凶饥、了解国内情况、观察四时、注意本乡货物、预知市场物价的职业能力;还要具备负任担荷、赶牛驾马周游四方的体能技巧;料定物资多寡,估计商品贵贱的聪明智慧;以其所有,易其所无,贱买贵卖的经营意识。所以,春秋战国时期对商人的职业技能要求已经出现专业化趋势,不仅限于贱买贵卖、走街串巷的小商贩经营模式,而是包括了"观凶饥""审国变""察四时"等与政治、军事、自然地理等因素密切联系的敏锐市场意识,也包括"周四方""料多少""求贵贱"等掌握宏观市场、供求关系和价格规律等技巧。尽管没有规范的商业教育,但是从史料记载的计然传授范蠡"经商七策"而富至巨万、猗顿向陶朱公范蠡问致富之术获子息万计等事例可以推测,春秋战国时期商业家传以及商业运作中的师徒传艺模式已经逐渐形成。

由于历史条件所限,春秋战国时期的商业发展缓慢,既没有诸子百家的

---

① 《左传·宣公十二年》。
② 《左传·襄公九年》。
③ 《管子·小匡》。

45

商家出现，更没有专门的商业论著问世。但是，在汉代的司马迁所著的《史记》中记载了春秋战国时期的计然、范蠡、白圭、吕不韦等有名的商人及商业活动，这些商贾巨富的商业经营思想为后世商业理论的形成与发展奠定了基础。

第二节 春秋战国时期的职业教育思想

春秋战国时期是我国古代社会大变革的时期，随着社会生产力的提高和社会分化的加剧，职业分工和职业教育出现了新的趋势。职业教育的思想观念也在百家争鸣的学术氛围中得到一定的阐发。

一、管仲的"四民分业定居"论

管仲（约前725～前645）是春秋时期著名的政治家、军事家和思想家。公元前685年至公元前645年间在齐国为相，辅佐齐桓公成就"春秋五霸"之一。

《国语·齐语》中记载了管仲相齐时提出"四民分业定居"论的过程："（桓）公曰：成民之事者若何？"管子曰：四民者，勿使杂处，杂处，则其言咙，其事易。（桓）公曰：处士农工商若何？管子对曰："昔圣王之处士也，使就闲燕；处工，就官府；处商，就市井；处农，就田野。"[①]《管子·小匡》也记载："士农工商四民者，国之石民也，不可使杂处，杂处则其言咙，其事乱，是故圣王之处士必于闲燕，处农必就田野，处工必就官府，处商必就市井。"这就是"同业相聚，父子相承"的"四民分业定居"理论。

"四民分业定居"论可以从周文王的"业分而专，方可成治"思想中找

---

① 《国语·齐语》。

到源流。另外,"四民"的说法也不是管仲最早提出的,之前可见于《尚书·周书》中:"司空掌邦土,居四民,时地利。"《左传·襄公五年》也有记载:"其大夫不失守,其士竞于教,其庶人力于农穑,商工皂隶,不知迁业。"从中也可见"士农工商"的雏形。还有《榖梁传·成公元年》也记载:"上古者有四民,有士民,有商民,有农民,有工民。"

管仲基于前人思想和当时的社会现实提出"四民分业定居"论,一方面论述了社会职业划分和分业而居的政策要求,即将全国居民按"士、农、工、商"分成四类,"四民"要按照职业不同"群萃而州处",不使其"杂处",同行业者居住在一起,禁止他们相互杂居,并且要求各业子孙世代继承祖业,不得随意改变自己的职业。另一方面也论述了"四民分业定居"的目的和价值:同行业者聚居一处,便于相互切磋,交流经验,提高技术水平,所谓"相语以事,相示以巧,相陈以功";同业者聚居一处,还有利于交流行业信息,互通有无,统一市场价格,所谓"相语以利,相示以时,相陈以知价";同行业聚居一处,也有利于世代传习职业技能,使人人能安于本业,形成稳定的职业观念。所谓"旦夕从事于此,以教其子弟,少而习焉,其心安焉,不见异物而迁焉,是故其父兄之教不肃而成,其子弟之学不劳而能",从而能够做到"士之子恒为士","工之子恒为工","商之子恒为商","农之于恒为农"。这样可以减少各行业之间的相互干扰,避免因各业人员的社会地位、收入贫富等差别而产生不平衡心理,减少社会的不安定因素。

管仲的"四民分业定居"思想及其政策在齐国的推行,在当时产生了重要影响,成为春秋战国时期颇具影响的社会分工和职业发展理论。

二、孔子的"仕""学"辩证思想与"君子不器"论

孔子(前551~前479),名丘,字仲尼,祖籍宋国栗邑(今河南省商丘市夏邑县),生于春秋时期鲁国陬邑(今山东省曲阜市)。他是儒家学说的代表人物,中国著名的思想家、教育家,与弟子周游列国十四年,晚年修订六

经，即《诗》《书》《礼》《乐》《易》《春秋》。相传他有弟子三千，其中七十二贤人。孔子去世后，其弟子及其再传弟子把孔子及其弟子的言行语录和思想记录下来，整理编成儒家经典《论语》。

《论语·子张第十九》以子夏的话，表达了孔子赞同"仕而优则学，学而优则仕"①的主张。孔子的学说代表的是贵族阶层，因此带有明显的阶级色彩。他希望通过教育造就"谋道不谋食"的君子，实现其社会理想。虽然"仕而优则学，学而优则仕"的释义历来有争议，但在一定意义上可以认为这两句话代表了孔子的职业人才观点。"仕"与"学"互为因果或互为前提，或对举贯通，无论哪种解释，都能够表明孔子极力主张将学习（教育）作为培养社会管理人才、实现政治理想的有效手段。也许孔子当时都没有想到，"学而优则仕"会成为一种主导中国古代漫长历史时期的社会人才观。孔子还认为，国家未必常有道，君子应"有道则现，无道则隐"。然而"隐"不是无所作为，而是通过"宗族称孝焉，乡党称弟焉"②产生重要的社会影响。这也成为中国古代知识分子人生进退的座右铭。

与孔子这种经世致用观点相对应的还有他的"君子不器"论。《论语·为政》记载："子曰：'君子不器'。"意思是：孔子说，有学问、有修养的人不应该仅仅是一种可供使用的器具。而这句话引申的解释应该是：真正有能力的人不会去做具体的事情，知识分子的使命是道德教化和社会治理，而不是研究实用技术和从事生产劳动。《论语》中还有一个事例证明孔子对农工之人的鄙视，即"樊迟请学稼"："子曰：'吾不如老农。'请学为圃。曰：'吾不如老圃。'樊迟出。子曰：'小人哉，樊须也！上好礼，则民莫敢不敬；上好义，则民莫敢不服；上好信，则民莫敢不用情。夫如是，则四方之民襁负其子而至矣，焉用稼？'"③意思是：樊迟向孔子请教种庄稼、种菜的学问，孔子说自己不如农民。等樊迟出去了，孔子说，樊迟真是小人呀！统治者讲

---

① 《论语·子张》。
② 《论语·子路》。
③ 《论语·子路第十三》。

求礼制，讲求道义，讲求信用，老百姓哪敢有不敬重、不服从、不付出真心的？做到了这些，四面八方的老百姓会背着小孩子争相投奔，哪里用得着自己去种庄稼？在这里，孔子主要是嫌樊迟胸无大志，也反映了他对匠器之才的鄙夷不屑。"君子不器"等观点与职业教育完全相悖。

孔子虽然主张"君子不器"，但也强调君子要"志于道，据于德，依于仁，游于艺。"① 其中的"艺"应指包括"礼、乐、射、御、书、数"的"六艺"实用知识和技能。

三、计然的商业经营思想

计然（生卒年不详），姓辛氏，又作计倪、计研、计砚，字文子，号称渔父，春秋时期宋国葵丘濮上（今河南商丘民权县）人，博学无所不通，尤善计算，是著名战略家、思想家和经济学家，著有《文子》《通玄真经》。他教给范蠡"贵流通""尚平均""戒滞停"等七策是中国古代最早的商业教育理论。

计然论述商业经营的理论记载于司马迁的《史记·货殖列传》中，可以概括以下主要思想观点。

（一）"知斗则修备，时用则知物"

"知斗则修备，时用则知物，二者形则万物之情可得而观已。"意思是说要有目的地进行自己的经营活动，认识市场规律，有预见地储备物资。根据自然环境条件的变化，预测市场需求的变化，提前做好货物的购销工作。他认为天时变化的规律是可知的，"岁在金，穰；水，毁；木，饥；火，旱"。就是说影响市场变化的无非这样一些基本因素，根据这些因素的变化做出判断是经营成功的关键。

---

① 《论语·述而》。

(二)"水则资车,旱则资舟"

"六岁穰,六岁旱,十二岁一大饥",即天下六年一次大丰收,六年一次小丰收,十二年一次大的饥荒,这些都是气候变化引起的,是有规律的。掌握了这些规律就可以提前做好准备。例如大旱之年应收购舟船,因为其价贱,而旱后船只必会成为紧俏商品。"水则资车,旱则资舟"。"夏则资裘,冬则资绨",即夏季贩运皮裘,冬季早售葛麻。只有将经营的眼光放到未来需求最迫切的市场上,才能获得更多的利润。这是朴素的农业经济循环学说。

(三)"平粜齐物,关市不乏"

"夫粜,二十病农,九十病末。末病则财不出,农病则草不辟矣。上不过八十,下不减三十,则农末俱利,平粜齐物,关市不乏,治国之道也。"认为谷贱伤农,太贵又伤害商贾的积极性,因此缩小价格波动的幅度,无论对商家和买家来说,都是最受欢迎的。

(四)"务完物"

"务完物"意即一定要保证所经营的货物质量。在采购货物时,对易腐烂的东西,切勿长期存储,贪图价高;还要防止以次充好,坑害消费者。

(五)"财币欲行如流水"

"无息币""财币欲行如流水"是说在营销的过程中,要特别注意保持资金流转的通畅,不能把过多的资金积聚在自己的手中,这就叫作"无息币"。不要看轻薄利,在资金加速运转的情况下,实际上就已经达到了增加利润的效果。而一味地囤积居奇、抬高物价,则有可能血本无归。这就是"无敢居贵"。薄利多销实际上是将风险转化为利润的最佳方法。

（六）"贵出如粪土，贱取如珠玉"

"论其有余不足，则知贵贱。贵上极则反贱，贱下极则反贵。贵出如粪土，贱取如珠玉。"他指出，经营活动要从供求关系的角度进行分析。供给不足，商品价格上涨，供给自然增加，增加到一定程度，供大于求，价格则会狂跌。因此，在价格高到适当程度时应果断抛售，这就是"贵出如粪土"；在价格低谷时，应大胆地买进，这就叫"贱取如珠玉"。事物的量变在积累的过程中达到一定程度就会有一个质的飞跃。对于商家来说，对事物"度"的把握是至关重要的。这些话极为精辟地揭示了商品价格与市场需求之间的平衡关系。

四、墨子的"贱人从事"职业教育思想

墨子（前468～前376），名翟，春秋末战国初期宋国（今河南商丘）人，一说鲁国（今山东滕州）人，是墨家学派的创始人，也是战国时期著名的思想家、教育家、科学家、军事家。墨家在先秦时期影响很大，与儒家并称"显学"。墨子提出了"兼爱""非攻""尚贤""尚同""天志""明鬼""非命""非乐""节葬""节用"等思想观点，创立了以几何学、物理学、光学为突出成就的科学理论。其弟子收集其语录，完成《墨子》一书传世。墨子是一位平民出身的哲学家，因此，在他的思想中，有关职业教育的思想内容都是基于"贱人从事"的观点展开的，主要有以下几个方面。

（一）"君子听治、贱人从事"的社会分工论

墨子认为："君子不强听治，即刑政乱；贱人不强从事，即财用不足。[①]"

---

① 《墨子·非乐上》。

意思是：统治者不认真听政，国家就治理不好；平民不努力从事生产劳动，社会财用就不会充足。墨子把社会划分为君子与贱人两大群体，与孟子等思想家的观点相近，社会由治人者、治于人者或者劳心者、劳力者群体构成的思想带有时代的印记。他所说的"王公大人，夙朝晏退，听狱治政，此其分事也。士君子竭股肱之力，宣其思虑之智，内治官府，外收敛关市、山林、泽梁之利，以实仓廪府库，此其分事也"①，说明了统治阶层的职责分工；"农夫蚤出暮入，耕稼树艺，多聚菽粟，此其分享也。妇人夙兴夜寐，纺绩织纴，多治丝麻葛绪捆布縿，此其分事也"，说明了农夫与妇人的自然分工；"凡天下群百工，轮、车、鞼、鲍、陶、冶、梓匠，使各从事其所能"，强调了手工业生产的分工②。墨子在其社会分工思想中特别强调了"官无常贵，民无常贱"③的思想，阐述其通过教育使"农与工肆之人"能够成为博学多能、文武兼备的"兼士"，实现阶层流动的政治理想。

（二）"德艺兼求"的人才标准观

和孔子所代表的贵族思想不同，出身"贱人"的墨子在人才标准上既注重道德要求，同时也注重实际才能和实用技术。墨家的教育目的在于培养"德艺兼求"的"贤士"或"兼士"，来担当治国利民、兼爱相利的职责，成为"兴天下之利，除天下之害"的人才。他认为"兼士"必须达到"厚乎德行，辩乎言谈，博乎道术"④，兼顾了道德的要求、思维论辩的要求和知识技能的要求。他认为"士虽有学，而行为本焉"⑤，只有对全社会能产生实际利益的行为，才是道德的行为。他非常重视"博乎道术"，要求兼士不仅掌握墨家的思想要义，而且还要掌握实用技术。虽然儒家和墨家并称"显学"，

---

① 《墨子·非乐上》。
② 《墨子·尚贤上》。
③ 《墨子·节用》。
④ 《墨子·尚贤》。
⑤ 《墨子·修身》。

在重视人的道德方面是相通的，但是墨家在人才标准上明确提出了"德艺兼求"的思想观点。由于墨子非常熟悉"农与工肆之人"的职业性质及其技术需求，所以他提出"仁人之事者，必务求兴天下之利，除天下之害"①。同时他又认为，仁者治国安邦，技术教育是兴利除害的重要途径之一。因此，墨子特别重视开展技术教育，认为教人专门技术的教育活动"虽不耕而食饥，不织而衣寒，功贤于耕而食之，织而衣之者也"②。让更多的人掌握生产知识和技术，比直接从事生产劳动意义更大。

（三）尚贤任能的职业人才观

儒家主张选贤任能只限于君子，不包括"小人"。墨子则把贤能的范围扩大到"贱人"阶级，并强调在选贤时要"不党父兄、不偏贵富、不嬖颜色"。③ 这些思想在当时社会条件下尤其难能可贵。

墨子认为："入国而不存其士，则亡国矣。见贤而不急，则缓其君矣。"④ 意思是说，到一个国家主政却不能蓄纳贤士，那就要亡国了。发现贤人却不急于举用，贤人就会怠慢其国君。他还认为："是故国有贤良之士众，则国家之治厚；贤良之士寡，则国家之治薄。故大人之务，将在于众贤而已。"⑤ 若国家拥有众多贤良人士，那么国家的治理就厚实、稳固；若国家拥有的贤良人士少，那么国家的治理就薄弱、动荡。因此大人的首要任务，是使贤良人士增多。墨子还列举了招贤纳士的方法："譬若欲众其国之善射御之士者，必将富之，贵之，敬之，誉之，然后国之善射御之士，将可得而众也。"⑥ 就是说，欲使其国家善于射箭、驾车的人士增多，就必定要使其富裕、高贵、受尊敬、受赞誉，然后国内善于射箭、驾车的人士将可以获得并且增多。墨子视贤良之士为国家社稷的珍宝和栋梁，并使他们获得富裕生活和荣誉，以

---

① 《墨子·非乐》。
② 《墨子·鲁问》。
③⑤⑥ 《墨子·尚贤》。
④ 《墨子·亲士第一》。

此广聚贤士为国效力。

《墨子·尚贤》又强调:"虽在农与工肆之人,有能则举之。高予之爵,重予之禄,任之以事,断予之令。曰:爵位不高,则民弗敬,蓄禄不厚,则民不信,政令不断,则民不畏。……以德就列,以官服事,以劳殿赏,量功而分禄。故官无常贵,而民无终贱,有能则举之,无能则下之,举公义,辟私怨,此若言之谓也。"意思是:即使在农民、工匠或商人之中,有能力的就举荐,给予其高爵位,重赐其厚俸禄,任用其政事,赋予其政令。并且说,爵位不够高,则百姓不敬重,俸禄不丰厚,则百姓不信任,政令不专断,则百姓不畏惧。按德行列位次,以官职为国家服务,按劳动绩效确定奖赏,按照功勋分给俸禄。因此做官的不会经常富贵,而百姓也不会终身贫贱,有才能的就举荐之,没有能力的就撤下之,举荐要讲公义,回避私人恩怨。墨子的"虽在农与工肆之人,有能则举之","官无常贵,而民无终贱"思想,反映了其代表"贱人"阶级的利益诉求表达。这种思想虽然具有进步的意义,但是在当时由奴隶制向封建制度过渡的历史条件下,无疑只是一种美好的理想。

(四)科技教育思想与实践

墨子强调技术教育的重要性,并且在自己创办的私学中传授相关的知识和技术。墨翟在进行技术教育时坚持一条原则:"利于人谓之巧,不利于人谓之拙。"① 一切以有用为准。《墨子》一书中包含了广泛的科学技术内容,涉及数学、光学、力学以及心理学等自然科学领域,实际上是一部当时进行职业技术教育的教材。

在数学方面,《墨经》中通过朴素的数学名词及其定义表达出丰富的数学概念、严密的逻辑推理和深邃的数理哲学思想,涉及了有穷与无穷、部分与整体、虚与实、同与异、圆与方、"端"、加倍、相交、相比、相次、建位

---

① 《墨子·鲁问》。

和极限等问题。如定义几何学中的圆："圜，一中同长也。"① "一中"就是"对中心的一点"，"同长"就是"等距离"。与现代几何学中"圆：对中心的一点等距离的点的轨迹"定义十分吻合。

在力学方面，墨家对力学和机械学规律的探索已相当深入。对力的性质是这样定义的："力，刑（形）之所以奋也。"② 意谓使形体改变其原来状态的东西谓之力。这与现代力学定义"凡是能使物体获得加速度或者发生形变的作用，都称作力"很相近。此外，对杠杆、斜面、滑车、平衡原理等，也都有精辟分析。

在光学方面，墨家提出光"照若射"③ 的判断，最早发现光的直线行进这一基本光学原理，并据此探讨了一系列光学基本问题，几乎遍及现代光学影像的基本领域。并做了"小孔成像"的实验，指出"足蔽下光，故成景（影）于上；首蔽上光，故成景于下"。④ 影倒是由于光线相交于小孔的缘故。

在科学方法方面，《墨经》通过给予科学问题以十分概括和简洁的定义，表现了对研究对象作细致分析的思维习惯。如对力的性质定义、对"知"的定义、对"光"的定义等，都是从各个方面下定义，在分析的同时，也进行着综合。《墨经》还广泛运用了对立统一规律研究事物的一种方法。如批驳了公孙龙的"离坚白""白马非马"的诡辩。《墨经》提出和运用了实验教学法。如反射、小孔成像等实验以及杠杆原理实验等，都是墨家所创造的实验方法。

此外，战争攻守中的机械制造技术是墨家科技教育的重要内容。涉及防御守备中的城池建设、守备设施的安排、物质装备的具体内容，甚至还列出了武器制造的精密尺寸、武器使用的方法、破除云梯与防备地道的要领、土埋水淹积石发矢的技术，还有在战争中如何利用旗帜传送信号等内容。

在墨子的实践经历、政治理想或教育理论中，培养实用型人才的观

---

①② 《墨子·经上》。
③④ 《墨子·经说下》。

念和提倡职业教育的思想非常鲜明，对中国后世的民族文化有着深远的影响。

五、白圭的商业经营思想

白圭（前463～前385），名丹，战国时期东周洛阳人，梁（魏）惠王时在魏国做官，后来到齐国、秦国，是先秦时期的商业经营思想家。

在《史记·货殖列传》中记载了他的商业经营思想，可以概括为以下几方面观点。

（一）"欲长钱，取下谷"

白圭认为，"下谷"等生活必需品，虽然利润较低，但是消费量相对稳定，成交量大，以多取胜，同样可以获取大利，于是他坚定地选择了农产品、农村手工业原料和产品的大宗贸易为主要经营方向。

（二）"人弃我取，人取我予"

如果一个地方盛产蚕茧，就购进这些产品，而用谷物等其他当地缺少的东西去换。如果一个地方粮食丰产，就去购进他们的粮食，然后用丝、漆等类必需品去和他们交换。而在年景不好或是青黄不接时，适时出售粮食，同时购进滞销的手工业原料和产品。这样就使全国的货物得到流通，既利于人民生活，又能从中赚取利润，在客观上调节了商品的供求和价格，可谓一举两得，既利国又利民。因此，白圭把他的这一经营理念称为"仁术"。

（三）"积著率岁倍"

这是白圭的商情预测理论。白圭具有高超的把握时机的本领，他根据古代的岁星纪年法和五行的思想，运用天文学、气象学的知识，总结出一套农业收成丰歉的规律，并遵循这个规律进行交易，丰年粮价低廉收购粮食，到歉年粮价上涨时出售，从丰年和歉年的价格差中可以获得成倍的利润。

（四）"薄饮食，忍嗜欲，节衣服"

白圭虽然贵为富商，但是能够做到饮食从简，克服个人私欲嗜好，节衣缩食，和伙计下人同甘共苦。这也反映了他的经商置业尚俭戒奢思想。

（五）治生之道如用兵行法

白圭说："吾治生产，犹伊尹、吕尚之谋，孙吴用兵，商鞅行法是也。是故其智不足与权变，勇不足以决断，仁不能以取予，强不能有所守，虽欲学吾术，终告之矣。"白圭治理生产，经营买卖，就像古代的伊尹、吕尚运用谋略治理国家，孙子、吴起用兵，商鞅行法一样。他把经商的理论，概括为四个字：智、勇、仁、强。如果智能不能权变，勇不足以决断，仁不善于取舍，强不会守业，就无资格去谈论经商之术了。

六、李悝的"尽地力之教"思想

李悝（前455~前395），濮阳人，战国初期魏国著名的政治家、改革家，法家的重要创始人。公元前422年，李悝被魏文侯任命为相国，主持变法。变法直接导致魏国在战国初期率先强大。

李悝基于其重农思想，在变法中提出"尽地力之教"的农业教育思想。根据《汉书·食货志》的记载，李悝针对魏国"土狭而民众"的特点，认为"治田勤谨则亩益三升，不勤则损亦如之"，在人均可耕地面积少的前提下，农业增产的关键是调动农民的生产积极性，提高农业生产的效率。李悝认为"善为国者，使民毋伤而农益勤"。为了调动小农生产积极性，推行了重农抑商的"平籴法"，由国家控制粮食的购销和价格，政府在丰年以平价收购农民余粮，防止商人压价伤农；在灾年则平价出售储备粮，防止商人抬价伤民，达到"使民适足，贾平则止"的效果。

在推广先进的农业生产知识和技术方面，《通典·水利田》中记载，李悝在耕种方法上特别强调"必杂五种，以备灾害……力耕数耘，收获如寇盗之至"，"还庐树桑，菜茹有畦，瓜瓠果蓏殖于疆易"①，即要求农民在可以耕作的有限面积土地内，进行多品种间作套种，以减少自然灾害发生时的损失；耕地要深，锄草要勤，认真做好田间管理；收获季节要积极抢收，如临盗贼，以免因不测风雨而遭损失。要在住宅周围栽种桑树，种植蔬菜；并且要在田间地头见缝插针种植瓜果。

李悝"尽地力之教"的农业思想及其改革实践使魏国实现了富强，其思想和措施对后世产生了极大的影响。

七、扁鹊的"医医病"医学教育思想

扁鹊（前407~前310），渤海郡郑（今河北沧州市任丘市）人，战国时期医学家，善于运用问、闻、望、切四诊，尤其是脉诊和望诊来诊断疾病；精于内、外、妇、儿、五官等科；应用砭刺、针灸、按摩、汤液、热熨等法治疗疾病，被尊为医祖。扁鹊先后到齐、赵、虢、秦国行医，最后被秦太医所杀。他的医疗经验极其丰富，曾编撰过《扁鹊内经》九卷和《扁鹊外经》十二卷，均已失传。他无私地把自己的医术传授给门徒，徒弟子阳、子豹、子越等都是在医术上有所成就的人。

（一）"病见大表"

"病见大表"意即问、闻、望、切，内病外诊思想。扁鹊曾说过："越人之为方也，不待切脉望色听声写形，言病之所在。闻病之阳，论得其阴；

---

① 《汉书·食货志》。

闻病之阴,论得其阳。病应见于大表,不出千里,决者至骺,不可曲止也。"① 意思是:我用的治疗方法,不需给病人切脉、察看脸色、听声音、观察病人的体态神情,就能说出病因在什么地方。知道疾病外在的表现就能推知内有的原因;知道疾病内在的原因就能推知外在的表现。人体内有病会从体表反映出来,据此就可诊断千里之外的病人,我决断的方法很多,不能只停留在一个角度看问题。

扁鹊作为战国时期最著名的医生,"望色、听声、写影和切脉"四诊法奠定了我国中医诊断学的基础,一直为中医所沿用。这些诊断技术,充分地体现在史书所记载他的一些治病的案例中。他精于望色,通过望色判断病证及其病程演变和预后。如他晋见蔡桓侯时,通过望诊判断出桓侯有病,并知病的程度和阶段;他精于切脉,后代医生把他奉为"脉学之宗","至今天下言切脉者,由扁鹊也"②。

（二）综合治疗的方法

扁鹊成功地运用"毒酒"作麻醉剂实施了大型外科手术。《列子·汤问》中记载"鲁公扈,赵齐婴二人有疾,同请扁鹊求治","扁鹊遂饮二人毒酒,迷死三日,剖胸探心……既悟如初"。在治疗方面,他除用药物外,还使用砭石、针灸、按摩、汤液、熨帖、手术、吹耳、导引等方法。他一生看了许多疑难杂症,在处理具体病案时,能采用综合疗法。"厉针砥石,以取外三阳五会"③,还有热熨法和服汤药法等治疗虢太子的"尸厥",获得成功。《史记·扁鹊仓公列传》记载扁鹊曾为带下医、小儿医、耳目痹医（五官科），说明到春秋战国时期,医学渐趋专科化倾向。

（三）"医医病"和"六不治"

扁鹊敏锐而深刻地指出:"医之所病,病道少"④,意思是:行医的困惑

---

①②③④ 《史记·扁鹊仓公列传》。

在于，疾病种类很多但医生治疗疾病的方法太少。这句话提示学医之人应虚心好学，刻苦钻研，面对千变万化的疾病，要努力学习医学的理论知识，打下坚实基础。这是典型的医学职业教育思想。扁鹊还提出"六不治"思想，包括："骄恣不论于理，一不治也；轻身重财，二不治也；衣食不能适，三不治也；阴阳并，藏气不定，四不治也；形羸不能服药，五不治也；信巫不信医，六不治也。有此一者，则重难治也。"① 即六种病人：为人傲慢放纵不讲道理，是一不治；轻视身体看重钱财，是二不治；衣着饮食不能调节适当，是三不治；阴阳错乱，五脏功能不正常，是四不治；形体非常羸弱，不能服药的，是五不治；迷信巫术不相信医术的，是六不治。有这样的一种情形，那就很难医治了。其中"信巫不信医"的说法表明医学已经从巫术神学中分离出来。可见，扁鹊是崇尚医学反对巫术的先驱者。

八、商鞅"急耕战之赏"思想

商鞅（约前390～前338）原名"卫鞅"或"公孙鞅"，是战国时期著名的政治家，法家的主要代表人物。公元前361年商鞅到秦国辅佐秦孝公，先后推行了两次以"农战"和"法治"为中心的变法活动，使秦国成为列国之强，为秦始皇统一中国奠定了坚实的基础。从古代职业教育的角度来看，商鞅主要有以下几方面的农业教育思想。

（一）"令民归心于农"

商鞅认为，"农战"是强国兴邦的根本。《商君书·农战》记载："国之所以兴者，农战也。……王道作外，身作壹而已矣"，"国待农战而安，主待农战而尊"②。而"农战"中，农是主要的，"故治国者欲民之农也。国不农，

---

① 《史记·扁鹊仓公列传》。
② 《商君书·农战》。

则与诸侯争权不能自恃也,则众力不足也。"① 因此,必须教化人民,一心发展农业生产来实现强国备战。

(二)"急耕战之赏"

据《汉书·食货志》记载:"及秦孝公用商君,坏井田,开阡陌,急耕战之赏,虽非古道,犹以务本之故,倾邻国而雄诸侯。"秦孝公采用商鞅之法,成就了霸业。商鞅认为:"凡人主之所以劝民者,官爵也……是故不以农战,则无官爵。"② 国家不能仅以知识、学问为标准授予官爵,以免人们贵学问而轻农业。他提出"民有余粮,使民以粟出官爵,官爵必以其力,则农不怠"③。鼓励人们从事农业生产,以粟买爵。与此同时,商鞅加强赏罚,鼓励和引导人们从事农业生产,使"民之欲利者,非耕不得;避害者,非战不免。境内之民,莫不先务耕战,而后得其所乐"④。

(三)重农教而轻游学

为了快速扭转秦国当时普遍存在重游学而轻"农战"的风气,商鞅在《商君书·农战》篇中指出:"豪杰务学《诗》《书》,随从外权;要靡事商贾,为技艺,皆以避农战。民以此为教,则粟焉得无少,而兵焉得无弱也?"他认为当时"学者成俗,则民舍农,从事于谈说,高言伪议,舍农游食"的教育导向是"贫国弱兵之教也",国家应当转变这种教育风气,"修赏罚以辅壹教,是以教育有常,而政有成也",形成"为辩知者不贵,游宦者不任,文学私名不显"的导向,用赏罚来加强对农业教育的重视。

商鞅的变法取得了成功。他的农战思想以及推行农业教育的实践发挥了重要作用,促进了秦国的强大。

---

①② 《商君书·农战》。
③ 《商君书·靳令》。
④ 《商君书·慎法》。

九、孟子的"劳心""劳力"社会分工论

孟子（前372~前289），名轲，山东邹城人。在十五六岁时到鲁国后拜入孔子之孙子思的门下，继承并发扬了孔子的思想，成为战国时期儒家代表人物，是我国古代著名思想家、教育家，与孔子合称为"孔孟"，有"亚圣"之称。《孟子》一书是记录孟子及其弟子言行的著作。

（一）"劳心者制人，劳力者制于人"社会分工论

孟子认为，社会分工是必要的，但他提出"劳心者制人，劳力者制于人"[①]的观点，认为脑力劳动是"大人"的工作，体力劳动是"小人"的工作，人为地将职业划分出高低贵贱。他说："然则治天下独可耕且为与？有大人之事，有小人之事。且一人之身，而百工之所为备，如必自为而后用之，是率天下而路也。故曰，或劳心，或劳力；劳心者治人，劳力者治于人；治于人者食人，治人者食于人；天下之通义也。"意思是：那么治理国家就偏偏可以一边耕种一边治理了吗？官吏有官吏的事，百姓有百姓的事。况且，每一个人所需要的生活资料都要靠各种工匠的产品才能齐备，如果都一定要自己亲手做成才能使用，那就是率领天下的人疲于奔命。所以说：有的人脑力劳动，有的人体力劳动；脑力劳动者统治人，体力劳动者被人统治；被统治者养活别人，统治者靠别人养活，这是通行天下的原则。

孟子所提出的"劳心者治人，劳力者治于人"论断是从贵族统治阶级的立场讲社会分工问题。在《左传·襄公九年》中，知武子已经说过："君子劳心，小人劳力，先王之制也。"可见，体力劳动与脑力劳动的分化，在孟子所处的春秋战国时代早已是一个普遍存在的现实。他不过是对这种现象加以概括，在"或劳心，或劳力"的基础上进一步发挥为"劳心者治人，劳力

[①] 《孟子·滕文公章句上》。

者治于人"，更加明确地表达了社会阶级地位的差别与矛盾。这种等级观念造成了我国延续两千余年"重脑轻体"的职业观念，其消极影响至今没有完全消除。

（二）"能与人规矩，不能与人巧"的职业教学论

孟子曾说过："大匠不为拙工改废绳墨，羿不为拙射变其彀率。君子引而不发，跃如也。"① 意思是：工匠师傅不因徒弟笨拙就改变或废弃用来画线的绳墨；后羿也不能因学射箭的人笨拙改变其张弓的限度，而不张满弓。如果弃其绳墨，舍其规矩，不坚持标准，一定是教不好的。但是孟子又说："梓匠（木工）轮舆（车工），能与人规矩，不能与人巧。"② 即木工以及专做车轮或车厢的人能够把制作的规矩准则传授给别人，却不能够使别人一定具有高明的技巧。

在我国传统的艺徒制中，师徒传艺时遵循这样一句话："师傅领进门，修行在个人"。要学好一种技术，师傅只是外在因素，只会将工艺大原则传授给你，想把师傅的技术精益求精地掌握，那只有靠自己的勤奋努力和从中体悟，不懈地细细琢磨，自会得到其中道理。譬如教授射箭，学生也能按老师的标准拉满弓，把箭射出百步之外，但是不一定射中。孟子说："由射于百步之外也，甚至，尔力也。"有力气就能按标准把箭射出百步之外，可是要射中或矢无虚发，这就是所谓技巧了。这技巧不是教师可以包办代替的，所以孟子主张教者应当像教射箭一样，"引而不发，跃如也"。只把弓张满，摆出跃跃欲试的架势，并不一定要把箭射出去。也就是说教师教会学生如何射也就行了，不能代他去射。应要他自觉主动地反复练习，以达到熟能生巧。

孟子还主张"中道而立，能者从之"③，字面意思是君子站立在道的中间，有能力的人便会跟从他学。但引申含义"中道而立"强调的是"示范"

---

①②③ 《孟子·尽心上》。

而不是"代替""降低标准",也就是教育既要启发到位又不要包办代替,这种恰到好处的指导也是"中道"的体现。可见,"能与人规矩,不能与人巧""中道而立"的思想是职业教育教学论的重要观点。

十、许行的"并耕而食"与"市贾不贰"思想

许行(约前372~前289),华夏族,楚国(都城江陵纪南城,后迁安徽寿县西南)人,生于楚宣王至楚怀王时期,约与孟子同一时代,农家的代表人物,春秋战国时期著名农学家、思想家。因没有著作流传于世,其职业教育思想散见于《孟子·滕文公上》等其他人的传世著述之中。

(一)"贤者与民并耕而食"的主张

《孟子·滕文公上》记载,许行研究神农学说,从楚国来到滕国,禀告滕文公说:"远方的人,听说您实行仁政,愿意接受一处住所做您的百姓。"滕文公按照许行的请求,为他们划定了一块耕地。他和门徒几十人,都穿粗麻布的衣服,靠编鞋织席为生。儒家学派的陈相及弟弟陈辛带着农具从宋国来到滕国,拜许行为师,最终放弃了儒家思想,改为信奉农家学派。陈相见到孟轲后,转述了许行的观点,"种粟而后食","贤者与民并耕而食,饔飧而治"[1],意思是:贤德的国君应该要和百姓一同耕种获得自己的粮食,自己做早晚餐并处理国事。于是孟子针对这些农家学说展开了质询,实际上是一场"农""儒"辩论。孟子出于维护封建统治阶级利益的立场,对许行农学派大加讨伐,贬斥为"南蛮鴂舌之人,作先王之道"。以许行为代表的农家思想的核心是反对不劳而食,认为从君主到庶民,都必须亲自耕种才有资格吃饭;甚至认为连制陶、冶炼和纺织等手工业的存在,都会对农业生产造成危害,这种理论完全否认了社会分工的合理性。

---

[1] 《孟子·滕文公上》。

（二）"仓廪府库，是厉民而以自养也"

许行对滕文公说："仓廪府库，是厉民而以自养也。"意思是：国君设仓库储存米谷，有府库积聚财货，是伤害人民来供养自己。许行认为，如果国君不与民并耕，而是像滕文公那样，拥有储藏粮食的仓廪和存放钱财的府库，那就是损害民众来供养自己，这样的国君就不配说得上贤。这是许行对当时统治者的尖锐批评，是平均主义小农经济思想的反映，也反映了农民自食其力的淳朴本色，表达了他们企图摆脱贵族盘剥的强烈愿望。这种思想与"贤者与民并耕而食"主张一样，是对上古神农时代大同社会的向往和对当时社会回归圣人之道的期盼。

（三）"市贾不贰"，"莫之或欺"

"市贾不贰"的价格论是许行提出的商业思想。他主张在社会分工互助的基础上，提出从事农业劳动的人可以用农产品直接去交换如帽子、锅甑和铁制农具等手工业品。他还指出，如果一切自制，将"害于耕"，也就是影响农业生产。这种以物易物的交换价格应该是："布帛长短同，则贾相若；麻缕丝絮轻重同，则贾相若；五谷多寡同，则贾相若；屦大小同，则贾相若。"① 意思是市场上布帛的长度相同，则出售的价格相等；麻缕与丝絮的重量相同，则出售的价格相等；粮食容量相同，则出售的价格相等；鞋的尺码相同，则出售的价格相等。也就是说，市场上的同种商品数量相同，则价格相等，各种物品的价格都统一规定。这样，同种商品只有一种价格，没有第二种价格，做到"市贾不贰"，就不会再有弄虚作假的现象，即使小孩子到市场上去买东西，也不会受欺骗。许行的"市贾不贰"价格论反映了当时贫苦农民对商人利用市场巧取豪夺的不满，提出了保护农民自身利益的商业思想。

春秋战国时代，频繁的战争严重影响农业生产和农民利益。以许行为代

---

① 《孟子·滕文公上》。

表的农家主张国君要重视农业并亲自耕作,强调要求人人都成为自食其力的劳动者;否定君主拥有仓廪、府库的王权;还提出产品市场交换的公平、诚信原则。这些主张反映了战国时期贫苦农民的利益和要求,与孟子所主张的"劳心者治人,劳力者治于人;治于人者食人,治人者食于人"[1]的思想针锋相对。在当时社会条件下,许行的这些思想是不可能实现的。

十一、吕不韦的农业教育思想和"奇货可居"论

吕不韦(约前292~前235),卫国濮阳(今河南濮阳西南)人,战国末年著名商人、政治家、思想家。

(一)农业教育思想

战国末期,秦相吕不韦集合众多门客共同编纂的《吕氏春秋》中有四篇文章是先秦农家重要的代表作,被视为传统农业科技的奠基之作。其中《上农》篇论述农业生产政策措施对于政治的重要性;《任地》篇主要记载了土壤耕作的原则和方法;《辨土》篇是在《任地》篇的基础上论述了土壤耕作和作物栽培的具体技术方法;《审时》篇记载了适时播种同作物产量与品质的关系。这四篇文献传授和推广了诸多农业生产技术,也传播了许多重要的农业教育思想。

在"重农""劝农"思想方面,认为统治者应当将"耕""织"作为社会教化的根本内容,通过天子"亲率诸侯耕帝籍田"引导百姓重视农业生产,从而使人人都能够"敬时爱日,非老不休,非疾不息,非死不舍"[2]。严厉督促农民勤于耕作,不误农时,以确保年丰物阜。如实施"时禁"之令,在农忙时,不仅官家不能劳师动众,大兴土木,而且民间也不准进行"冠

---

[1] 《孟子·滕文公上》。
[2] 《吕氏春秋·上农》。

弁""娶妻""嫁女""享祀"之类的活动,更不能弃农经商或从事其他非农业生产的活动;实施"四时之禁",即在动植物繁育之时均不得伐木、戮草、渔猎等,对于违反者采取惩罚措施。《上农》等四篇文献中包含了丰富的农业技术知识,如重视利用农时的思想以及阐明违反农时的严重后果,论述了农作物生长与土壤肥力的关系,记载了土壤耕作和作物种植制度,传播了耕作、施肥、密植、保墒等方面的农业技术知识。《任地》篇中强调要"告民"耕稼之道,农民要掌握"耕之道"和"耕之方";《审时》篇记载:"夫稼,为之者人也,生之者地也,养之者天也",强调了农业生产必须加强对农民生产技术的教育,还要重视自然规律。

(二)"奇货可居"论

吕不韦在商业经营方面最为典型的思想是商人投机政治。他将投资指向了当时"落难"的质子异人。《战国策·濮阳人吕不韦贾于邯郸》记载:濮阳人吕不韦贾于邯郸,见秦质子异人,归而谓父曰:"耕田之利几倍?"曰:"十倍。""珠玉之赢几倍?"曰:"百倍。""立国家之主赢几倍?"曰:"无数。"曰:"今力田疾作不得暖衣余食,今建国立君,泽可以遗世。愿往事之。"这就是他的"奇货可居"理论。因此,与一般商人相比,吕不韦成功地完成了一笔最大的"货物囤积"的买卖。另外,吕不韦开启了国与国之间贸易往来,作为战国末期的卫国商人,因卫国经济不发达,于是把商品贸易发展到了赵国,足以看出他独到的经济眼光。但吕不韦为了把自己的商业达到顶峰,与达官贵族联系密切,开创的商人与官场合作的经商之道,也导致了其辉煌人生与悲惨结局。

十二、《考工记》的职业教育思想

《考工记》是我国春秋时期记述官营手工业各工种规范和制造工艺的文献。关于《考工记》的作者和成书年代,学术界观点不一,目前多数学者认为《考工记》是齐国官书，记述了官办手工业的各个工种设计规范和制造工艺以及官府指导、监督和考核制度，作者为齐稷下学宫的学者，全篇主体内容编纂于春秋末至战国初，部分内容补于战国中晚期。西汉时《周官》（即《周礼》）缺《冬官》篇而以此补入，得以流传至今。

《考工记》全文 7000 多字，记述了木工、金工、皮革工、染色工、玉工、陶工等六大类、30 个工种，其中 6 种已失传，后又衍生出 1 种，实存 25 个工种的内容。书中分别介绍了车舆、宫室、兵器以及礼乐之器等的制作工艺和检验方法，涉及数学、力学、声学、冶金学、建筑学等方面的知识和经验，记载了一系列的生产管理和营建制度，在一定程度上反映了当时的手工业教育思想。

（一）"国有六职，百工居一"思想

《考工记》中有这样的论述："国有六职，百工与居一焉……坐而论道，谓之王公；作而行之，谓之士大夫；审曲面埶，以饬五材，以辨民器，谓之百工；通四方之珍异以资之，谓之商旅；饬力以长地财，谓之农夫；治丝麻以成之，谓之妇功。"《考工记》把工、商、农夫、农妇和王公、士大夫并列为"国之六职"，凸显出对于百工的重视，是中国重视农、工、商群体的第一本著作。

（二）"天时、地气、材美、工巧"系统工艺观

《考工记》记载："天有时，地有气，材有美，工有巧，合此四者，然后可以为良"。"天有时"指天有季节、气候、时令的变化；"地有气"是指地理条件有不同，自然规律有差异；"材有美"是指材料有其自身材质的美；"工有巧"指人有创造能力和工艺技巧。意思就是说顺应天时、适应地气、巧用材料、适宜工艺，四者有机地结合，可以产生好的物品。这是一种系统的工艺观点，指出了天时、地气、材美、工巧是设计和生产优秀产品的四个要素。还举例"郑之刀，宋之斤，鲁之削，吴越之剑，迁乎其地而不能为良，地气然也"，说明不同地区的原料、环境条件不同，难以产生精良之器。

（三）工种划分的思想

《考工记》对于诸多工种有了最早的划分。"凡攻木之工七，攻金之工六，攻皮之工五，设色之工五，刮摩之工五，搏埴之工二。"《考工记》记载了三十个工种。其中，攻木之工包括轮人、舆人、车人、弓人（做弓等）、庐人、匠人、梓人等 7 个工种。攻金之工包括筑氏、冶氏、凫氏、㮚氏、桃氏、段氏等六个工种。攻皮之工包括函人、鲍人、韗人以及韦人、裘人等 5 个工种。设色之工包括画、缋、钟氏、䘏氏、筐人等五个工种。刮摩之工包括玉人、矢人、磬氏，以及雕人、楖人等五个工种。搏埴之工包括陶人、瓬人二个工种。此划分为后代手工业工种分类与研究奠定了重要基础。

（四）工艺标准的萌芽

《考工记》对每一工种均简要地介绍了有关产品的形制、结构和工艺技术规范。如在金属冶铸方面，《攻金之工·六齐》记载："六分其金而锡居一，谓之钟鼎之齐；五分其金而锡居一，谓之斧斤之齐……"，是世界上最早的合金规律。另外还记载了在合金熔炼过程中，如何依据火焰和烟气颜色来辨别熔炼进程，如冶铸青铜合金时，铜与锡先后经过"黑浊之气""黄白之气""青白之气""青气"之后才可铸器，这是世界上关于观察熔炼火候的最早记载。在标准化管理方面，"㮚氏为量"说明在金属熔炼时，需"不耗然后权之，权之然后准之，准之然后量之"。这是对熔炼工艺的一种规范。又如《车有六等之数》记载："兵车之轮六尺有六寸，田车之轮六尺有三寸，乘车之轮六尺有六寸"等。在《轮人》《车人》诸篇中，对车轮的制作和检验、车辕和车架的制作、各个部件的连接方法以及不同用途的车辆的要求等作了分别叙述，提出了一系列技术规范。我国古代正式的设计规范与技术标准是宋代的"法式"，如《营造法式》等。但是《考工记》这部伟大作品已经有了工艺标准的萌芽。

中国古代职业教育
思想研究
Chapter 4

第四章 秦汉时期的职业教育思想

秦朝（前 221～前 207）是秦始皇建立的我国第一个统一的封建帝国。但是秦朝仅延续了 15 年就灭亡了。汉朝（前 206～220）分为西汉（前 206～9）和东汉（25～220）两个历史阶段。秦汉时期是我国封建社会不断形成、发展和确立的重要时期，封建经济结构逐渐形成，产生了地主阶级和农民阶级两大主流社会阶层，同时还存在数量可观的手工业劳动者和商业经营者等。秦朝在"以法为教"制度下形成了"吏"特殊阶层，并且在培养吏的过程中产生了"为吏之道"。汉朝时期，在"罢黜百家，独尊儒术"的文教政策之下，技术职官教育和农、工、商、医隐性职业教育仍然得到进一步发展，并且酝酿出丰富的职业教育思想。

第一节 秦汉时期的职业教育概况

秦汉时期，统一的封建王朝的建立，国家管理体制不断完善，形成等级化的官僚阶层。为了保证国家机构的正常运转，需要大批的人才不断充实到官僚体制中，由此形成了秦汉时期重要的职业教育形式——文吏之学。汉代的官学教育中涵盖了天文、历法方面知识，为魏晋时期官学体系中分化出天文历法职官教育机构奠定了基础。医官成为汉代宫廷中的专门职位，医学知识和医术在民间广泛传播。《汉书·食货志》记载："士农工商，四民有业。学以居位曰士，辟土殖谷曰农，作巧成器曰工，通财鬻货曰商。圣王量能授事，四民陈力受职。"中国古代关于职业及分工的思想在秦汉时期基本成型。以劝课农桑为基本形式的农业技术教育进一步发展。官办手工业"工师授徒"和私营手工业技艺家传形式得到延续和发展，商业经营以行商和坐贾不同形式在重农抑商政策下缓慢发展。

一、"文吏之学"：职官职业教育

东汉的许慎在《说文解字》中云："官，事君也"，"吏，治人者也。"秦代由吏而入仕为官。秦王朝在"以法为教，以吏为师"的教育体制中，设立专门机构培养文吏。汉代则制定了明确的仕进制度，通过大量职业化的吏源源不断地补充官僚阶层，逐渐出现儒生与文吏的融合，是对秦独任文吏而造成的统治流弊的反思与革新。

秦代的官僚体制庶务繁杂，需要大批熟悉政事、政务的人才，因此存在大批舞文弄墨的刀笔小吏。为了培养能够胜任帝国行政事务的人才，秦在官府设立了专门训练和培养吏员的"学室"，这是职官职业教育的机构和场所。"学室"中的弟子在规定的学习时间内学完一定的教学内容，经过考试合格后，便可以从事吏的工作。"学室"制度是秦为培养行政吏员而设立的具有职业教育性质的学校制度。云梦秦简《秦律十八种·内史杂》记载："非史子殹（也），毋敢学学室，犯令者有罪"。"史"即史官，史子即史官的儿子，学室即学习的场所。这句话表明只有"史子"才能在"学室"学习。在古代"史"是世袭的，所以"学室"实际上即一种培养"史"的专门学校。史官作为吏的一种职位类型，不仅要承担正常的政务处理工作，而且要作为"学室"中的教师教授弟子。

汉代伊始，学吏制度依然存在，但是职官性职业教育的政策和制度发生了变化。汉代官僚体制中，儒生大量参政，文吏和儒生掺杂并存。《说文解字·后叙》引汉《尉律》记载："学僮十七已上始试，讽籀书九千字，乃得为吏。"说明汉初采用考试的方法，从十七岁以上的学僮中选拔从事文书工作的吏员。东汉时期，士人"好仕学宦，用吏为绳表"[1]，"幼则笔墨"，"长大成吏"。可见，"学以为吏"的职官性职业教育在东汉时期普遍存在。汉

---

[1] 《论衡·程材》。

的学吏致仕主要有三种途径。一是在学校中学习儒学致仕。公元前 125 年，汉武帝采纳董仲舒的建议，建立太学以培养人才，设五经博士为太学教师，为博士置弟子，是为太学学生。太学生学习完毕，经过考核便可以授官。地方上也设立学校培养吏。西汉蜀郡太守文翁"修起学官于成都市冲，招下县子弟以为学官弟子，为除更繇，高者以补郡县吏"[①]。二是"宦学事师"，先做小吏，在工作中向老吏学习，然后不断升迁。如汉代路温舒"求为狱小吏，因学律令，转为狱史"[②]。三是因明经而为吏。在汉代，精通儒家经典成为入仕为吏的重要途径，这在史籍中比比皆是。如王吉"少好学明经，以郡吏举孝廉为郎"[③] 等。随着这几种职官性职业教育途径的并存与交融，开始出现既掌握儒家学说又精通文吏文法的人才，为后世官僚职业阶层的知识和技能结构奠定了基础。

文吏之学，就是汉代的宦学事师制度。文吏之学要学习史书、儒经、律令和为吏之道，还有农田水利、算学、天文、地理水文等知识。宦学已涉足仕途，但学僮与正式官吏是有区别的，居延汉简中所谓私从、私吏、助吏等称谓，多是指宦学的生徒，他们学成之后，必须经过某种形式的考核，合格才能做正式官吏，获得命官的职称。文吏的考试与官学不同，是以考察吏事为主。宦学向高级发展，有的专业从官僚机构中分化出来，成为官学中的专科教育，例如魏晋时期律学的产生，有的则在官僚机构中增设专门的教学编制。魏晋之后的职官专门学校产生，就是在汉代宦学制度基础上发展起来的。

除了文吏之学外，汉代的官学教育中涵盖了天文、历法方面知识，医官成为汉代宫廷中的专门职位，医学知识和医术在民间广泛传播。《后汉书·郑玄传》记载郑玄"师事京兆第五元先，始通《京氏易》《公羊春秋》《三统历》《九章算术》"。可见汉代官学在传授经学的同时，也传播科技知识，经学涵盖天文、历法等科学技术，汉代经师多博通科学技术。如东汉著名天

---

① 《汉书·文翁传》。
② 《汉书·路温舒传》。
③ 《汉书》卷七十二《王吉传》。

文学家张衡，在太学结识了崔瑗，与他结为挚友。崔瑗是当时的经学家、天文学家贾逵的学生，也精通天文、历法、数学等学问。秦汉时期还没有专门的医学学校，但是出现了专门服务皇室的医疗组织机构。宫廷中设有女侍医、乳医、医待诏、本草待诏、典领方药等职。民间医学以淳于意、华佗、张仲景等名医为代表，对医学理论、技术传承均做出了极大的贡献。张仲景的医学名著《伤寒杂病论》总结了秦、西汉三百年临床实践经验以及《内经》基本理论，是中国第一部理、法、方、药兼备，理论和实践紧密结合的临症诊疗专著。

二、鸿都门学：中国艺术职业教育的起始

鸿都门学建于汉灵帝光和元年二月，因校址设在洛阳鸿都门而得名，是一所以培养辞、赋、书、画专门人才为目标的高等艺术职业学校。

鸿都门学面向社会广泛招收学生，由州、郡、三公荐举生源，经考试合格方可入学。社会地位不高的平民子弟也列入选拔人才的范围。《后汉纪》卷二四记载："初置鸿都门生，本颇以经学相招，后诸能为尺牍、辞赋及工书鸟篆者至数千人。"鸿都门学开设辞赋、小说、尺牍、字画等课程，打破了专习儒家经典的惯例，以文学和艺术教育为核心。宦官派及汉灵帝为了壮大自己的势力，对鸿都门学的毕业生多给予高官厚禄，"或出为刺史、太守，入为尚书、侍中，乃有封侯赐爵者"。[①] 鸿都门学打破了汉代单一的以传授经学为主的官学教育体制，丰富了我国古代学校教育制度的发展形式，更是我国古代职业教育史上的一个创举。

三、劝课农桑：农业职业教育

秦代采取"授田"与"租佃"两种形式将土地分配给农民。授田制下的

[①]《后汉书·蔡邕传》。

农民拥有更多的人身自由，其赋税也较低；而租佃制下的农民则同封建政权之间有着相对严格的依附关系，承担更为繁重的赋税。两汉时期，社会最基本的阶级是地主阶级和农民阶级，农民分为自耕农民和依附农民，其中绝大多数是依附农民，以租佃方式租种官田或世家大族的土地。农民在两汉时期数量越来越多，地位则越来越低。

（一）皇帝亲耕与官吏劝农

秦汉时期，统治者都强调农业为国之本。秦始皇"上农除末，黔首是富"①，以农业为本，造富生民。汉代的皇帝"亲耕籍田以为农先"②。统治阶级对农业的重视使国家采取措施来稳定农业人口，传播农业技术知识，发展农业职业教育。但是汉代的社会风气则与此相反，出现"天下侈靡趋末，百姓多离农亩"③，"舍本农而趋商贾"的现象，大批的农业人口为了求利而转入商业及其他行业。因此，汉代皇帝下诏劝课农桑，甚至亲耕籍田作为天下表率。减轻农业赋税吸引和维持农业从业者也成为重要手段。《史记·孝文帝纪》记载："农，天下之本务莫大焉。今勤身从事而有租税之赋，是为本末者无以异，其于劝农之道未备，其除田之租税。"《汉书·文帝纪》也记载："农，天下之大本也，民所恃以生也，而民或不务本而事末，故生不遂。朕忧其然，故今兹亲率群臣，农以劝之，其赐天下民今年田租之半。"

为了贯彻农本国策，秦汉时期的地方各级官吏承担着劝课农桑的职责。在汉代，地方官吏中"循吏""三老""力田"等，都是农业职业教育的主要承担者。如《汉书·循吏传》中记载，黄霸在任颍川太守时，"为条教，置父老师帅伍长，班行之于民间，劝以为善防奸之意，及务耕桑，节用殖财，种树畜养"；龚遂在任渤海太守时，"劝民务农桑，令口种一树榆，百本薤、五十本葱、一畦韭，家二母彘、五鸡"。耕作以时是汉代劝课农桑的重要内

---

① 《琅玡台刻石》。
② 《汉书·董仲舒传》。
③ 《汉书·东方朔传》。

容。《汉书·王莽传》载,"十一公士分布劝农桑,班时令"。《汉书·文帝纪》载:"力田为生之本也,三老众民之师也。"说明三老、力田等乡官也要督促农民按时耕种,以避免百姓"失一时之作,亡终岁之功"。

(二) 赵过推广"代田法"和牛耕技术

汉代不少官吏积极推动农耕方法的改进与传播。汉武帝时期的赵过就是汉代重要的农业科学技术专家和传播者。

赵过,西汉农学家,籍贯和生卒年不详。《汉书·食货志》记载,汉武帝任命赵过为搜粟都尉,推广代田法。"过能为代田,一(亩)三(同畎)。岁代处,故曰代田。古法也。""古法"就是春秋战国时盛行的"畎亩法"。《国语·周语》"韦昭注"解释说:"下曰畎,高曰亩。亩,垄也。""一亩三"就是在一亩地里作三条沟、三条垄。"岁代处"指的是沟和垄的位置每年互换,使土地部分利用和休闲轮番交替,在肥料不足情况下使地力能得到自然恢复和增进。其栽培管理也比"亩法"有很大改进,"播种于中。苗生叶以上,稍耨垄草,因其土以附苗根……苗稍壮,每耨则附根,比盛暑,垄尽而根深,能风与旱"。此法非常适合我国北方黄河流域旱作地区,对于恢复汉武帝末年因征战而凋敝的国力起到一定的作用。为了适应代田整地、中耕和播种的需要,赵过在推广代田法的同时,大力推广牛耕,并发明了功效高的播种机——耧车,改变了汉武帝初年牛耕只限于富豪之家,一般农民仍主要使用木制或铁制耒耜的局面。赵过向全国推广使用耦耕法,使铁犁和牛耕逐渐普及,还改进了其他耕耘工具,并传授了"以人挽犁"和"教民相与庸挽犁",取得了"用力少而得谷多"的良好效果。他所创造的新农具和新耕作技术,在我国古代农业科学技术的发展史上占有重要的地位。

(三) 农书与农业生产技术传播

西汉末期的农学家氾胜之著有《氾胜之书》,是西汉黄河流域劳动人民农业生产经验和操作技术的总结,是我国古代早期的农书。东汉中晚期的崔宜著有《四民月令》。这些农书成为农业生产技术传播的教材。

农学家汜胜之在《汜胜之书》中提出若干重要的耕作原理和原则，如"趣时"，即选择耕作时间，最好在雨前雨后合适的耕地时间；"和土"，即利用耕、锄、平摩、蔺践等方法使土壤松软，适于农作物生长；"务粪泽"，即注意保持土壤的肥沃和湿润；"早锄早获"，即及时耕种、除草和收割等。这部农书涉及粮食、油料作物、纤维作物等农作物有十多种，还有瓜、瓢、芋等副食，对每种作物从选种、播种、收获到储种，都有精确叙述。《四民月令》是东汉崔寔模仿古时月令所著的农业著作，按一年12个月的次序，将一个家庭中的事务做有序安排。这些家庭事务可区分为三类：一是家庭生产和交换；二是家庭生活（包括祭祀、医药养生、子弟教育、住房和器物的修缮等方面）；三是社会交往。这两部农书总结了当时的农业生产知识和技术，推进了我国古代农学思想的发展。

四、"工师授徒"与"家传技艺"：手工业职业教育

秦汉时期，手工业分为官营手工业和私营手工业，包括采矿、冶炼、军工、煮盐、制陶、织锦、器物制造、漆器等手工业。手工业重大发明有水排、"百炼钢"工艺技术、织物印花技术、瓷器出现以及玉雕工艺，尤其是四大发明之一——"蔡伦纸"诞生。对于官营手工业，国家设有专门的官署机构负责管理各手工业生产部门，这些机构同时肩负着培养技术人才和工匠的任务。

在秦朝的官营手工业作坊中，工师负责全面管理，并且承担培养技术人才的责任。1975年出土的湖北云梦睡虎地秦简中，《工律》《工人程》《均工》《司空》等几篇是关于手工业生产的法规。这四篇文献记载了秦朝手工业人才培养的概况。《均工》记载："隶臣有巧以为工者，勿以为人仆养"，凡有技能的奴隶，不能做低级劳动力，而要从事专门的手工业生产。《均工》记载，工师肩负培养、训练新工匠的责任，"工师善教之，故工一岁而成，新工二岁而成。能先期成业者谒上，上且有以赏之。盈期不成学者，藉而上

内史"。意思是：工师善于教授技术，因此有一定技术基础的人用一年时间便可出徒，而毫无技术基础的人两年也可以出徒，如果能够提前结业，则给予奖赏，逾期不成者则给予处罚。秦官营手工业作坊的产品必须刻上工匠的名字，以对产品质量负责。《秦律十八种·效》记载："公器不久刻者，官啬夫赀一盾"。因此，在手工业者的培训中，也特别强调要掌握生产标准，《工律》记载："为器物同者，其小大、短长、广夹必等。"生产的标准化反映在学徒的培养中。尽管汉代的官营手工业发展规模大大超过秦，但其手工业者的教育和培训制度与秦相似。

秦汉时期也存在私营手工业，其或独立经营，或与农业生产交融，生产规模很小。汉代的有些生产铁农具的个体手工业者"家人相一，父子戮力，各务为善器，器不善者不集。农事急，挽运衍之阡陌之间。民相与市贾，得以财货五谷新币易货，或时贳民，不弃作业"[①]。生产铁工具的手工业者以家庭作坊为主，在田间与农民以"以货易货"的方式进行交换。汉代家庭和私营手工业的生产技术的传授则严格限制在家庭内部，实行技术垄断，形成代代相沿的家传技术。"家传其法"成为当时家庭手工业技术传授的主要途径，这使得家庭可以世代垄断一种技术，以保证能够以此种技术为生。

五、商人阶层形成与商业职业教育

虽然秦汉时期的统治者奉行"重农抑商"国策，但是秦朝之后货币、度量衡的统一为秦汉时期商业的发展创造了有利条件，官营商业和民营商业均有所发展。

秦简《关市律》记载："为作务及官府市……"这里的"作务"应该是从事手工业和为官府出卖产品的商贩，"官府市"也表明秦代存在官府直接经营的商业。秦汉时期，盐、铁是官府经营的主要产品。《华阳国志·蜀志》

---

① 《盐铁论·水旱》。

记载：秦惠王时张若治成都，"营广府舍，置盐铁市官及长、丞"，可见秦官府设有直接经营盐、铁之官商。《汉书·食货志》记载，西汉初期的盐、铁经营有所放宽，"文帝之时，纵民得铸钱、冶铁、煮盐"和允许私家出卖盐、铁。但是汉武帝时又实行了官营盐、铁的政策，并扩大至除盐、铁之外的金、银、铜、丹砂和酒的生产和销售都进入了官府经营的领域。

秦汉时期，私商与官商并存。秦简《关市律》是关于管理关卡及市场交易等的法律，记载"官府之吏"的官商与"贾市居列者"的私商同时存在。到了西汉，民营商业获得了很大的发展，大批农民出卖剩余产品，脱离农业走向手工业与商业。王符在其《潜夫论·浮侈》中说："今举俗舍本农，趋商贾，牛马车舆，堵塞道路，游手发巧，充盈都市。"当时社会形成了"用贫求富"之道："农不如工，工不如商，刺绣文不如倚市门"。① 民营商业中存在两大类型的商人，其一为"行商"，即流动商人，他们周流天下，从事商贸活动；其二为"坐贾"，即固定商人，他们在城市中设固定的店肆进行交易。由于从事商贾之业与从事农业耕作相比成更容易成为致富的途径，所以商人逐步成为稳定的社会阶层。他们"大者积贮信息，小者坐列贩卖，操其奇赢，日游都市，乘上之急，所卖必倍"②；"工虞商贾"致富者"大者倾郡，中者倾县，下者倾乡里，不可胜数"③。商人除了在头脑中形成了商业致富观念之外，传授商业交易法规、掌握市场供求信息、传递行商坐贾经营技能等商业职业教育活动必然存在于官商、私营商家的经营管理过程和父子、师徒的传承中。

第二节　秦汉时期的职业教育思想

秦、汉时期是中国封建制度确立与形成时期，社会分工与职业发展较前

---

①③ 《史记·货殖列传》。
② 《论贵粟疏》。

一时期更为进步。与之相适应，职业教育也逐渐出现某种形式化与制度化的因素。同时，为吏之道、重农思想、工商业思想、医学教育思想等职业教育思想也得到了丰富和发展。

一、秦简中的农业、手工业教育思想和"为吏之道"

1975年12月，在湖北省云梦县睡虎地秦墓中发掘出大量秦简，内文为墨书秦篆，写于战国晚期及秦始皇时期。据考证，该墓的主人名叫"喜"，生前曾担任过县的令吏，参与过"治狱"，这些竹简可能是墓主人生前根据工作需要对秦朝的法律和法律文书所做的抄录，其内容主要是秦朝时的法律制度、行政文书、医学著作以及关于吉凶时日的占书，为研究秦帝国的政治、法律、经济、文化、医学等方面的发展历史以及中国书法研究提供了翔实的资料，具有十分重要的学术价值，其中也包括一些有价值的职业教育思想内容。

（一）秦简中的重农思想

秦简《田律》记载了秦代关于农田耕作和山林保护的相关法律制度，简文共六条，主要是有关管理农田生产的法律，其中也包括有关封山育林、保护动物繁殖等农业生态保持的内容，突出地反映了秦代重视农业的农本思想。如《田律》规定，下及时雨和谷物抽穗，应即书面报告受雨、抽穗的顷数和已开垦而未耕种田地顷数。禾稼生长期下雨，也要立即报告降雨量和受益田地顷数。如有旱灾、暴风雨、涝灾、蝗虫及其他虫害等损伤了禾稼，也要报告受灾顷数。距离近的县，由走得快的人专送报告，距离远的县由驿站传送，在八月底以前送达。简文还规定："春二月，毋敢伐材木山林及雍（壅）堤水。不夏月，毋敢夜草为灰，取生荔、麛（卵）鷇"，意思是：春天二月，不准到山林中砍伐木材，不准堵塞水道，不到夏季，不准烧草作为肥料，不准采伐刚发芽的植物，或捉取幼兽、卵等。这是最早的农业生态保护思想。

（二）秦简中的手工业教育思想

《秦律十八种》的《工律》《均工》《工人程》《秦律杂抄》中的有关条款应是迄今所见的中国最早的手工业法规。上述秦律中规定了对手工业工匠的培养、考核、管理等具体条款，体现了诸多手工业职业教育思想。

1. 手工业产品规范

《工律》规定，制造同一器物，大小、长短和宽度必须相等；秦律规定，官营手工业生产要按照朝廷的"命书"进行，无"命书"擅自制作其他器物者，工师和县丞要受惩罚。工匠在选料、用料时不得浪费，把尚能使用的材料定为不可用，要受惩罚。对手工业生产要经常评比，县工官上交的新产品评为下等，或各生产单位的产品在定期评比时被评为下等，生产者和管理者都要受惩罚，连续三年被评为下等的，加重惩罚。

2. 工匠技术培训意识

《工律》规定，对工匠要进行技术训练遵循"工师善教之，故工一岁而成，新工二岁而成。能先期成学者谒上，上且有以赏之。盈期不成学者，籍书而上内史"。《均工》也规定，"新工初工事，一岁半红（功），其后岁赋红（功）与故等。工师善教之，故工一岁而成，新工二岁而成。能先期成学者谒上，上且有以赏之。盈期不成学者，籍书而上内史"。意思是：新工匠开始工作，第一年要求达到规定产额的一半，第二年所收产品数额应与过去作过工的人相等。工师好好教导，过去作过工的一年学成，新工匠两年学成。能提前学成的，向上级报告，上级将有所奖励。期满仍不能学成的，应记名而上报内史。《均工》还记载："隶臣有巧可以为工者，勿以为人仆、养"。意思是：隶臣有技艺可作工匠的，不要让他做为人赶车、烹饪的差事。

3. 工匠考核标准

《工人程》是秦代关于官营手工业生产定额的法律，规定："隶臣、下吏、城旦与工从事者冬作，为矢程，赋之三日而当夏二日"。意思是：隶臣、下吏、城旦和工匠在一起生产的，在冬季劳动时，得放宽其标准，三天收取相当夏季两天的产品。《工人程》还规定："隶妾及女子用箴为缗绣它物，女子一人当男子一人"。意思是：隶妾和一般女子用针制作刺绣等产品的，女子一人相当男子一人计算。秦律还注意对有技艺的劳动力合理使用，工隶臣斩获敌首和别人斩敌首为其赎免的，都令作工匠，如体形已残缺，为隐官工。

（三）秦简中的"为吏之道"

《为吏之道》是云梦睡虎地秦简中的一篇关于吏应当具备的道德规范与行为准则，计五十一枚竹简，简文内容一是吏的道德思想方面的要求，二是对吏的日常事务与操守进行了详细的记述，包括"五善""五失"等修养之道，宣扬了"忠信敬上、宽裕慈爱、正行修身"和"清正廉洁、谨慎勤勉、重民亲民"等丰富的官吏教育思想。

简文开篇即开宗明义："凡为吏之道，必精洁正直，慎谨坚固，审悉无私，微密纤察，安静毋苛、审当赏罚。严刚毋暴，廉而毋刖、毋复期胜、毋以忿怒决。宽容忠信，和平毋怨，悔过勿重。慈下勿陵，敬上勿犯，听谏勿塞"，体现了法家治理的基本手段。

衡量秦吏是否守法勤勉的具体标准被具体概括为"五善"和"五失"："吏有五善：一曰中（忠）信敬上，二曰精（清）廉毋谤，三曰举事审当，四曰喜为善行，五曰龚（恭）敬多让。五者毕至，必有大赏。""吏有五失：一曰夸以迣，二曰贵以泰，三曰擅裂割，四曰犯上弗知害，五曰贱士而贵货贝。一曰见民倨傲，二曰不安其朝，三曰居官善取，四曰受令不偻，五曰安家室忘官府。一曰不察所亲，不察所亲则怨数至；二曰不知所使，不知所使则以权衡求利；三曰兴事不当，兴事不当则民指；四曰善言惰行，则士毋所比；五曰非上，身及于死。""五失其一"则重罚，体现了法家"信赏必罚"的法治精神。

在规范和指导吏的日常事务与操守方面，简文不惜篇幅记述详尽。如处理案件时"以忠为斡，慎前虑后"，"戒之戒之，材（财）不可归；谨之谨之，谋不可遗；慎之慎之，言不可追，綦之綦之，食不可赏（偿）。术（怵）愁（惕）之心，不可长"；执法时严戒"兴事不时，缓令急征，夬（决）狱不正，不精于材（财），法（废）置以私"，"遏私图"，"表以身"，"听有方，辩短长"强调官吏要执事谨慎，禁止谋私。在修养职业操守时重在"除害兴利，兹爱万姓"；"处如斋，言如盟，出则敬，毋施当，昭如有光"；"怒能喜，乐能哀，智能愚，壮能衰，愚（勇）能去，刚能柔，仁能忍"；"与民有期，安驺而步，毋使民惧"等。以此告诫官吏要忠孝仁慈，贵柔处弱，乐善好施，远避灾祸。

秦简《为吏之道》秉承法家精神，吸取儒、道、墨诸家之说，专讲为吏的职业道德、职业操守，其根本目的是维护封建君主专制制度。但是，从职业教育的意义上讲，这又是一篇中国历史上最早的对官吏这一特殊职业进行系统教育的教科书，在我国古代职业教育史上具有特殊意义。

二、淳于意的医学教育思想

淳于意（约前205～?），西汉初期临淄人，著名的医学家，因曾任齐国太仓公，故史称"仓公"或"太仓公"。《史记·仓公列传》这样记载，"太仓公者，齐太仓长，临菑人也，姓淳于氏，名意。少而喜医方术。高后八年，更受师同郡元里公乘阳庆。庆年七十徐，无子，使意尽去其故方，更悉以禁方予之，传黄帝、扁鹊之脉书，五色诊病，知人死生，决嫌疑，定可治，及药论，甚精。受之三年，为人治病，决死生多验"。他写出了中国医学史上第一部医案——《诊籍》，开创了后世病例医案之先河，特别在总结大量传染病病例并进行深入分析的基础上，形成了自己独特的中医及传染病治疗理论，尤以肝病理论最为精辟独到。因此，太仓公被誉为肝病理论之鼻祖。

据《仓公列传》记载，淳于意的成名弟子有七人：齐宦者平，临淄人唐安、宋邑、济北王侍医高期、王禹、淄川太仓长冯信、高永侯家丞杜信。淳于意悉心授徒，努力传承中医药技术，在培养弟子过程中形成了可贵的教育思想。

（一）因材施教

淳于意治病救人与研究中医的过程也是授徒传技的过程。《史记·仓公列传》记载，淳于意授徒，因材施教。宦官者平"好脉"，就授他脉法，教以脉理；对宋邑则"教以五诊"，对高期、王禹教之"经脉及奇络结，当论俞穴所居，及气当上下出入邪正逆顺，以宜镵石，宜砭灸处"；冯信性好医方，精于脉诊，遂授以"案法逆顺，论药法，定五味及和齐汤法"，杜信好脉法，就教以"上下经脉五诊"；对唐安"教以五诊上下经脉，奇咳术、四时应阴阳重"。他的弟子就学短则"岁余"，长则二三年，出师皆为名医。如冯信、宋邑皆史称"擅名汉世"，而所谓"学未成"的唐安，也做了齐王侍医。淳于意以及他所培养的医学弟子享誉当时，对后世医学发展也产生了重要影响。

（二）案例教学

淳于意与扁鹊共同创造了"望、闻、问、切"四诊法，可谓中医理论体系的奠基者之一。他所著的《诊籍》不仅流传后世，而且当时就是著名的案例教学教材。在长期实践当中，他记下了已治愈患者的籍贯、姓名、职业、病名、病因、病性、诊断、治疗和愈后，将典型病例进行整理，形成了最初的医案，为后代留下了研究汉代医学的宝贵史料。《史记·仓公传》记载了淳于意的二十五例医案，其中治愈十五例，不治十例，涉及现代医学领域的消化、泌尿、呼吸、心血管、内分泌、脑血管、传染病、外科、中毒以及妇产科、儿科，包括了淳于意为齐国王后弟弟宋健以及齐王侍女看病等诸多生动案例，成为后学参考的重要医学案例资料。《诊籍》是中国现存最早的病史记录，成为中国医学史上第一部医案。从《诊籍》可以看出，淳于意不但精于望诊，更精于切脉，他对脉诊的研究，使中医学切脉诊断水平得到明显提高。

三、桑弘羊的"本末并利"思想和"轻重论"

桑弘羊（前152～前80），洛阳人，汉武帝时曾任搜粟都尉，代管大农令事务，掌握天下盐铁，后任御史大夫。其工商业思想多见于《盐铁论》中，重商理论是他的工商业思想的核心。

（一）推行"均输""平准"

元封元年（前110），大农令桑弘羊建议汉武帝在全国实行均输、平准措施。均输法是由大农令在各地设立均输官，把各地输往京城的物品，从出产地转运别处出售，再在出售处收购其他物品，这样辗转交换下来。最后把京城所需的物品运达长安。平准法是由大农令在京城设立平准官，接受均输物品，除去皇室贵戚所用之外，根据长安市面价格，贵则卖之，贱则买之，用以调剂市场。这些措施的实行，使得"民不益赋，而天下用饶"，[①] 朝廷增加了财政收入，并有效地抑制了私营工商业的发展。他还认为，创办均输、平准官营商业体制，可以促进国内外的商品交流，对外使"异物内流则国用饶，利不外泄则民用给矣"（《盐铁论·力耕》），对内使"财物流通，有以均之。是以多者不独衍，少者不独馑"（《盐铁论·通有》）。

（二）"本末并利"思想

桑弘羊也承认农业是"赖以立国"之本，但他坚决否定农业是唯一致富的本源的观点，认为货币是财富的代表，商业是致富的本源，把工商业提高到和农业并驾齐驱的地位。他提出"富国何必用本农，足民何必井田也"（《盐铁论·力耕》）。他首先认识到先进农具的生产、推广和销售是提高农业劳动生产率的关键，所谓"国有沃野之饶而民不足于食者，器械不备也。有

[①] 《史记·平准书》。

山海之货，而民不足于财者，商工不备也"①，这样就可以"农商交易，以利本末"。其次，他认为"工不出，则农用乏；商不出，则宝货绝。农用乏，则谷不殖；宝货绝，则财用匮。"只有"开本末之途，通有无之用"②，才能使农、工、商业都得到发展，增加财政收入。因此，他的经济思想核心是调整农业、手工业、商业的关系，达到"本末并利"的目的。

（三）经济管理的"轻重论"

"轻重论"源于《管子·轻重》，桑弘羊全面继承和发展了这一思想。其观点是：国家要运用官营工商业、集中铸币等政权力量和经济手段，取得对人民、商人、诸侯的"轻重之势"；国家以商品生产者和流通者身份直接参与商品生产和流通，取得垄断地位；国家利用法律、经济的手段对资源、货币、赋税、价格进行调控。

在《盐铁论》中，桑弘羊对国家干预经济的必要性做了全面的阐述。他指出："山海之利，广泽之畜，天下之藏也，皆宜属少府，陛下不私以属大司农，以佐助百姓。"③ 即一切自然财富，都应属国家所有，并由国家经营，而不能放任让富商豪强专利。他还说："家人有宝器，尚函匣而藏之，况人主之山海乎？"④ 因此，国家行使对山海的管理权是天经地义的事。国家"开园池，总山海"（《盐铁论·园池》）可以"流有余而调不足"，"赈困乏而备水旱"（《盐铁论·力耕》），"助贡赋，修沟渠，立诸农，广田牧，盛苑囿"（《盐铁论·园池》）。补充财政收入，加大公共投入。桑弘羊通过创办均输、平准及盐铁专卖事业，加强国家对社会经济命脉和财政大权的控制，调节农、工、商三部分的结构比例关系，以达到"开本末之途，通有无之用"（《盐铁论·本议》）和"民不困乏，本末并利"（《盐铁论·轻重》）的目的。

---

①② 《盐铁论·本议》。
③ 《盐铁论·复古》。
④ 《盐铁论·禁耕》。

桑弘羊的上述工商业思想是一种重视官商经营,加强政府宏观调控的理论和思想,压制了自由商品经济的发展,本质是一种为封建王朝服务的理财观。

四、司马迁的"农末俱利""善者因之"思想

司马迁(前145~前90),字子长,夏阳(今陕西韩城南)人,一说龙门(今山西河津)人。西汉时期伟大的史学家、文学家、思想家。曾任太史令,后任中书令,创作了中国第一部纪传体通史《史记》(原名《太史公书》)。被公认为是中国史书的典范,该书记载了从上古传说中的黄帝时期,到汉武帝元狩元年,长达3000多年的历史。《史记·平准书》和《史记·货殖列传》记述了诸多著名商人,阐发了社会分工理论和商业思想。

(一)农虞工商"四业并重"的社会分工论

司马迁引用《周书》的话:"农不出则乏其食,工不出则乏其事,商不出则三宝绝,虞不出则财匮少,财匮少而山泽不辟矣。此四者,民所衣食之原也。原大则饶,原小则鲜。上则富国,下则富家"[1]。司马迁不仅突破了重农抑商的传统观念,而且强调了农、工、商、虞四业并重。他进而指出,"故待农而食之,虞而出之,工而成之,商而通之。此宁有政教发征期会哉?人各任其能,竭其力,以得所欲。"[2] 意思是,农、虞、工、商四种人的劳动,为社会提供了衣、食、住、行等来源,他们的所作所为是一种社会分工,并非政府发布命令才出现。所以,农、虞、工、商要各司其职,尽自己的力量,才能有所得。这段话既表明司马迁对劳动创造财富的认识,也反映了他关于社会分工的观点。

---

[1] 《史记·货殖列传》。
[2] 《史记·货殖列传》序。

(二)"农末俱利"思想

中国古代重农轻商,农业称为"本",商业称为"末",商人的地位很低。司马迁在《太史公自序》中说:"布衣匹夫之人,不害于政,不妨百姓,取与以时而息财富,智者有采焉,作《货殖列传》第六十九"。意思是:从事商业活动的老百姓,于政治无害,于百姓有益,据时买卖而使财富增加,能让聪明的人可从中得到借鉴。司马迁所说的货殖,不仅指商业活动,还包括各种手工业,农、牧、渔、矿山、冶炼等行业的经营。正是因为对商人的肯定和对商业经营的重视,他才一反"重本轻末"的社会观念,在《史记》中专写《货殖列传》。司马迁借鉴李悝"平籴法"阐述了"农末俱利"思想。他认为,"末病则财不出,农病则草不辟矣","农末俱利,平籴齐物,关市不乏,治国之道也"[1]。商业经营和农业生产是相互联系,互相影响的,在重视农业生产和保护农产品价格的同时,不能让商人无利可取,影响市场流通;发展商业和鼓励商人经营流通的同时,不能让农产品价格不当,影响农民生产耕作的积极性。这不仅确定了"农末俱利"的指导思想,而且把它视为治理国家的国策。在守财之道上,司马迁主张,在因商致富后应当"以末致财,用本守之"。用经营所得购买土地。他看到,在封建社会以自给自足的自然经济大背景下,国家普遍重视农耕经济,农业资产受到保护,农业经营的风险更小,利于守财。在《平准书》中,司马迁更加明确肯定:"农工商交易之路通,而龟贝、金钱、刀布之币兴焉。"农、工、商各业贸易活跃,市场繁荣,则封建国家的财政经济就会兴盛发展。他强调农业和商业并举,重视发展商贸和流通的思想在重农抑商的社会大环境中愈加珍贵。

(三)"善者因之"论

司马迁针对当时汉武帝与民争利,垄断工商业,造成社会经济的衰落而

---

[1] 《史记·货殖列传》。

提出"善者因之"论。他认为，人具有向往与追求富裕和利益的本性，即"富者，人之情性，所不学而俱欲者也"，"天下熙熙，皆为利来；天下攘攘，皆为利往"①。所以倡导统治者尊重工商业经营者的求富求利本性，最好是任工商行业根据市场行情自然发展。"故善者因之，其次利导之，其次教诲之，其次整齐之，最下与之争。"② 意思是最好的经济政策是顺应民间生产、贸易活动的自然发展。这是对西汉前期无为而治、从民之欲政策的充分肯定。所谓"利导之"，就是指封建国家通过物质利益，运用经济杠杆，引导社会经济朝着利国利民的方向发展。"教诲之"意为采取教化手段，鼓励人们从事某些经济活动，并劝阻人们不适当的经济行为。"整齐之"指封建国家通过法律等强制手段来整治、调节人们的经济活动。司马迁认为这些经济政策都有一定的可行性，但不宜广泛推行。所谓"最下者与之争"，就是说最坏的经济政策为国家直接从事经济活动，与民争利。这是对汉武帝时期进行盐铁官营、均输等经济政策的强烈反对。

司马迁吸收了道家治国"法自然"、无为而治的思想，综合先秦至汉初的其他学派的学说，融会贯通，形成了自己独特的"善因"论思想，反对封建国家对国民经济的过多干预和控制，突破了传统的"抑商"政策，是一种尊重市场自由加上积极调控的思想。这样就能实现"故物贱而征贵，贵之征贱，各劝其业，乐其事，若水之趋下，日夜无休时，不召而自来，不求而民出之，岂非道之所符，而自然之验邪？"③ 即通过市场价格机制的调节，货物会正常流通，农工商虞各行业的从业者就会安于本业，乐于经营，这就像水往低处流一样，是商业经营的客观规律在自然显现。

（四）"本富为上"的治生论

治生即治理家业，谋生计。《管子·轻重戊》中曾记载："出入者长时，行者疾走，父老归而治生，丁壮者归而薄业。"司马迁基于"善因"论，提

---

① ② ③ 《史记·货殖列传》。

出"富无经业"的观点。他认为贵族官吏靠爵邑俸禄和壮士赴难、暴徒抢劫、妓女卖淫和从事农、虞、工、商等经济活动,都是致富的手段。但他把事农而富称作"本富",做工从商而富称作"末富",采取不正当手段致富为"奸富"。认为"今治生不待危身取给,则贤人勉焉。是故本富为上,末富次之,奸富最下"[1]。可见司马迁不赞成采取非法手段致富,而提倡从事农、畜、工、虞、商、贾等正常的生产、贸易活动。所谓"本富为上,末富次之",只是以"危身"为标准,认为农业生产为简单劳动,是致富最稳妥的手段;而工商业为复杂劳动,虽然致富快,但是必须承担一定的风险。所以"用贫求富,农不如工,工不如商,刺绣文不如倚市门,此言末业,贫者之资也"[2]。而作奸犯法,或是用危及自身安全的方法致富的"奸富",如"掘冢,奸事也,而田叔以起。博戏,恶业也,而桓发用富。"[3] 以"奸事""恶业"论。司马迁的"本富为上"论,实际上是倡导了劳动致富的伦理道德。在掌握治生之道方面,司马迁在《货殖列传》中指出:"贫富之道,莫之夺予,而巧者有余,拙者不足。"认为贫穷和富厚非命运注定而全凭各人智慧和能力去争取。他主张从个人财富和能力的角度进行职业选择,经营中要善于运用出奇制胜的市场规律和诚一、善于择人任时、以本守之等商道技巧。正如司马迁所说,"夫纤啬筋力,治生之正道也,而富者必用奇胜"。经商也像用兵一样,必须出奇才能制胜。

五、王充的"事不如道"的职业人才观

王充(27~约100),字仲任,会稽上虞人,出身于农人兼小商贩家庭,曾入太学,出任过小官,因为人耿直而辞官,专门教授弟子和研究学问。晚年受聘为官后再次辞官归家著书、授徒,生活始终清贫至病故。王充是一位勇于探索、敢于批判的思想家和教育家,著述有《讥俗》《政务》《养性》

---

[1][2][3] 《史记·货殖列传》。

《论衡》，但流传至今的只有《论衡》。《论衡》对当时社会的颓风陋俗进行了针砭，具有朴素唯物主义色彩。王充在《论衡》中通过对参政儒生和文吏的系统比较，阐述了"事不如道"的职业人才观。

汉代"儒生"参政，和封建官僚体制中的"文吏"并存。文吏是指东汉统治机构中通晓文书法令的各级职官，早年不学习儒家经典，在接受一定程度的识字教育后，一旦"义理略具"，具备一定的遣词作文能力，就"趋学吏书""读律讽令""治作情奏"，开始学习书法修辞、熟读法律条文、习作公文，一旦入仕，便能驾轻就熟，"身役于职"①，尽力于自己的职责，处理繁杂的政治事务。因此在东汉政权中备受重视。儒生则以其对儒家学说的把握见长，他们少者明一经，多者兼通五经，由于他们的知识范围限于儒家经典，因此在思想和行动上多拘泥于儒家道德观念和礼制，在实际政治事务中，显得瞻前顾后，办事不力，因此被文吏和世人所鄙视，在统治机构中得不到重用。

王充在其《论衡·程材》中进一步阐述了文吏和儒生各自的长处和不足。他认为，知识可以分成两类：一类称之为"事"，即具体事务；另一类称之为"道"，是指导具体事务的理论和原则。"事不如道，道行事立，无道不成"。具体事情不如原则重要，原则被执行了，事情就办成了，没有原则，事情就办不成。"儒生所学者，道也，文吏所学者，事也"。儒生学的东西，正是原则；文吏学的东西，是处理具体事情。假使才能相同，应当以学习原则的儒生为高。儒生和文吏在实际政务中的不同表现是由于他们所学知识的性质不同所决定的。处理具体事情对于原则只是细枝末节。儒生能治理根本，文吏只是处理细枝末节，其尊卑高下就可以衡量出来了。同时他还指出："儒生不为非而文吏好为奸者，文吏少道德而儒生多仁义也"，"文吏以事胜，以忠负；儒生以节优，以职劣。"文吏以处理事务占优势，在忠诚正直方面欠缺；儒生以保持节操占优势，在处理文职事务方面欠缺。由于文吏早年不

---

① 《论衡·程材》。

读儒家经典，没有受儒家道德的熏陶，"无篇章之诵，不闻仁义之语。长大成吏，舞文巧法，徇私为己"。当他们处身卑微时，则不惜出卖原则，逢迎官长，追逐权力；一旦得势，便贪赃枉法"考事则受赂，临民则采渔"。儒生早年"被服圣教，日夜讽咏，得圣人之操"，因此在政治实践中能够用儒家的道德规范严格要求自己，规谏官长，以身作则，推行教化。他还认为，儒生和文吏在知识结构上互有长短，但要弥补各自的缺陷，则儒生容易，文吏艰难。"儒生能为文吏之事，文吏不能立儒生之举"。事易知，不是儒生不能知，而是不愿知。

从以上比较不难看出，王充从其儒家思想的本质出发，推崇儒生而贬斥秦代以来带有法家统治人才性质的文吏，难免片面和偏颇。汉代的政治实质上是一种"外儒内法"的政治。这种政治不仅要求各级封建统治者以德教人，而且要以法制人。因此，国家基层管理人才既要具备儒家道德修为和治国理念，也要具备管理具体事务的法律知识和文案技能。这是适应当时现实政治的需要。王充通过对文吏、儒生两种不同人才的鉴别提出"事不如道"的思想，虽然指出了汉代文职官吏存在的"道"的缺欠，实际上也揭露了当时的吏治腐败，同时为儒生参政积极呼吁，在当时具有一定的现实意义，但是他最终没有从对"道"与"事"的辩证认识基础上提出新的人才标准，难免带有一定的局限性。

六、王符的新"重本抑末"思想

王符（85～162），字节信，安定临泾（今甘肃镇原县）人，东汉政论家、文学家、进步思想家，无神论者。王符一生隐居著书，崇俭戒奢、讥评时政得失，因"不欲章显其名"，故将所著书名之为《潜夫论》。他在该书中分析了农、工、商各具"本"和"末"两种不同情况，并且在富民思想的基础上，提出新的"重本抑末"论。

(一)新"重本抑末"论

他在《潜夫论·务本》篇中论述了新的"重本抑末"观点。《潜夫论·务本》开宗明义:"凡为治之本,莫善于抑末而务本,莫不善于离本而饰末"。和战国时期李悝、商鞅、韩非等人主张的重视农业而限制或轻视工商业的"重本抑末"经济思想和政策相比,王符的"重本抑末"不是简单的重农抑商,而是根据东汉的社会经济复杂化的新形势,为能够扭转传统经济趋向衰败的迹象,把农、工、商各按"本"和"末"一分为二。王符指出:"凡为治之大体,莫善于抑末而务本……夫富民者,以农桑为本,以游业为末;百工者,以致用为本,以巧饰为末;商贾者,以通货为本,以鬻奇为末。三者守本离末则民富,离本守末则民贫。"先秦和秦、汉时期的"农本商末"之说就是重农抑商,实质上是为保持自然经济,使农民附着于土地,以利于稳固封建统治,而对进一步发展商品生产的社会经济是不利的。司马迁的"本末俱利"之说是重农而不抑商。王符的"重本抑末"之说更加深刻而务实,他不承袭重农抑商的观点,而把农、工、商都视为治生之正道,强调以农桑、致用、通货为本,以游业、巧饰、鬻奇为末;并断言"守本离末则民富,离本守末则民贫"。这比司马迁的思想又前进了一步。他观察世事,发现如果"治本者少,浮食者众"[①],以巧饰取宠,以鬻奇致富,必然导致民生凋敝,社会衰乱。他把传统的一对一"重农抑商"变为三对三的农、工、商各重其本,各抑其末,适应了社会现实。这种观点不仅是可行的,而且还带有策略性。如果王符对自己所处的社会没有深刻的观察和思考,是不会产生上述治世之策和可贵思想的。

(二)"富民为本"论

王符于《潜夫论·务本》篇中明确地提出"为国者,以富民为本"的观

---

① 《潜夫论·浮侈》。

点。和儒家学说中民本思想以及之前提出的其他富民思想相比,王符"以富民为本"的思想也有其独到之处。他提出:"夫为国者,以富民为本,以正学为基。"和他的"重本抑末"思想相辅相成。

为何要以富民为本?王符说:"凡人君之治,莫大于和阴阳。阴阳者,以天为本,天心顺则阴阳和,天心逆则阴阳乖;天以民为心,民安乐则天心顺,民愁苦则天心逆。民以君为统,君政善则民和治,君政恶则民冤乱。"[①]"帝以天为治,天以民为心,民之所欲,天必从之。"[②] 这里运用了天人合一的理论问题,认为天以人为主,人则以民为主,政则以富民为本。只有民心安乐,才会归顺天意。这是对先秦时期"民贵君轻"思想的继承和发展。

(三)"为民爱日"重农思想

王符在《潜夫论·爱日》篇指出:"民为国基,谷为民命。日力不暇,谷何由盛。公卿师尹,卒劳百姓,轻夺民时,诚可愤净。"他说:"国之所以为国,以有民也;民之所以为民,以有谷也;谷之所以丰殖者,以有人功也;功之所以能建者,以日力也。"就是说,"日力"(即从事生产的时间)是百姓从事生产的基本要素;没有"日力",就不可能从事生产,也就不可能富民富国。他接着说:"治国之日舒以长,故其民闲暇而力有余;乱国之日促以短,故其民困务而力不足。"意思是,政治清明而恤民,百姓安闲而有充足的时间从事生产;政治混乱而扰民,百姓困扰就不可能安心致力于生产。他针砭当时"万官挠民",百姓因而"废农桑"的局面,悲叹"今民力不暇,谷何以生。百姓不足,君孰与足。嗟哉,可不思乎!"强调"故为政者当务省役,为民爱日"。这种思想与"敬授民时"如出一辙。

(四)"国以贤兴"人才论

王符于《潜夫论·实贡》篇提出:"国以贤兴,以谄衰。"就是说,国家

[①] 《潜夫论·本政》。
[②] 《潜夫论·遏利》。

的兴衰，在于所用贤士或奸人。东汉选士大多从封建世族中产生，而在任用官员时重用外戚、宦官，排挤才德之士。王符无情地揭露了这一时弊："非今世之无贤也，乃贤者废锢而不得达于圣王之朝尔！"他认为当时选士"名实不相副，求贡不相称"（《潜夫论·考绩》）。一方面因为"以族举德"（《考绩》），即以世族门第取人，把寒门贤士排除在外；另一方面是"虚造空美""虚张高誉"（《实贡》），导致沽名钓誉、营私舞弊。还有"富者乘其材力，贵者阻其势要，以钱多为贤，以刚强为上"（《考绩》），卖官鬻爵盛行。他主张君主"以谦下士"（《本政》），不能"慢贱信贵"，而当"敬纳卑贱以诱贤""赏鄙以招贤"（《明暗》），从地位卑贱的寒士中选拔贤良，按"质干""材行"取士，切实做到"重选举""审名实""取赏罚"，而且毁誉要以考绩来检验，各居其职，考察实绩。这种职业人才观念反映了以王符为代表的平民士子的愿望和追求，具有进步意义的同时也带有不切实际的理想化色彩。

七、崔寔的农业综合经营思想

崔寔（约103~约170），字子真，又名台，字元始，涿郡安平（今河北安平）人，东汉后期政论家。他曾任五原太守等职，甘守清贫，比较重视农业生产和关心人民的生活，一生所著碑、论、箴、铭、答、七言、祠文、表、记、书各类著作凡十类15篇，其中《政论》为代表作，另一名著是与农业生产有关的《四民月令》。

（一）农本思想

崔寔在《政论》中感慨地谈到"上家有钜亿之资，侔封君之土"；而"下户踦，无所跱足"；又说"农桑勤而利薄，工商逸而入厚"，"一谷不登，则饥馁流死"；"国以民为根，民以谷为命，命尽则根拔，根拔则本颠，此最国家之毒忧"。这些言论说明他具有浓重的农本思想。对农业生产技术他也很关注,在《政论》中就对辽东使用不便的耕犁进行了评论,还介绍了播种器具"三脚耧","三犁共一牛,一人将之。下种挽耧,皆取便焉。"

《四民月令》全面客观地反映了东汉时洛阳地区农业种植、种桑养蚕农业生产技术的发展状况以及畜牧业、调味品类制造等生产技术。《四民月令》最早记载和推广了"别稻"(即水稻移栽)技术和树木的压条繁殖技术。关于农业经营,着重介绍和传播了利用价格的涨落,进行粮食、丝绵和丝织品以及其他农副产品的买进卖出的商业活动。

(二)农业综合经营思想

崔寔年轻时曾帮助母亲经营管理家事,逐渐学得按照时令来安排耕织操作时间的知识。他在实践中认识到,农业生产及以农业生产为基础的工商业经营,都必须考虑农作物的生长季节性,加以合理的妥善安排才可获得较多收益。他积累经验,按月安排,写成一本四时经营的"备忘录"形式的手册——《四民月令》,主要内容包括:祭祀、家礼、教育以及维持改进家庭和社会上的新旧关系;按照时令气候,安排耕、种、收获粮食、油料、蔬菜;养蚕、纺绩、织染、漂练、裁制、浣洗、改制等女红;食品加工及酿造;修治住宅及农田水利工程;收采野生植物,主要是药材,并配制法药;保存收藏家中大小各项用具;粜籴;其他杂事,包括"保养卫生"等九个项目。按士、农、工、商"四民"来说,也就是以农业、小手工业收入为主,商业收入为辅,来维持一个士大夫阶级家庭的生活。所以,《四民月令》实为庄园地主的综合经营手册。《四民月令》现存2371字中,真正与狭义农业操作有关的共522字,占总字数的22%,再加上养蚕、纺绩、织染以及食品加工和酿造等项合计也不到40%。其他如教育、处理社会关系、粜籴买卖、制药、冠子、纳妇和卫生等约占60%多,体现的是农业综合经营思想。

(三)重视农时的思想

《四民月令》是从重视"农时"这一传统思想出发,而借用《月令》体裁写出的农书。绝大部分农业和手工业操作都只以时令和物候为标准,它每月安排的农业生产,如耕地、催芽、播种、分栽、耘锄、收获、储藏以及果树林木的经营等,都是按照时令对应介绍农业生产知识,而且各月的安排次序上也比较细致合理。它是农家月令书的创始者,以后像《四时纂要》《农桑衣食撮要》《经世民事录》《农圃便览》等都承袭了《四民月令》的体裁,只是内容有发展而已。

八、张仲景的医学教育目的论和医德教育思想

张仲景(约150~约215),名机,字仲景,东汉南阳郡涅阳县(今河南邓州市)人,曾经举孝廉,官至长沙太守。他最早向同郡的张伯祖学习医术,并刻苦学习《内经》,广泛收集医方,写出了传世巨著《伤寒杂病论》,成为东汉末年著名医学家,被后人尊称为医圣。

《伤寒杂病论》是中国第一部从理论到实践、确立辨证论治法则的医学专著,是中国医学史上影响最大的著作之一。它确立的辨证论治思想,是中医临床的基本原则,是中医传承的灵魂所在。书中也体现了张仲景对医学教育问题的一些思想观点。

(一) 医学教育目的论

在《伤寒论》原序中,张仲景首先提出"留神医药,精究方术"的医学学习活动是人生不可或缺的大事,提出了学习医术医方"上以疗君亲之疾,下以救贫贱之厄,中以保身长全,以养其生"的医学教育价值观。张仲景认为医学是复杂深奥的学问,"自非才高识妙,岂能探其理致哉?"倡导士人重视医学的学习,既求自身保健养生,更能担当起行医济世、救死扶伤的社会责任。他还针对平日里显赫傲慢的士大夫"驰竞浮华""忘躯徇物"的世风,感叹"举世昏迷,莫能觉悟,不惜其命。若是轻生,彼何荣势之云哉?"进一步阐明了医学教育对于文人士子保全身家、安享富贵风雅的重要作用。他

一边躬身行医，一边授徒传技。《张仲景方》序曰："卫汛好医术，少师仲景，有才识，撰《四逆三部厥经》及《妇人胎藏经》《小儿颅囟方》三卷，皆行于世。"① 说明张仲景的门徒中不乏卫汛这样有建树的医家。

（二）"辨证论治"思想

《伤寒杂病论》确立的中医学重要的理论支柱——辨证论治的思想，对后世中医学发展起到了绝对的主宰作用。使用寒凉药物治疗热性病，是中医的"正治法"；而使用温热的药物治疗，就属于"反治法"。这两种截然不同的治疗方法都是用于治疗热性疾病的。辨证选择不同的治疗方法，通过望、闻、问、切四种诊断方法和医生的辨证分析得出症候特点，才能处方。这种综合分析疾病的性质，因人、因病、因证来选方用药的思想就是著名的"辨证论治"。

张仲景参考古医书的"六经分症"原则，运用朴素辩证法思想，把外感热病发展过程中的症状概括为六个阶段，即太阳、少阳、阳明、太阴、少阴、厥阴。六经病症有机联系，互相转化。他把临床实践中观察到的各种症候总结为八种，即阴、阳、表、里、寒、热、虚、实，后人称为"八纲"辩证方法。利用"八纲"，可以辨视疾病属性，全面认识疾病，以便合理治疗。只要辨证准确，方子的运用就会有很好的疗效。这种方法后人称为"六经辨证"。

（三）"治未病"思想

张仲景在医治疾病的实践过程中，发现预防疾病是很重要的，提出了"治未病"的理论。所谓"治未病"，就是要从健康时入手，要保持人体强壮，增加抵抗能力，这样就可以抵御外邪对人体的侵害。为此，他主张饮食应有节制，起居应有规律，劳逸要适度，讲究卫生，锻炼身体，蓄养精正之

---

① 《太平御览》卷七百二十二《方术部》之三。

气,这样就能保证身体健壮。张仲景在《金匮要略·脏腑经络先后病脉症第一》中讲病因时,曾把"养慎",即小心谨慎地保养身体和"无犯王法"作为防病健身的重要手段之一。这是对患者的要求,也是对医生自身的要求。

(四)医德教育观

张仲景在《伤寒杂病论》序中论述了他的医德观点。他批判了当时医者当中"但竞逐荣势,企踵权豪,孜孜汲汲,惟名利是务"的势利之徒,指出了"观今之医,不念思求经旨,以演其所知,各承家技,终始顺旧,省病问疾,务在口给;相对斯须,便处汤药……"的医界乱象,抨击了当时医生不去研读医学经典的宗旨充实自己的学识和技能,而是各承所谓的家传秘方,始终因循守旧;在诊断疾病的时候,全靠患者口述;面对患者片刻之间,便处以方药等不重脉法,不重病机,草率处方的庸俗医德医风。张仲景主张变革当时流行的囿于家学的狭隘教育观念,提倡广泛继承、不断创新的医学教育观念。在写作《伤寒杂病论》时,他"撰用《素问》《九卷》《八十一难》《阴阳大论》《胎胪药录》,并《平脉辨证》"等医学著作,"所言论,其言精而奥,其法简而详"[①]。在《伤寒论》《金匮要略》中,他论脉方药,周到细致,极为详备,且通俗易懂,便于操作,可谓"简而详";其论医理,绝无长篇大论、故弄玄虚之弊,讲解脉证及治法以寥寥数语阐明病机,可谓"精而奥"。可见,不管是阐述医技,还是论及医德,张仲景均丰富和升华了前代的医学教育思想。

九、徐干的"兼学技艺"思想

徐干(171~218),字伟长,东汉末北海(今山东寿光境内)人,哲学家、文学家,"建安七子"之一。他自幼勤奋好学,15岁前就已能"诵文数

---

① 《伤寒论》序。

十万言","其五言诗,妙绝当时"(《魏志》)。他专志于学,不恋世禄荣华。曹操曾先后两次任他为官,被他托病相辞。徐干著有《中论》二十篇流传至今,另有文集已散佚。后人辑有《徐伟长集》。徐干把自己的著作命名《中论》,所谓"富有序、不失事,中之谓也。"① 意在取叙事、述理、立德,均求中平之意。

(一)"明哲为用"人才观

两汉以来,取人用人以德为先。魏晋时期,随着社会的动荡和儒学的衰落,德重于才的观念被突破。徐干从功利出发,主张才能重于品德,置才智之士于道德之士之上,认为才艺对于个人,可以全身避祸,才智之士可贵还在于能够建功立业,有益于社会。他认为:"夫明哲之为用也,乃能殷民阜利,使万物无不尽其极者也。圣人之可及,非徒空行也,智也","立功立事益于世"② 才能称得上"明哲",要求读书人应有匡时济世的抱负,真正做一些有益于社会的事。圣人之所以为圣人,就在于他有高于常人的聪明才智。徐干的这些见解发展了儒家的"经世致用"思想,在当时很有进步意义。

(二)"兼学技艺"思想

徐干对儒学轻技艺之学的态度很不以为然,他认为专门从事技艺的"有司"虽然称不上高贵,但是如果士君子能够兼学技艺则是难能可贵的。徐干说:"故圣人因智以造艺,因艺以立事,二者近在乎身而远在乎物。艺者,所以旌智饰能,统事御群也。"指出技艺同样是人类智慧的产物,还是社会事物分工的依据。因此,他主张遵循古制,以六德、六行、六艺来教育学生,在注重德行的培养的同时也强调才艺的重要作用,认为道德与才艺是教育培养人才的两个最基本方面,并阐述了二者之间相互依存的关系,着重强调了

---

① 《中论·贵言》。
② 《中论·智行》。

才艺对道德的涵养作用。他在《中论·艺纪》中说："艺者德之枝叶也，德者人之根干也，斯二物者，不偏行，不独立。木无枝叶则不能丰其根干，故谓之人无艺则不能成其德，故谓之野。若欲为夫君子，必兼之乎"。只有六德、六行、六艺三教俱备，才能培养出文质兼备、德艺合一的完美人格。

徐干重视技艺之学是对汉代传统经学教育日益空疏没落的反思。在当时，这种思想的提出和以经学为主的学校教育实践存在很大的距离，不大可能被统治者所认同。

（三）因材施教思想

徐干强调对不同职业的学生因材施教。《中论·贵言》记载："故君子非其人则弗与之言，若与之言，必以其方：农夫则以稼穑，百工则以技巧，商贾则以贵贱，府吏则以官守，大夫及士则以法制，儒生则以学业。"主张君子要贵其言，这样才能受到学生的尊敬与信服。教师还要注意观察学生才性、职业等的不同，对症下药，灵活地采取不同的办法，才能收到良好的效果。这是我国古代职业教育的因材施教教学原则的朴素表达。

中国古代职业教育
思想研究

Chapter 5

第五章　三国两晋南北朝时期的职业教育思想

三国两晋南北朝时期是继秦汉大一统时期之后的又一个社会动荡而又文化繁荣的历史阶段，持续了300多年，大致分为魏、蜀、吴三国鼎立时期（约190~265）；西晋的短暂统一和东晋十六国混战时期（约265~420）；南北朝对峙、并起、衰弱时期（约420~589）三个历史阶段。这一时期社会动荡纷争，文化多元并存，佛、道文化冲击儒家文化，政治、文化的深度调整为之后的隋唐大统一奠定了社会基础。政权的更迭伴随着残酷的战争。由于长期的封建割据和连绵不断的战争，对于生产破坏极为严重。但是，因为政治竞争需要，促使各封建政权又特别重视发展实业。因此，这一时期的职业教育和职业教育思想有了一定的发展。

第一节 三国两晋南北朝时期的职业教育概况

三国两晋南北朝时期社会动荡，官学时兴时废，儒学独尊地位被打破，官学与私学并存，佛、道、玄学盛行，文学、史学、自然科学发达，在数学、农学、地理学、天文历法、机械制造、冶炼技术、医学等许多方面多有创新。祖冲之创圆周率、郦道元著《水经注》、贾思勰著《齐民要术》、葛洪炼丹术等最为著名。科学与技术繁荣推动了农业、手工业等领域的职业教育发展。这一时期，培养法律、医学、算学、书画艺术等方面"实才"的专门学校开始设立，大型农书系统总结和传播了农业生产知识和技术，职业教育的发展具有承上启下的重要作用。

一、官办专门学校：职官职业教育

三国两晋南北朝时期，职官制度基本继承秦汉体制，但朝代更迭造成名称各异。官学在职业教育中作用开始衰落，培养书学、医学、算学、律学、麟趾学等实用人才的专门学校出现在封建国家的中央官学体制中，在培养技术职官职业人才方面发挥了积极作用,是职业教育史上的重要突破。

专门学校的出现,打破了自西汉以来官学教育由儒学一统天下的局面。自此,研究与传授专门知识,培养专门人才的教育形式一直沿用到明清时期。专门学校已经具有了职业教育属性,可以认为其是中国封建时期的官办职业教育。

(一) 书学专门学校

书学本为古代六艺之数,但自西汉以来未有其制。书学创立于西晋初年。西晋武帝初,在大学之外另立国子学,因此增设国子学博士。另外,专精一行一艺的博士官职自晋朝也开始设立,博士的人数随着增加了许多。西晋时,书法艺术风行天下,晋武帝应此变化,设置书法博士。"又立书博士,置弟子教习"(《书断》)。西晋设立书学后,隶属秘书监,与国子学、太学分属两个系统,如果说国子学、太学是儒学教育,那么书学则是专门教育。此后,基本都保持这种状况,隋朝建立后,将书学划归国子监,这样,书学便成了中央官学教育系统的一部分。三国两晋南北朝时期,书法名家辈出,张芝、钟繇、王羲之、崔瑗、杜度、师宜官、张昶、王献之等,尤其以书圣王羲之为代表。这与书法受到普遍重视以及成为专门的学科有密切关系。

(二) 医学专门学校

医学专门学校的创立最早可以追溯到南朝。此前,医学的传授仅靠私学家传。《唐六典》卷十四注中记载:"晋代以上,习医子弟代习者,令助教部教之。宋元嘉二十年,太医令秦承祖奏置医学,以广教授。至三十年省。后魏有太医博士助教。"南朝宋代元嘉二十年(443),经太医秦承祖请奏,设立了医学校,教授医学,此医学专门学校一直延续到元嘉三十年(453),这是我国最早的官办医学教育机构设置的明确记载,说明早在晋代已经开始出现官办医学专门学校。

北魏时期设立了太医博士助教。《魏书》卷一一三《官氏志》中载有

"太医博士"一职。《四库全书·钦定历代职表》载:"《魏书·官氏志》太医博士从第七品下,太医助教从第九品中。"政府举办医学教育开始形成制度。

北魏宣武帝下《立医馆诏》:"可敕太常于闲敞之处,别立一馆,使京畿内外疾病之徒,咸令居处。严敕医署,分师疗治,考其能否,而行赏罚。虽龄数有期,修短分定,然三疾不同,或赖针石,庶秦扁之言,理验今日","更令有司,集诸医工,寻篇推简,务存精要,取三十余卷,以班九服,郡县备写,布下乡邑,使知救患之术耳"①。太和二十一年九月,魏孝文帝下诏:"及不满六十而有废痼之疾,无大功之亲,穷困无以自疗者,皆于别坊遣医救护,给医师四人,豫请药物以疗之。"② 有学者认为,别馆和别坊是我国古代医院的雏形,也是考评医官、传播医术的地方。

尽管魏晋南北朝的医学专门学校时立时废,但医学教育纳入官学体系具有划时代的意义。

(三)算学专门学校

算学和书学一样,也是古代六艺之一,北魏以前,仅为私学或家学。北魏时期已经设置了算学专门学校。《魏书》中记载:"殷绍,长乐人也。少聪敏,好阴阳术数,游学诸方,达《九章》《七曜》。世祖时为算生博士。"③《魏书》中所记载的殷绍少年时就很聪明,喜爱阴阳术数,曾经游学四方,通晓《九章》和《七曜》。北魏太武帝拓跋焘时期,担任算生博士,在东宫的官署西曹任事,因擅长阴阳术数而得到太武帝太子拓跋晃的赏识。北魏设置算生博士是算学专门学校已经设置的佐证。《魏书》中还记载:"绍还赴学。太和初,充太学生,转算生,颇涉经史。十六年,高祖选为门下通事令

---

① 《魏书·宣武纪》。
② 《魏书·帝纪卷七·高祖纪》。
③ 《魏书·卷九十一·列传术艺第七十九》。

史"①。也证明了北魏已经设置了与太学并存的算学。

魏晋以来,掌算数之职一直归于史官,北魏设立算学,使之成为一门独立的专科教育。此后,北周、北齐也设有算学。隋朝时,将算学和书学一起划归国子监,与国子学、太学、四门学组成了一个中央官学教育体系。算学与天文官培养是相联系的,成为培养天文官必备的基础知识和技能。

(四) 律学专门学校

三国两晋南北朝是律学专门学校初创和发展的重要时期。秦朝曾在培养吏的"学室"把律学作为重要的学习内容之一,汉代的中央官学中也没有设置专门的律学学校,主要通过私学传播律学。直到三国魏明帝时期才设立了我国最早的律学专门学校。魏明帝即位后,大臣"奏曰:'九章之律,自古所传,断定刑罪,其意微妙,百里长吏,皆宜知律。刑法者,国家之所贵重,而私议之所轻贱。狱吏者,百姓之所县命,而选用者之所卑下。王政之弊,未必不由此也。请置律博士,转相教授。'事遂施行"②。于是,魏明帝太和元年(229)颁布《新律》的同时,在廷尉之下置律博士一人,负责对地方行政官吏和狱吏教授国家的法律、法令。此后,西晋及南北朝时期的政权也大都设有律博士或类似职位,通过设立律学博士,培养法律人才。这种制度在十六国时期得以延续,《晋书》卷一五〇记载,后赵主石勒任命"参军续咸、庾景为律学祭酒",律学祭酒即律学的主管。后秦文桓帝姚兴时期(394～416),"兴立律学于长安,召郡县散吏以授之。其通明者还之郡县,论决刑狱"③。北魏律博士与四门小学博士品位相当,都是九品上阶。南朝宋、齐、梁、陈也都设有律学。除北齐时划归大理寺外,自曹魏初设律学始,直到南北朝末年,一直隶属廷尉。至唐代,遂正式将律学划归国子监,成为国

---

① 《魏书·卷七十九·列传第六十七》。
② 《三国志·魏志》卷二十一。
③ 《晋书·姚兴载记》。

子六学之一，与国子学、太学、四门学、书学、算学并立组成中央官学教育系统。

（五）麟趾学

麟趾学是继汉代鸿都门学之后的又一文学艺术教育专门机构。北周时期，中央官学除沿袭旧制设立太学之外，明帝宇文毓时期设立麟趾学。"明帝雅爱文史，立麟趾学，在朝有艺业者，不限贵贱，皆听预焉。乃至萧捴、王褒等与卑鄙之徒同为学士。"[1] 麟趾学的设立，培养了一部分麟趾学士，对后世的文学和美术教育的发展起到了积极的作用。魏晋南北朝时期，由于汉政权的瓦解，汉武帝"独尊儒术"的单一格局逐渐被儒、道、佛、玄诸说并存的多元文化格局所代替。这一时期的美术和美术教育，继承和发扬了汉代的绘画艺术，出现了曹不兴、卫协、顾恺之、陆探微等一批载入史册、流芳千古的画家。

明帝宇文毓时期设立麟趾学之后，学徒颇盛，其中不乏当时的名士和学有建树者。"母亲殷氏是颜真卿的第一位老师，她出身于陈郡名门望族，是西汉北地太守殷续之后。五代祖不害，以孝见《梁书》。高祖英童，后周时任御正中大夫、麟趾学士。"[2] 据史料记载，当时的南方名士颜之仪、梁简文帝子萧大圆、南朝著名的绘画评论家姚最和唐代著名书法家颜真卿的高祖都是麟趾学士。

二、劝课农桑：农业职业教育

三国两晋南北朝时期，农业仍然是国家的经济命脉，但由于社会动荡，农业的发展呈现兴盛与凋敝并存或交替的现象。这一时期农业发展的重要特

---

[1] 《北史》卷二十三《列传》第十一。
[2] 《颜真卿志》。

征就是不同历史阶段实施了不同的农业耕作制度。曹魏时期实施"屯田制",将流民招募集中在一起。以军队的组织管理方式开垦荒田,使农业得到极大发展。魏末晋初,"屯田制"由于不再适应经济发展的需要而被取消。西晋时期,统治者大力发展农业,推行"占田课田制",农业得到发展,甚至出现了为史家称道的"太康之治"。北朝十六国期间,战乱导致北方农业的凋敝,但在一些朝代统治时期,包括北魏、北齐和北周,都实施了"均田制"。东晋南朝时期推行"占山固泽令",使占山固泽有制度可依。因此,尽管这一时期战乱连绵,但统治者一有机会。还是会不遗余力地发展农业。此时期,从事农业的人口主要包括编户个体农民、屯田户和佃客。由于长年战乱造成社会大动荡,农业人口的数量大量减少。

（一）劝课农桑

三国两晋南北朝时期,尽管战乱频繁,但统治者仍然延续了一贯的重农思想。三国时期,魏、蜀、吴均实行"屯田制",特别重视农业,劝民农桑也是许多地方官的重要政绩。如《三国志·魏志》卷十二记载,邢颙"更辟司空掾,除行唐令,劝民农桑,风化大行"。西晋时,"是时江南未平,朝廷厉精于稼穑。四年正月丁亥,帝躬耕籍田。庚寅,诏曰：使四海之内,弃末反本,竞农务功,能奉宣联志,令百姓劝事乐业者,其唯郡县长吏乎!"[①] 两晋时期制定了明确的赏罚制度,以督促地方官员抓好农业生产。

耕籍礼客观上推动了少数民族以及偏远地区农业教育。籍田是帝王的专有土地,只有天子或者诸侯才有资格主持耕籍礼。因此少数民族诸侯为表达政治抱负而实施耕籍礼。如十六国的前凉张骏、后赵石勒、石虎父子、前燕慕容、前秦苻坚等都举行过耕籍礼,北周的孝闵帝甚至把神农氏定为祖先,他在记书中说："予本自神农,其于二丘,宜作厥主"。

南北朝时期,各代政权都强调推行劝课农桑,主要方式为"以刑当劝"

---

① 《晋书·食货志》。

"以诛当赏",以严厉刑罚对付农民。所谓"有司其班宣旧条,务尽敦课。游食之徒,咸令附业,考核勤惰,行其诛赏"。[①] 其次,南北朝时期实施"农桑殿最之制",将农业生产的效益与官吏的业绩考核结合起来,以加强官吏劝农的积极性与有效性。这种制度规定,各州郡县的农业生产的成绩须接受中央政府的考评,考评结果成为官吏升黜的标准。南北朝时期的劝课政策较为细密,始终贯彻"劝课亦不容太简,简则民怠"的原则。具体表现为,一要按耕种面积实行劝课,使农业劳动者与其所分配到的田地相匹配,实施"力业相称"的方针;二要按照农时实行劝课,即依照农业生产的季节性,在春、夏、秋三个农忙季节,通过劝课使农民依时而作;三要按照国家的需要实行劝课,战时、战后有所差异。

但是,在这将近400年的历史中,先后出现三国纷争、西晋的"八王之乱"和"永嘉之乱",以及北方少数民族政权之间的相互倾轧,南方诸王朝的更迭,人民流离失所,辗转迁徙多于安居乐业,造成中国历史上人口的空前移动与大量死亡,出现土地荒芜、生产凋敝的状况,农业教育政策不具有连续性。因此,当时农业教育的状况时好时坏。

(二)《齐民要术》对农业技术的总结和传播

南北朝后魏(386~543)时期,著名的农学家贾思勰总结了前人的典籍和农书中的精华,搜罗大量民间农谚,考察和汇集劳动人民的生产经验,加上本人的亲身观察、试验和实践,著成《齐民要术》。这是继汉代《氾胜之书》之后又一部重要的农书。从职业技术教育的角度而言,此书也是一本杰出的农业技术教育教材。

《齐民要术》以实用为特点,对农学类目作出了合理的划分。全书共10卷92篇,11万多字,内容极为丰富,涉及农、林、牧、副、渔等农业范畴,主要内容包括土壤耕作和农作物栽培管理技术、园艺和植树技术、动物饲养

---

① 《宋书·文帝纪》。

技术和畜牧兽医、农副产品加工和烹饪技术等。书中从开荒到耕种，从生产前的准备到生产后的农产品加工、酿造与利用，从种植业、林业到畜禽饲养业、水产养殖业，论述全面，脉络清楚，基本依据每个项目在当时农业生产、民众生活中所占的比例和轻重位置来安排顺序。把土壤耕作与种子选留项目列于首位，对农田主要禾谷类作物作重点叙述，对豆类、瓜类、蔬菜、果树、药用染料作物、竹木以及檀桑等也作了重点介绍。在饲养动物方面，记述了马、牛、羊、猪、禽类的饲养、繁衍、疾病医治等项，对水产养殖也专门安排一定的篇幅。此外，还对后魏疆域以外地区的植物广为搜集并予以注释。

　　从农业技术教育的角度来看，《齐民要术》对当时的农业知识和技术进行了系统总结归纳，通过刊印进行了广泛的传播，起到了普及农业教育的作用。书中的内容翔实而实用，如在选留作物良种方面，书中记载了粟的品种97个、黍12个、穄6个、粱4个、秫6个、小麦8个、水稻36个（其中糯稻11个）；在耕、耙、耱等重要农具的介绍，耕、耙、耱、锄、压等技术环节的巧妙配合，犁、耧、锄等的灵活操用诸方面作了系统的归纳；介绍了播种的上时、中时、下时以及不同土质、墒情下的相应播法；推广了改造土性、熟化土壤、保蓄水分、提高地力、作物轮作换茬、绿肥种植翻压、田间井群布局、冬灌等方面的农耕技术。另外，《齐民要术》用了不少篇幅介绍了蔬菜种植、果树和林木的扦插、压条和嫁接等育苗方法以及幼树抚育方面的技术。如《种梨第三十七》中提到梨树嫁接，接穗"用根蒂小枝，树形可喜，五年方结子；鸠脚老枝，三年即结子而树丑"。在植物保护方面，提出了一些防治病虫害的措施，还记述了当时果农熏烟防霜害的方法："天雨新晴，北风寒切，是夜必霜。此时放火作煴，少得烟气，则免于霜矣。"二十几个字就说明了我国古代劳动人民看天气判断降霜的经验和防霜的方法，直到今天仍然在普遍应用。在《作葅藏生菜法第八十八》中提到藏生菜法："九月、十月中，于墙南日阳中掘作坑，深四五尺。取杂菜种别布之，一行菜一行土，去坎一尺许便止，以穰厚覆之，得经冬，须即取。粲然与夏菜不殊。"这一鲜菜冬季贮藏的方法与现在的"假植贮藏"措施基本相同。总之，《齐民要术》比较系统地总结了黄河中、下游地区北魏和北魏以前农业生产技术，初步建立了农业科学体系，是一部有很高科学价值的"农业百科全书"。

三、官营手工业垄断与技术家传：手工业职业教育

三国两晋南北朝时期的手工业，与秦汉时期相比多以官营为主。蜀、吴两地丝绸技术已经非常精湛，南北朝时棉布已经广泛流行。因佛教传入，这一时期的寺院、佛塔建筑工艺迅速发展。由于兵器制作、农具生产等方面的需要，冶铁炼钢受到各朝政权的重视，铁范、生铁范铸术和铸铁柔化术等在汉代的基础上又有新的发展，百炼钢已相当成熟。这一时期开始利用石油、天然气。烧制瓷器的生产技术已进入更成熟的阶段，北方青瓷、黑瓷、白瓷的烧制成功，为以后唐、宋时期北方名窑的普遍出现准备了技术条件。由于文化发展的需要，东晋南朝造纸业发达，造纸技术有重大进步。机械制造技术有了很大进步，出现了一位机械大师——马钧，他对纺织机械的改进促进了北方丝织业的发展。

三国两晋南北朝时期的中央政府大多要设立种类繁多、规模宏大的官办工场或作坊，在地方，州郡政府也多设有规模不等的地方官办手工业作坊，称为"作部"。官营手工业中从事生产的工匠，为数最多的是所谓"百工户"，即民间工匠注籍匠户，他们需要世代服徭役。《三国志·吴书》记载：孙吴时"科郡上手工千余人送建业"。《魏书》记载，北魏天兴元年（398），徙山东六州"百工伎巧十万余口，以充京师"；北魏太平真君七年（446），"徙长安城工巧二千家于京师"。北齐天保时，"发丁匠三十余万营三台于邺下"。统治者为满足自身要求，大量征用工匠以备其用。北魏时期，政府为了独占工匠，不允许私家蓄养工匠。政府对王公士庶之家和百工伎巧卑姓通婚限制极严，"犯者加罪"。《魏书·高祖纪》记载"工商皂隶，各有限分……"可见，工商几乎与皂隶同等地位。这一时期，官府把最优秀的工匠置于官营手工业中，手工业技术传承的主要特点是官府垄断手工业技术，工

匠的技术传授只能遵循父兄之教、子弟之学的原则，以"家传世学"的方式进行。国家严格禁止工匠设立学校，禁止公开传授工业技术。由于这一时期战争频繁加上官府垄断手工业技术，导致民间手工业的衰败，使手工业技术传承失去了活力。

四、商业重心南移与商业教育家传

三国两晋南北朝时期，战乱使农业遭到破坏，手工业官营垄断影响了商业市场的贸易流通。但是，这一时期南方相对来说政局稳定，社会安定，统治者也采取了诸如劝课农桑、轻徭薄赋等政策鼓励发展农业，北方人大量南迁也带来了先进的技术和劳动力，使得南方的商品经济发展速度超过北方。

魏孝文帝改革后，出现了经济恢复的局面，商品流通领域也日渐扩大，不限于北方一隅，而且开展与南朝及边境少数民族互市，乃至国外贸易。《洛阳伽蓝记》记载，洛阳城西有周围八里的洛阳大市，按行业分类，有通商、达货、调音、乐律、退酤、治觞、慈孝、奉终、财、金肆等十个大商业区，在农村，商品交换亦见恢复。如颜斐任京兆太守时，"今属县整阡陌，树桑果。是时民多无车牛。斐又课民以闲月取车材，使转相教匠作车。又课民无牛者，令畜猪狗，卖以买牛。始者民以为烦，一二年间，家家有丁车、大牛。"① 当时西域与中亚各国的胡商，也纷纷来到长安。丝绸之路在此情况下进一步兴盛起来，《洛阳伽蓝记》记载，"自葱岭以西，至于大秦，百国千城，莫不欢附，商胡贩客，日奔塞下，所谓尽天地之区已。乐中国土风，因而宅者，不可胜数。""苻坚时，四夷宾客，凑集关中四方种人，皆奇貌异色"②，可见前秦与西域各族以及对外贸易是比较发达的。

---

① 《三国志》卷十六《魏志·仓慈传》注引《魏略》。
② 《太平御览》卷三百六十三引车频《秦书》。

魏晋南北朝时期，弃农经商与官僚经商之风日渐盛行。前秦时出现了不少家累千金的富商大贾，其商业教育皆为家传。

第二节　三国两晋南北朝时期的职业教育思想

魏晋南北朝是中国历史上政权更迭最频繁的时期，长期的封建割据和连绵不断的战争，对这一时期中国文化的发展产生严重的影响。魏晋之际，道法的结合逐渐趋于破裂，以道家思想为骨架的玄学思潮开始扬弃魏晋早期的名法思想，转而批评儒法之士。南北朝时期，玄学思潮归于沉寂，佛道二教继续发展。儒学面临严峻挑战。这一时期的教育思想家傅玄、颜之推的"品才有九""薄技立身""杂艺自资"等朴素的职业教育思想，突破了儒家"君子不器"的思想束缚，对于宋代胡瑗和清代颜元等实学教育思想产生以及对于经学主导下技术人才培养均起到奠基作用。

一、华佗的医学教育思想

华佗（约145~208），字元化，又名旉，汉末沛国谯（今安徽亳州）人，是三国著名医学家。少时曾在外游学，钻研医术而不求仕途。他医术全面，精通内、妇、儿、针灸各科，尤其擅长外科，精于手术，被后人称为"外科圣手""外科鼻祖"。行医足迹遍及安徽、山东、河南、江苏等地。他曾用"麻沸散"使病人麻醉后施行剖腹手术，是世界医学史上应用全身麻醉进行手术治疗的最早记载。又仿虎、鹿、熊、猿、鸟等禽兽的动态创作名为"五禽之戏"的体操，教导人们强身健体。后因不服曹操征召被杀，所著医书《青囊书》已佚。

（一）重视外科治疗

华佗为外科鼻祖，首先解决了手术麻醉问题。《后汉书·华佗传》载："若疾发结于内，针药所不能及者，乃令先以酒服麻沸散，既醉无所觉，因刳破背……"华佗使用的麻醉剂是"酒服麻沸散"。他的这一发明比西方国家使用乙醚或笑气进行麻醉早出1600多年。其次是华佗所进行的一系列外科手术成就。《后汉书》载："有人病腹中半切痛，十余日须眉坠落，佗曰：'是脾半腐，可刳腹养疗也。'便欲饮令卧，破腹视，脾半腐坏，刮去恶肉，以膏傅创，饮之药，百日平复也。"上述文献均说明华佗确实进行过腹部空腔脏器的冲洗、切除吻合术和腹部实质脏器的部分切除术等。他从医官刘租误刺伤肺的病例得到启示，改进传统的挟脊穴定位，发明了"华佗挟脊穴"。

（二）重视养生保健

据《后汉书》载：华佗"晓养生之术，年且百岁，犹有壮容，时人以为仙。"他创编了世界最早的医疗保健体操"五禽戏"。"五禽之戏"，是一套使全身肌肉和关节都能得到舒展的医疗体操，动作是模仿虎的扑动前肢、鹿的伸转头颈、熊的伏倒站起、猿的脚尖纵跳、鸟的展翅飞翔等。相传华佗在许昌时，天天指导许多瘦弱的人在旷地上作这个体操。劝导大家可以经常运动"亦以除疾，兼利蹄足，以当导引。体有不快，起作一禽之戏，怡而汗出，因以着粉，身体轻便而欲食。"[①] 意思是身体不舒服，起来做五禽戏中某一种禽戏，心中愉快同时有汗出，于是着粉擦汗，身体变得轻盈便捷并且食欲有增。

（三）重视医德传授

华佗长年在民间行医，体现出救死扶伤的医生职业道德，其高尚医德对

---

① 《后汉书·华佗传》。

于弟子影响颇深。华祖庵课徒馆即当年华佗向他的众多弟子传授医德医术的地方。在华祖庵的课徒馆内有一幅华佗授徒图，可以看到当时华佗授徒的情景。华佗授徒不仅把自己的知识毫无保留的传授给徒弟，况且不收取任何费用。史料记载，华佗培养了李当之、樊阿等诸多徒弟。其中，樊阿，彭城人，善针术；吴普，广陵人，著有《吴普本草》；李当之，长安人，撰有《李当之药录》。他们对传承华佗的部分学术思想和医疗技术起到了重要作用。

二、诸葛亮的"务农殖谷""休士劝农"思想

诸葛亮（181~234），字孔明，号卧龙，徐州琅琊阳都（今山东临沂市沂南县）人，三国时期蜀汉丞相，杰出的政治家、军事家、发明家，其代表作有《出师表》《诫子书》等，曾发明木牛流马、孔明灯、诸葛连弩等。诸葛亮一生鞠躬尽瘁、死而后已，成为中国传统文化中忠臣与智者的代表人物。他的职业教育思想主要在于重视农业、奖励农耕等思想，表现在四个方面。

（一）"务农殖谷，闭关息民"

"务农殖谷，闭关息民"即实行休养生息的政策。诸葛亮作为蜀汉政权的实际治理者，深谙足兵足食是"富国安家"之根本，也是匡复汉室的前提条件。因此，他始终重视"务农殖谷"这件大事。他反对"妨害农事"，认为"使民心不乱"，才能安心地从事农业生产。诸葛亮在平定南中叛乱，讨吴实行修和之后，立即在蜀汉实行了这种政策，轻徭薄赋，奖励农耕，社会经济恢复和发展是很快见效。根据《三国志·蜀志·诸葛亮传》载，蜀汉在行休养生息政策之后的短短两年多的时间，"军资所出，国以富饶。乃治戎讲武，以俟大举"。"兵甲已足"为诸葛亮出师北伐，复兴汉室提供了重要条件。

（二）注重兴修水利设施

为了保证农业丰收，诸葛亮十分重视农田水利灌溉事业。诸葛亮对秦时李冰所修成都附近的都江堰保护甚力，据《水经注·江水》记载："诸葛亮北征，以此堰为农本，国之所资，以征丁千二百人主护之。有堰官"。用"征丁千二百人"保护一个水利工程，可谓前无古人，充分表明了他对农业生产的命脉——水利设施的重视。由于有都江堰灌溉，水旱由人，成都平原"沟洫脉散，疆理绮错，黍稷油油，粳稻莫莫"，出现一片繁荣景象。蜀地本来就"土地肥美"，有江水沃野之饶，加上诸葛亮的精心治理，农业产量很高。《一统志》也记载，诸葛亮治蜀时，"在金齿指挥使司城南一十五里"修建有"诸葛堰""小诸葛堰"，"皆有灌溉之利"。孙嘉淦《游记》记载了诸葛亮续修漓水渠，"漓江初分，屈曲山间，别一渠以通舟。秦伐南粤，史禄凿。汉戈船将军出零陵，下漓水于此置，叫犹闸也。诸葛武侯续修之，渠上有武侯祠。"另外，《成都志》还记载："九里堤在县西北，堤长九里，老相传，诸葛亮所筑，以捍水势"。

（三）"休士劝农"，"分兵屯田"

《三国志·魏志·郭淮传》载，青龙二年诸葛亮"出斜谷，并田于兰坑"。《三国志·蜀志·后主传》载："亮休士劝农于黄沙"。《三国志·蜀志·诸葛亮传》载，建兴十二年，诸葛亮实行"分兵屯田，为久驻之基，耕者杂于渭滨居民之间，而百姓安堵"。诸葛亮实行兵屯的规模与曹操屯田远不能相比，其目的是减轻农民负担，满足军队准备战争的需要。《三国志·蜀志·蒋琬传》载，汉中地区"男女布野，农谷栖亩"。《三国志·蜀志·后主传》载，蜀灭，"官府帑藏一无所毁，百姓布野，余粮栖亩"，库府"尚有米四十万斛"。说明诸葛亮重视发展农业生产，基本上解决了军队粮食供给问题。

（四）鼓励种桑养蚕织锦

蜀汉时期三面临敌，"东屯白帝以备吴，南屯夜郎以备蛮，北屯汉中以备魏"，须集中大量的财力于中央政府，故诸葛亮特别重视种桑制丝织锦，发展农业经济。左思在《蜀都赋》中对种桑养蚕和织锦有过生动的描绘："栋宇相望，桑梓接连"，"技巧之家，百室离房，机杼相和"。据《三国志·蜀志后主传》载：蜀亡时，还库存有锦八十万匹。其质量、工艺水平也是很高的："江东历代尚未有锦，而成都独称妙，故三国时魏刘巾于蜀，而吴亦资西道"，蜀锦因为数量大、质量高，当时已成为蜀汉重要的出口商品。

三、傅玄的"分民定业"思想

傅玄（217~278），字休奕，北地泥阳（今陕西耀县东南）人，魏晋时期著名的教育思想家、文学家、教育家。他出身于官宦世家，早年失去双亲，加上社会动乱不安，家道由此中落。曹魏时举为秀才，官郎中，参加编撰《魏书》，司马炎称帝以后，仕途逐渐显达。他充分发挥从政才能，不仅十分尽职，而且思路开阔，多次上疏，以历史经验为理论依据，提出以儒学思想作为治国的指导理论。他一生著述很多，代表作为《傅子》。他从一种理想化社会的需求出发，设计和规划了"分民定业""九品人才"等职业人才构想。

（一）"分民定业"论

傅玄针对西晋承袭汉魏时代旧制造成的政治与教育积弊，明确指出："汉魏不定其分，百官子弟不修经艺而务交游，未知往事而坐享天禄；农工之业多废。或逐淫利而离其事；徒系名于大学，然不闻先王之风。今圣明之政资始，而汉魏之失未改，散官众而学校未设，游手多而亲农者少，工器不尽其宜。"① 因此，傅玄在管仲"四民分业"思想基础上，提出了"分民定业"理论，主张把众多的流民安排在士、农、工、商四大行业中，使他们"分其业而壹其事。业分则不相乱，事壹则各尽其力，而不相乱，则民必安矣"②。泰始二年（266），傅玄向晋武帝上疏，进一步阐述"分民定业"："臣闻先王分士、农、工、商，以经国制事，各一其业而殊其务：农以丰其食，工以足其器，商贾以通其货……分数之法，周备如此"，"通计天下：若干人为农，三年足有一年之储；若干人为工，足其器用；若干人为商贾，足以通货而已"。意思是国家应进行各行业从业人口普查，进而制定士、农、工、商的职业规划，规定每一行业从业人数。他还认为："为政之要，计人而置官，分人而授事，士农工商之分，不可斯须废也。若果能精其防制，计天下文武之官足为副贰者使学，其余留归之于农。"③ 政府要根据社会对职业人才需要，来规划各行各业的从业人数。国家需要多少官吏，便相应地招收多少学生接受教育，其余人员回归务农本业。对于冗官问题，傅玄则进一步提出："量时而置官，则吏省而民供。吏省则精，精则当才而不遗力；民供则顺，供顺则思义而不背上。"④ 傅玄主张根据实际需要设置官职，就会精简官吏人数，使官吏人尽其才；而且可以大大减轻平民供养官吏的税赋负担，达到民安的目的。

傅玄"分民定业"的思想不再强调"四民"分区居住和行业世袭，进一步提出从业人口宏观规划和调控，防止人才和教育资源浪费，比管仲的"四民分业"理论有所发展，适应了时代的进步的需要。

（二）"才分九类"论

为了按社会的现实需要来培养人才，傅玄提出了"才分九类"理论。他认为："凡品才有九：一曰德行，以立道本；二曰理才，以研事机；三曰政

---

① 《晋书》卷四十七之《列传》十七。
②④ 《傅子·安民》。
③ 《晋书·傅玄传》。

才,以经治体;四曰学才,以综典文;五曰武才,以御军旅;六曰农才,以教耕稼;七曰工才,以作器用;八曰商才,以兴国利;九曰辨才,以长讽议。此量才者也"(《长短经·量才》)。不同的人才发挥着不同的社会作用,如"政才"可以治理国家,"农才"可以教民辨种,"工才"可以研制器具,"商才"可以增殖贷利,等。在这九品之才中,德才、理才、政才、学才是国家管理人才,武才是保卫国家人才,农才、工才、商才是国家经济保障人才,辨才是国家谏议、宣传等方面的人才。傅玄在《傅子·授职》中以裁衣、筑屋为例,详细阐述了应当怎样按照社会需要和个人能力的大小去用才。可见,傅玄对人才层次、类别的划分,是以当时社会发展的需要为主要依据的。

傅玄批评统治者"用人不当其才,闻贤不诚以事",主张"用人当其才"。他认为"德才"居于首位,即"品才以德为首,知人以德为重",反对求全责备。《傅子·阀题》中说:"圣人具体备物,……德行颜渊之伦是也;……言语宰我、子贡是也;……若政事冉有、季路,文学子游、子夏。"傅玄认为全面发展在一个人身上实现是困难的,因此"教人者要因人而教,不可妄教;用人者也要因人而用,不可妄用。"人各有其长,需知人善任,如"龙舟整楫,王良不能执也;骥骤齐行,越人不敢御也,各有所能。"傅玄说:"圣人具体备物,取人不以一揆也。有以神取之者,有以言取之者,有以事取之者。"[1] 就是说,用人才必须考虑人才本身的特点,因才取用。有的因善言见用,有的因善政见用。因此,人才教育也应分门别类予以培养。傅玄指出,如果能做到"贵其业者,不妄教非其人也。重其选考,不妄用非其人也。若此,而学校之纲举矣。"[2] 慎重地选拔各业从业者,不能把不适应行业需要的人作为教育对象;选人用才也要慎重,不能随意任用不适合职业需要的人。只有这样,学校的教育宗旨才能体现和贯彻。

---

[1][2] 《晋书》卷四十七之《列传》十七。

(三)"职业规范"论

傅玄在"分民定业"思想基础上,进而提出四民各守其职的职业规范。他指出:"古者言非典义,学士不以乐心;事非田桑,农夫不以乱业;器非时用,工人不以措手;物非世资,商贾不以适市,士思其训,农思其务,工思其用,贾思其常,是以上用足而下不匮"①。其意为读书人考虑圣贤的教诲,农夫考虑耕作的事情,百工考虑产品的功用,商人考虑生财之道,就能够国库充盈,民用不匮。傅玄反对"逐淫利"导致"农工之业多废",但同时也创造性地扬弃了传统"贱商"思想,将商业与商人分而处之,提出商贾者"其人可甚贱而其业不可废"的著名论断。他提出,商业"不可废",只是要限制"积伪"之"利"的竞逐,防止"商贾专利"造成"民财暴贱",从而危害农本之业的后果。

傅玄合理地运用了前人思想,试图改造当时的教育现实,提出了一系列富有创见的职业人才观点和教育理论。然而,傅玄的思想是出于维护封建政权的需要,并且他的教育思想还有不少唯心的成分,具有明显的局限性。

四、祖冲之的"博采沈奥"、学以致用思想

祖冲之(429~500),字文远,范阳逎县(今河北省涞水县)人,少传家业,青年时代入华林学省,从事学术研究。此后,历仕刘宋、南齐,官至长水校尉。他在数学、天文历法、机械制造等方面都有重大成就,成为南北朝时期数学家、天文学家。祖冲之著作很多,现在仅能见到《上大明历表》《大明历》《驳戴法兴奏章》《开立圆术》等篇。

研究祖冲之对我国古代职业教育的贡献和思想,重点是他在数学、天文学研究中崇尚科学的态度和学以致用思想。这些思想在当时儒学泛滥、佛道

---

① 《晋书·傅玄传》。

盛行的时代极其可贵,对后世的实学发展、科技进步具有重大影响。

(一)"搜练古今,博采沈奥"的科学态度

祖冲之出生在一个世代对天文历法都有所研究的家庭,自幼对数学和天文学有着非常浓厚的兴趣。祖冲之曾自述:"臣少锐愚尚,专功数术,搜练古今,博采沈奥。唐篇夏典,莫不撰量,周正汉朔,咸加该验……此臣以俯信偏识,不虚推古人者也……"①。可见,祖冲之从小便搜集、阅读了前人的大量数学文献,并对这些资料进行了深入系统的研究,坚持对每步计算都做亲身的考核验证,不被前人的成就所束缚,纠正其错误同时加之自己的理解与创造。在这种严谨求真的科学态度支配下,祖冲之在数学方面取得了举世瞩目的成就。

一是关于圆周率的计算。《隋书·律历志》记载:"古之九数,圆周率三,圆径率一,其术疏舛。自刘歆、张衡、刘徽、王蕃、皮延宗之徒各设新率,未臻折衷。宋末,南徐州从事史祖冲之更开密法,以圆径一亿为一丈,圆周盈数三丈一尺四寸一分五厘九毫二秒七忽,朒数三丈一尺四寸一分五厘九毫二秒六忽,正数在盈朒二数之间。密率:圆径一百一十三,圆周三百五十五。约率:圆径七,圆周二十二。"这段记载说明:汉代以前使用的圆周率数值是 3。祖冲之在刘歆、张衡、刘徽等人算法基础上,算得过剩近似值和不足近似值 $3.1415926 < \pi < 3.1415927$,圆周率的数值精确到了小数点后 7 位数字。二是祖冲之圆满解决了球体积计算问题,三是论证了高次方程算法。《隋书·律历志》记述了祖冲之著有《缀术》"又设开差幂、开差立,兼以正负参之,指要精密,算氏之最者也。"据研究推断,这是最早的有关二、三次方程的解法。唐显庆元年(656)国子监添设算学馆,规定《缀术》是必读书籍之一,学习期限为四年,是时限最长的一种。《宋史·楚衍传》中说"楚衍……于《九章》《缉古》《缀术》《海岛》诸算经尤得其妙。"可见宋初

---

① 《宋书·律历志》。

时期《缀术》还没有失传。

(二)"浮辞虚贬，窃非所惧"的科学精神

祖冲之"亲量圭尺，躬察仪漏，目尽毫厘，心穷筹策"，编制了新的历法——《大明历》。大明六年（462），他上表给刘宋王朝的皇帝刘骏，请求对新的历法进行讨论，予以颁行。但是，新的历法却遭到皇帝宠幸的戴法兴的反对，祖冲之则勇敢地进行了辩论，写出了一篇非常著名的"驳议"呈送给皇帝，阐明"愿闻显据，以核理实"，"浮辞虚贬，窃非所惧"①，提出双方拿出明显的证据来相互讨论，至于那些捕风捉影无根据的贬斥，他丝毫也不惧怕，充分显示了祖冲之敢于坚持真理的科学精神。他批驳对方"信古而疑今""古法虽疏，永当循用"的谬论，认为日月五星的运行"迟序之数，非出神怪，有形可检，有数可推"②。《大明历》直到梁王朝天监九年（510），由于祖冲之的儿子祖暅的坚决请求，经过实际天象的校验，才得以正式颁行。

(三)"理实一体"、学以致用的科学思想

除天文历法和数学之外，祖冲之还制造过各种奇巧的机械。祖冲之曾造过指南车并获得成功。三国时代的马钧曾造指南车，到晋代流失。南朝刘宋昇明年间（477～479）肃道成辅政，"使冲之追修古法。冲之改造铜机，圆转不穷而司方如一，马钧以来未有也。"祖冲之"以诸葛亮有木牛流马，乃造一器，不因风水，施机自运，不劳人力"③，但这是一种什么机具，因缺乏资料，使人很难想象。祖冲之"又造千里船，于新亭江试之，日行百余里"，这显然是一种快船。他又"于乐游苑内造水碓磨，武帝亲自临视"。祖冲之还曾制造过"欹器"。史料记载：南齐永明年间，竟陵王萧子良"好古，冲之造欹器献之"。这种器具用来盛水"中则正，满则覆"，古人常放置在身边

---

①② 《辨戴法兴难新历》。
③ 《南齐书·祖冲之传》。

以自警。祖冲之是一位博学多才的科学家和发明家,把精确计算后获得的机械原理应用于发明创造中,动手和动脑相结合,开创了"理实一体化"职业教育思想的先河。

五、贾思勰的"富而教之""用之以节"思想

贾思勰(生卒年不详),生于北魏齐郡益都县(今山东省寿光市西南),北魏时期农学家。他出生在一个儒学世家,其祖上耕读传家,重视农业生产技术知识的学习和研究,为他以后编撰《齐民要术》打下了基础。成年以后,他走上仕途,曾经做过高阳郡太守等官职,到过山东、河北、河南等地。每到一地,他都非常认真考察和研究当地的农业生产技术,向一些具有丰富经验的老农请教,获得了不少农业方面的生产知识。中年以后,他回到故乡,开始经营农牧业活动,掌握了多种农业生产技术。北魏永熙二年(533)至东魏武定二年(554),他写成农业科学技术巨作《齐民要术》。此书内容"起自耕农,终于醯醢,资生之业,靡不毕书",所记述的农业生产技术从农作物栽培,直至制醋作酱,帮助谋生的经验技术,无不都写在书里。全书形成精耕细作的完整的结构体系,它高度概括了农业耕种的精湛技艺,在农产品加工、酿造、烹调、果蔬贮藏等方面也介绍了诸多技巧,同时还是封建地主经济的经营指南。此书的刊行极大地促进了当时的农业知识与技术的广泛传播,是一本典型的农业职业教育的教材。

在《齐民要术·自序》中,贾思勰阐述了他的农本思想和农业教育主张。全书除了介绍诸种农业技术,也贯穿了贾思勰的农业教育思想。

(一)"食为政首"

《齐民要术·自序》开篇,贾思勰列举"盖神农为耒耜,以利天下,尧命四子,敬授民时,降命后稷,食为政首",说明从古到今,"食为政首"是圣人贤王治世之道,殷周的繁盛得益于此,《诗》《书》所倡导的也是"重

农"的思想。他引用管子的"仓廪实而知礼节，衣食足而知荣辱"、李悝为魏文侯作"尽地力之教"带来"国以富强"、秦穆公用商鞅"急耕战之赏"实现"倾邻国而雄诸侯"，阐明了农为邦本、本固邦宁的道理。这是贾思勰农业教育思想的立论基础。

（二）"富而教之"

在贾思勰看来，所谓"齐民要术"，即平民百姓从事生产生活所必需掌握的技术。以农为本，"要在安民，富而教之"①，也就是使百姓安心于发展农业生产，过上富足的生活和得到教化，包括掌握从事生产生活所必需掌握的技术。

贾思勰指出："神农、仓颉，圣人者也，其于事也，有所不能矣"。即使像神农、仓颉那样的圣人也不是无所不能的，教给百姓生产知识、提高农业生产技术水平是非常必要的，并列举了诸多在原本农业落后地区因积极推广农业生产技术而改变面貌的典型事例。他借西汉政论家晁错之言，阐明古代明君教民"贵五谷而贱金玉"和三国时期曹植提出的"饥者不愿千金而美一食"的道理；对赵过"始为牛耕"、耿寿昌之常平仓、桑弘羊之均输法誉为"益国利民不朽之术"。他又列举战国时期的鲁国商人猗顿向陶朱公范蠡求教致富之术，以"欲速富，畜五牸"之策得畜牛羊万计，十年成为巨富；东汉时的官员任延、王景"令铸作田器，教之垦辟"，使当地百姓衣食充足；皇甫隆治理敦煌时，当地人不懂得用耧犁来耕作，耗力多而收获少。皇甫隆推广制作耧犁，省力过半，收获的谷物却增加了五成。另外，按敦煌的习俗，妇女做的裙子褶皱得像羊肠，用的布有一匹之多。皇甫隆又改进了制裙工艺，所节省的衣料又不计其数。他还举出茨充出任桂阳县令时，当地百姓不知种桑，"无蚕织丝麻之利"，用麻枲头填充冬衣。百姓习于懒惰，生活简陋，连脚上穿的粗履都极少见到；许多人的脚冻裂开口出血。茨充让百姓多栽桑树

---

① 《齐民要术·自序》。

和柘树，养蚕缫丝织履，"数年之间，大赖其利，衣履温暖"。赞叹今日江南知道种桑、养蚕、织作丝履，"皆充之教也"；崔寔任五原郡太守时，当地百姓不知纺绩织布，冬天卧在草堆里避寒。身披细草会见官吏，崔寔为他们制作纺绩织布的工具，教给纺织的方法。贾思勰介绍至此，不禁感叹"民得以免寒苦，安在不教乎？"

他列举历代在农业教育方面的名人贤士以及他们在农业教育方面所取得的成就，意在反复说明实施重视农业发展的政策措施成就了国家强盛，农业生产技术的发明和推广促进了百姓富裕和民生的改善，以史实证明和强调加强农业教育的必要性和重要性，这也正是他苦心孤诣历经二十年著就《齐民要术》的根本宗旨所在。

（三）"用之以节"

贾思勰在其"食为政首""富而教之"思想基础上，从另一个角度提出并阐述了"用之以节"思想。他在《齐民要术·自序》中引用《尚书》的"稼穑之艰难"、《孝经》的"用天之道，因地之利，谨身节用，以养父母"等内容，阐述其知稼穑之艰难、要尚俭节用的观点；又列举黄霸在颍川为官，命令邮亭、乡官养鸡养猪及"务耕桑，节用，殖财，种树"来赡养鳏寡贫穷者；召信臣在南阳为官时不辞劳苦走街串巷劝民耕稼，使百姓"蓄积有余"的同时，提出"禁止嫁娶送终奢靡，务出于俭约"政令的典型事例，在官吏、百姓中大力倡导勤俭、节用之风。

他亲历了北魏后期动荡政局之下，贵族腐败颓废、旱涝灾害频繁、贫民生活窘迫的局面，认为农业生产是艰难的，民风怠惰加上民用不知节俭，官府督课不力，一遇自然灾害就会造成"一谷不登，胔腐相继"的严重后果。他尖锐地指出："既饱而后轻食，既暖而后轻衣。或由年谷丰穰，而忽于蓄积；或由布帛优赡，而轻于施与：穷窘之来，所由有渐"。如果温饱既得不知蓄积或者轻易施舍于他人，就会导致穷困窘迫。他引用《管子》"桀有天下，而用不足；汤有七十二里，而用有余，天非独为汤雨菽、粟也"阐明了

"用之以节"的道理。

（四）多种经营

尽管《齐民要术》序中注明"故商贾之事，阙而不录"，反映出贾思勰受当时"农本商末"思想影响较深。但在书中也记述了在加强粮食生产的同时进行农、林、牧、副、渔以及手工业、商业的综合经营内容。

贾思勰多次举例强调农业多种经营的必要性。如《齐民要术》记载："猗顿，鲁穷士，闻陶朱公富，问术焉。告之曰：欲速富，养五牸。乃畜牛、羊，子息万计，赀拟王公"，说的是从事畜牧养殖业可以快速致富，能和王公贵族财富相当。"龚遂为渤海，劝民务农桑，令口种一树榆，百本薤，五十本葱，一畦韭，家二母彘，五鸡"，说的是西汉时期渤海太守龚遂带领百姓开展家庭种养殖的事例。再如樊重"欲作器物，先种梓漆，时人嗤之，然积以岁月，皆得其用，向之笑者，咸求假焉"，记载的是一名农民种植造漆树种从被人笑谈到被人接受的例子。他用武陵人李衡种柑橘千树，临死传儿"千头木奴"，"岁得绢数千匹"的事例说明"一年之计莫如树谷，十年之计莫如树木"的道理。通过诸多例证，贾思勰肯定和赞扬了以粮食为中心的多种经营。

贾思勰的农业教育思想集中体现在农本、教民、节用等方面，认为无论是教以革新耕织之具、传授畜养之术、赏罚督课之法，还是提倡尚俭节用之风、综合经营之道，都是加强农业职业教育的重要措施。他重视农业教育的思想对现代农业的发展仍具有一定的参考价值和借鉴意义。

六、颜之推的"薄技立身"思想

颜之推（531~591），字介，原籍琅琊临沂（今山东省临沂市），出身于儒学仕宦之家，得到家庭中儒学的熏陶，他博览群书，通晓古今，但是一生遭遇三次亡国之变，历任四朝之官，多次险遭杀身之祸，官至黄门侍郎、平原太守、御史上士等职,是我国南北朝时期著名思想家、教育家、文学家,一生著述颇丰,但是流传下来的只有《颜氏家训》《还冤志》二书以及少数几篇文章。其中《颜氏家训》二十篇,是他对自己一生有关立身、治家、处世、为学经验的总结,被后人誉为家教典范,影响很大。

(一) 对世俗教育的批判

颜之推对轻视生产劳动、奢侈的生活风气、不重视教育的社会心态进行了批判。颜之推认为,"生民之本,要当稼穑而食,桑麻以衣。"[①]所以"古人欲知稼穑之艰难,斯盖贵谷务本之道也。……安可轻农事而贵末业哉?"但是"江南朝士,因晋中兴,南渡江,卒为羁旅,至今八九世,……未尝目观起一坡土,耘一株苗,不知几月当下,几月当收,安识世间余务乎?故治官则不了,营家则不办,皆优闲之过也。"[②]轻视生产劳动势必会导致奢靡的士族生活风气,反映到教育上便是对教育的轻视。他批判说:"梁朝全盛之时,贵游子弟,多无学术,……明经求第,则顾人答策;三九公燕,则假手赋诗。"[③]梁朝贵族子弟不学无术,学风日下,求取功名或社交活动中舞弊盛行。"吾见世间,无教而有爱,……自古至今,此弊多矣。"[④]他认为,人世间从来没有出现过父母不教育孩子,孩子自己就能学会爱护家庭,孝顺老人等美德的,揭露世族子弟依仗门第高贵,游手好闲,不学无术,庸碌无能,知识浅薄,体质衰弱,既不从事劳动,又不爱好学习的窘况。他指出,贵族子弟"或因家世余绪,得一阶半级,便自为足,全忘修学;及有吉凶大事,议论得失,蒙然张口,如坐云雾;公私宴集,谈古赋诗,塞默低头,欠伸而已。"[⑤]认为当时士大夫教育严重脱离实际,培养的人缺乏任事的实际能力。他对这种腐朽空泛的士大夫教育批判深刻,切中时弊,在中国古代教育思想

---

① 《颜氏家训·治家》。
② 《颜氏家训·涉务》。
③⑤ 《颜氏家训·勉学》。
④ 《颜氏家训·教子》。

史上很有影响。

（二）提倡"应世经务"的"实学"教育

颜之推针对士族教育"多见士大夫耻涉农商，羞务工伎，射则不能穿札，笔则才记姓名，饱食醉酒，忽忽无事，以此销日，以此终年"的现状，认为士大夫教育必须改革，不应培养清淡家，也不要培养章句之士，更不应培养不学无术的庸碌之辈，而应培养对国家实际有用的人才，包括：朝廷之臣、文史之臣、军旅之臣、藩屏之臣、使命之臣、兴造之臣。颜之推认为，君子修身不仅要利世，而且要利国。因而，"士君子处世，贵能有益于物耳，不徒高谈虚论，左琴右书，以费人君禄位也"。也就是说，君子修身养善，为人处世，贵在能够对国家和社会有所贡献，而不是高谈阔论，左手抚琴，右手持书，尸位素餐。各种专门人才的培养，要依靠各种专才的教育，使各人专精一职才能实现。各种人才需"德艺周厚"。

颜之推强调的"艺"，即恢复儒家的经学教育并兼及"百家之书"。但读《五经》和"百家之书"之外，还要学习农、工、商等各种技艺知识，还包括"杂艺"诸如书、数、医、画、琴、棋、射、投壶等。他认为这些知识在生活中都有实用意义。他反对知识狭隘、头脑闭塞，主张知识广阔，并能在实际生活中灵活运用。他还主张学习农业生产知识，希望君子应当亲自干农活，要"耕种之，袜组之，刈获之，载积之，打拂之，簸扬之"，通过切身体会"知稼穑之艰难"，对农事活动有些常识，以便于治家治民。《颜氏家训·勉学》认为："农工商贾，厮役奴隶，钓鱼屠肉，饭牛牧羊，皆有先达，可为师表，博学求之，无不利于事也"。颜之推认为，士君子应向下层人民学习，不能轻视劳动生产，主张"涉务"，增加生活经验，注意经世致用的知识，反对脱离社会实际事务。这些"实学"思想是他教育思想中闪光的一面，体现了他的独到见解，具有一定的积极意义。

(三)"薄技立身"思想

颜之推所处的社会正处于多重矛盾的冲突之下,频繁的战争和兵祸不仅使广大人民的生计毫无保障,就是士族的社会优势也常常处于朝不保夕的危险境地。颜之推出于对士大夫子弟不学无术、难以立世的忧虑,强调子女要学习一门技艺,这样才可以安身立命。他认为,只要有技艺在身,就可以随处安身,即"有学艺者,触地而安"。他说:"自荒乱以来,诸见俘虏。虽百世小人,知读《论语》《孝经》者,尚为人师;虽千载冠冕,不晓书记者,莫不耕田养马。以此观之,安可不自勉耶?若能常保数百卷书,千载终不为小人也。"① 他对小人是鄙视的,但是他认为如果不重视杂艺的学习,一旦"求诸身而无所得,施之世而无所用",即便是门阀世族也有沦落为小人的危险。

他明确地阐述了学习杂艺与个体生存发展的关系,提出:"夫明六经之指,涉百家之书,纵不能增益德行,敦厉风俗,犹为一艺,得以自资。父兄不可常依,乡国不可常保,一旦流离,无人庇荫,当自求诸身耳。谚曰:'积财千万,不如薄技在身'。"② 颜之推深刻意识到,在社会动荡的非常时期,掌握一技之长,即便是在战乱"无人庇荫"的情况下,也能够"得以自资",保全自己。但是,颜之推主张对杂艺只可兼习,不可以专业,否则会被人所役使。他说:"真草书迹,微须留意。……然而此艺不须过精。夫巧者劳而智者忧,常为人所役使,更觉为累。""画绘之工,亦为妙矣;自古名士,多或能之。……若官未通显,每被公私使令,亦为猥役。"③ 他对于技艺的认识具有矛盾性。一方面告诫子孙"薄技"重于"家财";另一方面站在士族的立场看,学艺是为了治人和享受,而不是为了供人役使,这种思想仍然没有完全突破士族阶层对技艺的轻视。

①② 《颜氏家训·勉学》。
③ 《颜氏家训·杂艺》。

颜之推尽管是士大夫阶层代表，但他一直批判玄学空谈，重视农业生产与倡导培养应世经务之才的思想尤为可贵。

七、刘昼的"贵农"思想和军事教育思想

刘昼（514~565），字孔昭，北朝渤海阜城（今河北省阜城县）人。少年时代遭受孤贫的生活打击，四十八岁才被举为秀才，仕途很不得志，是一位正直不俗的儒学家，著《六合赋》一篇、《高才不遇传》三篇、《帝道》《金箱璧言》《刘子》十卷等著作，但大多亡佚，主要有《刘子》十卷五十五篇存世。他几乎毕生默默无闻，广泛吸收儒、道、法、农、纵横、兵、杂等各家的传统理论，在《刘子》中充分表达了自己远大的政治理想和教育思想，其中包括了"贵农""兵术"等方面的职业教育思想。

（一）"贵农"思想

刘昼在《刘子·贵农》篇中提出："衣食者，民之本也，民者，国之本也。民恃衣食，犹鱼之须水，国之恃民，如人之倚足。"说明稼穑桑麻是民生之本，而民生富足是治国之本，就像鱼需要水、人需要双脚一样重要；"衣食饶足，奸邪不生；安乐无事，天下和平。"只有衣食无忧，才能社会安定，天下太平。刘昼从实用的角度出发，针对当时社会已经形成的"一人耕而百人食之"的荒农、贱农现实状况，强调"其耕不强者，无以养其生；其织不力者，无以盖其形"，急切呼吁要重视农业发展。他还敏锐地发现"谷之所以不积者，在于游食者多"，为充实国库，增强国力，必须效法先王敬授民时，劝课农桑，使不劳而食的游民返归农业生产，通过减轻赋税徭役鼓励农耕，达到"仓廪充实，颂声作矣""国未尝有忧，民终为无害"的社会治理效果。

刘昼在阐述了其贵农思想的同时，也表达了"工巧为末"的轻视手工业思想，认为"衣食为民之本，而工巧为其末也。"把工巧之事视为末业，而

且"是以雕文刻镂,伤于农事,锦绣綦组,害于女工。农事伤,则饥之本也;女工害,则寒之源也。"也就是说,发展手工业会影响到农业生产。他所指的"雕文刻镂""锦绣綦组"手工业应该指的是制作王室贵族所居的殿堂门窗、金银食器,华服饰物等耗费人力物力的劳作之事,不应对关系民生供给的手工业发展一概视为末业。

(二) 军事教育思想

刘昼的军事教育思想载于《刘子》论述军事的不同篇章中,可以分为几个层次,既有对于统治者在军事人才和战略方面的教育思想,也有选拔培养军事将领方面的教育思想,还有全民国防教育和加强军士教习等方面的思想。

1. 对统治者的军事教育思想

首先是"文武异材"思想。在《刘子·文武》篇中,刘昼通过"方圆形殊,舟车异用"的例子,指出"白羽相望,霜刃竞接,则文不及武;干戈既韬,礼乐聿修,则武不及文。"认为文才、武才各有所长,把他们区别开来,分别培养,使其各自发挥优势和作用,就会实现"文武异材,为国大益。"但是,当时的现实情况是"今代之人,为武者则非文,为文者则嗤武,各执其所长而相是非,犹以宫笑角,以白非黑,非适才之情、得实之论也。"文才之士和武将之才互相轻视和非难,以己之长比人之短,违反了量才用人的道理,刘昼对此进行了批评。

其次是"兵贵伐谋"思想。刘昼在《刘子·兵术》篇中指出:"夫兵者,凶器,财用之蠹,而民之残也。五帝三王弗能弭者,所以禁暴而讨乱,非欲耗财以害民也"。战争本身残酷的事情,可谓劳民伤财,先王仁君都不能避免战争,是为了讨伐暴乱而不是耗财害民。但是战争一旦发生劳民伤财就不可避免,所以最好的战争应在国力和谋略上取胜,迫使对方屈服,即所谓"兵贵伐谋,不重交刃""善用兵者,不战而胜,善之善也""王者之兵,修正道而服人"。这一观点继承和发展了《孙子兵法》中的"上兵伐谋"思想。

2. 培养军事将领的教育思想

刘昼在《刘子·兵术》篇中专门论述了军事将领的重要性和素质要求。他指出："夫将者，国之安危，民之性命，不可不重。"他认为，将军受命之后就要舍身弃家，以身许国，所谓"临军之日，则忘其亲；援枹之时，则忘其身"，"以全国为重，以智谋为先"。

他认为军事将领必须具备三方面素质，即"明天时、辨地势、练人谋"。"明天时者，察七纬之情，洞五行之趣，听八风之动，鉴五云之候"，"辨地势者，识七舍之形，列九地之势"，"练人谋者，抱五德之美，握二柄之要"。包括了气象、地理、法规以及个人修养等方面的知识和杀伐决策才能。他特别强调了"智、信、仁、勇、严"是为将"五德"，继承了《孙子兵法》的"将者五事"思想。他还强调了赏、罚为将之"二柄"，即将军善于运用权力的两个方面，做到"智以能谋，信以约束，仁以爱人，勇以陵敌，严以镇众；赏以劝功，罚以惩过"。这些成为培养将领的主要内容。

他还特别强调了将军个人素质中的"谋"和"仁"的重要性。他说："夫将者，以谋为本，以仁为源"，"谋以制敌，仁以得人"。将军能够从兵士中脱颖而出，不是靠勇力过人，而要靠"权决"出众。而"仁"则是"求同心之众，必死之士"的基本条件，将军带兵必须做到"仁恩洽而赏罚明"，才能"得众心，必与同患"，要想赢得军心，必须和士兵同甘共苦、同生共死，所谓"暑不张盖，寒不御裘，所以均寒暑也；隘险不乘，丘陵必下，所以齐劳逸也；军食熟然后敢食，军井通而后敢饮，所以同饥渴也；三军合战，必立矢石之下，所以共安危也。"可见，这种培养和选拔军事将领的思想带有明显的儒家仁爱思想，也难免带有理想化的追求。

3. 加强国民和军士教习的思想

刘昼在《刘子·阅武》篇中阐述了对国民进行军事教育的理论。

他首先论述了国民军事教育的重要性，运用春秋时期军事著作《司马法》的观点："国虽大，好战则亡；天下虽安，忘战必危。"指出"亟战则民雕，不习则民怠。雕非保全之术，怠非拟寇之方。故兵不妄动，而习武不辍，所以养民命而修戒备也。"好战会导致民生凋敝，久则带来亡国的危险；忘战会导致国民懈怠，久则带来外敌入侵的危险。虽然"兵不妄动"，但是必须加强国民和军士的备战意识和习武教育。这就是孔子说的"以不教民战，是谓弃之。"《易经》也说"君子以修戒器，戒不虞。"如果不进行国民军事教育，就是放弃防御；准备武力是为了防备意外发生。"是以先王因于闲鄹，大阅简众，缮修戒器，为国豫备也。"

其次论述了国民军事教育的方法和途径。提出利用"春搜、夏苗、秋狝、冬狩"的机会"讲武事"，达到"三年而治兵，习战敌"的目的，既不影响农业生产，也达到了练兵治兵、整肃兵伍的效果。甚至民众的饮酒礼仪、祭祀等活动都可以作为军事教育中的"明贵贱，顺少长，辨等列，习威仪"教育形式和内容。他还从反面论证说："若民不习战，则耳不闻鼓铎之音，目不察旌麾之号，进退不应令，疏数不成行。故士未战而震栗，马未驰而沫汗，非其人怯而马弱，不习之所致也。"

对于军士教习，刘昼指出，以经过训练的士兵和不进行训练的士兵交锋，胜负不用战斗就已经定了。他一再强调"射御惯习，至于驰猎，则能擒获。教习之所致也。"各种军事技能的养成必须通过日常的教习来实现。他借用春秋时期的吴王训练将士"教之战阵，约之法令，回还进退，尽中规矩，虽蹈水火而不顾"等事例，阐明了军事素质乃"教习之所成"的道理，主张积极地进行军事教育和训练，并且要整修兵器，防备战争的发生。

中国古代职业教育
思想研究

Chapter 6

第六章　隋唐时期的职业教育思想

隋朝在经过魏晋南北朝的民族融合和文化整合后重新实现了政治统一，但国祚仅30余年（581~619）。之后，唐朝（618~907）巩固和发展了中华民族的繁盛和统一，是中国历史上最强盛的封建朝代之一，在政治、经济、军事、文化、中外关系等各个方面都取得了辉煌的成就，出现了自西汉以来中国古代社会发展的第二次高峰。

科举制度在隋唐时期建立并发展起来，官办学校教育和儒家私学因之获得长足发展。儒学之外的诸如天文、历算、医药学等具有实用性质的官办专门学校非常发达。这一时期，不仅通过专门学校培养科技人才，而且通过私学家传、佛道人士传艺、经师兼授实科知识、手工匠人艺徒制以及社会性的科普教育等培养造就了大批实科人才。

第一节　隋唐时期的职业教育概况

隋唐时期处于中国古代社会转折发展的关键时期。从租庸调制到两税法是唐代赋税制度的重大改革，提高农民积极性，农业生产得到了极大发展，至唐开元、天宝年间已是"耕者益力，四海之内，高山绝壑，耒耜亦满。人家粮储，皆及数岁。太仓委积，陈腐不可较量"①。农业生产的发展带动了手工业的发展，不论是官营还是私营手工业均出现了兴旺的景象。农业和手工业的发达也为商业的繁荣奠定了坚实的物质基础。

隋唐时期的职业教育的制度化色彩较为浓厚，主要表现为算学、书学、律学、医学、天文历法等各类官办专门学校得到设立和发展，劝课农桑农业教育制度得到进一步重视和加强，手工业生产领域中的艺徒制、技术家传和行会制度取得了较大发展。在一些时期内进行的工商业制度改革也取得了显著成效，产生了诸多颇具影响的工商业思想。

---

① 《元次山集》卷七。

一、职官教育与专门学校发展

隋朝建立大一统国家政权之后,在魏晋南北朝专门学校的基础上,建立起专门学校教育系统。唐朝的教育制度更加系统和完备,专门学校得到了进一步发展。隋唐时期的专门学校分成两种类型:一是包含于官学体系中的算学、书学和律学。二是由太医署、太卜署、太乐署、太史监、司天台、太仆寺等官府机构兴办的医学、巫师、音乐、天文、历法、兽医等专门学校。隋唐时期是中国职官性职业教育体制的重要发展时期,专门学校体现出明显的职业教育特征。

(一) 算学专门学校

隋朝初年设置算学。《隋书·百官志》记载:"算学博士 2 人,算助教 2 人,学生 80 人,隶属于国子寺。"

唐初算学废置,高宗显庆元年(656)恢复设置,设算学博士 2 人,助教 1 人,算学入学者的资格限定为文武八品以下及庶人之子。显庆三年(658)又废,龙朔二年(662)又复置,"东都初置国子监,并加学生员等,均分于两都教授。"算学生分两处就学,一处在京师长安,另一处在东都洛阳。唐代算学与国子、大学、四门、书、律、并称国学六馆,隶属国子监。还有史料记载:"书学隶兰台,算学隶秘阁,律学隶详刑"①,说明算学隶属秘阁,在专业上与秘阁所统辖的司天台有直接关系。

隋唐时期算学专门学校培养天文历法、财政管理、土木工程等方面的计算人才,分古典算学和应用算学两组进行教学,各学七年。设有博士二人,从九品下,唐朝还设有"助教一人"②"典学二人"③。算学入学时不考试,

---

① 《新唐书·选举志上》。
② 《新唐书·百官志》。
③ 《唐六典》卷二十一。

由主管机构按家庭出身选送，但入学后设有旬试、月试、季试、岁试等。算学每旬放假一天，假前一天考试，称为旬试，由主讲博士主持，后来因为旬试太频繁，师生负担过重而废除。每月终考一次，称为月试；每季度考一次，称为季试。每年终时进行岁试，岁试成绩决定学生的去留，如果连续3年考试"下等"，则算学除名。算学毕业前，还要由国子监主持毕业试，考试方法主要采用"帖读"和"问义"两种。

算学专门学校以外，隋唐时期的经学大师也兼传算学、历法等实学知识。刘焯（544～610），字士元，隋朝天文学家，着力研习《九章算术》《周髀》《七曜历书》等；著有《稽极》10卷，《历书》10卷。编有《皇极历》，在历法中首次考虑太阳视差运动的不均匀性，创立用三次差内插法来计算日月视差运动速度，推算出五星位置和日、月食的起运时刻，这是中国历法史上的重大突破。刘炫（约546～约613），隋朝经学家，曾"与术者修天文律历"，编著《算术》一卷[①]。

（二）书学专门学校

书学专门学校始于西晋，隋朝沿袭设置。《唐六典》记载："隋置书学博士一人，从九品下，皇朝如置二人"另外，设置书学助教2人。学生定额为40人。唐代书学专门学校始设于贞观元年（627），显庆三年（658）停废，龙朔二年（662）又复置，隶属于国子监，设置博士2人、助教1人、典学2人。书学入学者的资格为八品以下子弟及庶人之通其学者，次年隶属于兰台。书学的教学内容主要是文字学《说文》《字林》以及其他字书。《旧唐书》记载："书学博士二人，从九品下。学生二十人，博士掌教文武官八品已下及庶人之子为生者，以石经、《说文》《字林》为专业，余字书兼习之"。《新唐书》也记载："石经、《说文》《字林》为专业，兼习余书"。《新唐书》所说的"余书"应该就是《旧唐书》所说的"余字书"，可见唐代书学所习皆为文字

---

① 《隋书·刘焯刘炫列传》。

学之书，学习的时限为"石经三体限三岁，《说文》二岁，《字林》一岁。"①

唐代的书学生考试有旬试、年试，六年学业完成后参加国子监考试。书学生参加国子监的考试称为"明书科"，合格者再经祭酒审定，而后参加省试。明书科考试的内容和程序可见于《唐六典·尚书吏部》记载："诸试书学生，帖经通讫，先口试，然后试策"；《通典》（卷十五）记载："（书学生）试《说文》《字林》凡十帖，《说文》六帖，《字林》四帖，口试无常限，皆通者为第"；《新唐书·选举志上》记载："凡书学先口试，通，乃墨试《说文》《字林》二十条，通十八为第。"上述文献记载内容大致相同。省试及第，经吏部铨选才可授官，明书科及第叙任的品阶是九品下。

唐代初期的弘文馆是专门学习书法艺术的学校。《唐会要》记载，唐太宗于贞观元年（627）下诏："京官文武职事五品以上子，有性爱书学及有书性者，听于弘文馆内学书，其书法内出。"当年有24人入馆，太宗敕令虞世南、欧阳询"教示楷法"。弘文馆的学生出身比书学生高很多，与当时的太学生差不多；学习的范本是名家法帖，而不是"字书"一类的教材，教师是当时的书法名家。因弘文馆的培养目标及教学内容与"书学"截然不同，不久被修正成一个以经学为主业，兼修书法的学校。

（三）律学专门学校

隋朝的律学沿袭南北朝旧制，主要是培养具有法律知识的普通文官。据《隋书》卷二十八《百官志下》记载，隋初在大理寺设从九品律博士8人，明法20人。同时，隋初在地方也设有律学，学生被称为律生。但至隋文帝开皇五年（585），大理寺律博士和州县的律生都被停废。

唐朝的律学也历经几次兴废，唐高祖武德（618~626）初年，律学隶属于国子监，不久被废。太宗贞观六年（632）复置律学，高宗显庆三年（658）又废，同时将律学博士以下都转隶大理寺。高宗龙朔二年（662）得

---

① 《新唐书·选举志》。

以在国子监复置，设律博士1人，后增加为3人，助教若干人，典学2人。《唐六典》记载，唐玄宗时期的律学始终隶属国子监。

律学招生对象为八品以下子弟及庶人子弟。学生人数在龙朔二年（662）确定为20人，后在开元年间确定为50人，元和年间（805~820）定为20人。由博士及助教教授律令、格式、法例等。《新唐书·百官志三》记载："国子监律学博士一人，从八品下；助教一人，从九品下。掌教八品以下及庶人于为生者，律令为专业，兼习格式法例。"另据《通典》卷五十三《礼十三·大学》记载，国子监律学学生员额为50名。其后，学额逐渐减少。在唐代等级制的教育体系中，无论是博士品级还是招收学生的条件甚至束脩之数，律学都与书学、算学大体相当，在国子学、太学、四门学之下。

（四）医学专门学校

隋朝开始创设太医署。据《隋书·百官志》记载："太医署有主药（二人）、医师（二人）、药园师二人"，这都是专门的医官。此外，还有专门从事医学教育的学官，即"博士二人，职教二人，按摩博士（二人）、祝（咒）禁博士（二人）等员。"太医署分科设教，分为医师科、药学科、按摩科、念咒驱邪和祝禁科。医学生有120人，按摩生有100人。

唐代沿袭隋朝的医学教育制度，规模进一步扩大，医学校分设中央与地方两级。中央一级的医学校为太医署，内设医科、针科、按摩和咒禁四科，为宫廷和京师培养医学人才。据《新唐书·百官志》记载，除医官外，主要的教职人员设"医博士一人，正八品上；助教一人，从九品上"；"针博士一人，从八品上；助教一人，针师十人，并从九品下"；"按摩博士一人，按摩师四人，并从九品下"；"咒禁博士一人，从九品下"。医学招收生员也有定额："医生四十人"，"针生二十人"，"按摩生十五人"，"咒禁生十人"。医科主要传授基础医学和应用医学，学习《本草》《针灸甲乙经》《脉经》等医学知识和体疗、疮肿、少小、耳目口齿、角法科，其中体疗科学习七年；疮肿科学习五年；少小科学习五年；耳目口齿科学习二年；角法科学习二年。

针科基本课程主要是与针灸有关的各种书籍如《黄帝内经》中的《灵枢经》，还要在针师和针工的带领下进行临床实习，掌握和熟悉针灸的穴位和手法。按摩生在按摩博士带领下，学习用按摩治疗外感染症（风、寒、暑、温）关节病和内伤杂症（饥、饱、劳、逸），以及用正骨法治疗骨折、伤筋、跌打损伤等骨科疾病的方法。《新唐书·百官志》记载，按摩科"掌教导引之法以除疾，损伤折跌者，正之"。咒禁科"掌教咒禁拔除为厉者，斋戒以受焉"。"咒"是僧、道、方士用以驱鬼降妖的口诀，"禁"也是他们施行的一种幻术。此科虽然有不少迷信思想，但是为人"驱鬼祛邪"也常常要掌握并运用医学知识。太医署除上述四科之外，还设有药学部，传授药物的栽培、采集、炮制以及使用等方面的知识。

唐贞观三年（629），各州开始设立医学学校，均设医学博士、助教各1人，学生人数则有数十人不等。隋唐时期的医学教育非常重视学生的考试和临床实习，规定有月考、季考、岁考，临床实习的成绩作为考试的参考，如果学生学习满九年，考试成绩没有达到及格水平则勒令退学。学生毕业后，依据考试成绩分别授予医师、医正和医工等职位，分别派往全国各州、县任教或医病。

医学生源一是具有医学世袭职务药师称号的诸氏；二是三代以上以医学为业的世习之家；三是采录庶人13～16岁中的聪慧者，一般为五品以上的子孙，根据情况，也采录八品以上者。

（五）天文历法专门学校

隋朝天文、历法专门学校隶属于太史监。其前身可以追溯到北魏太史博士的设立（《历代职官表》卷三）。至唐代，太史监屡改名称建制，前后曾命名为秘阁局、浑仪监、太史监、太史局、司天台等。

乾元元年（758），改太史监为司天台，设太史令掌观察天文，稽定历数。司天台设司历二人掌造历，保章正一人掌教，历生四十一人。监候五人掌候天文，观生九十人，掌昼夜司候天文气色。灵台郎二人，掌教习天文气色，天文生六十人。挈壶正二人，掌知漏刻，司辰七十人，漏刻典事二十二人，漏刻博士九人，漏刻生三百六十人。隋唐天文、历法学校保留着较多的"宦学"性质，教育管理不如医学、算学完善，传授知识也不够系统，比较重视实用性；在教学方法上注重实践观察与验证。

（六）太仆寺——兽医专门学校

隋唐兽医专门学校，附设于太仆寺，学习兽医方面的知识与技能。隋朝在太仆寺中设兽医博士，学生定额为120人，唐朝在太仆寺设置兽医博士、兽医等职位，学生定额为100人，主要面向庶民子弟，考试其业以录取。学成后补为兽医，或去各地马场工作，除治疗牛马之病，另在养殖场从事饲养、管理等诸多工作。优异者升为兽医博士。

（七）太卜署——巫师学校

隋唐巫师学校隶属于太卜署。太卜署的教职人员除博士以外，有助教、卜师、巫师等，学生数量较多。《新唐书》记载："令一人。从七品下；丞二人，从八品下；卜正、博士各二人，从九品下"，"有卜助教二人，卜师二十人，巫师十五人，卜筮生四十五人，府一人，史二人，掌固二人"。卜筮生除了研读《易》等经典文献以外，在卜筮与祭祀仪式中实践学习应为主要方式。

（八）太乐署——音乐专门学校

唐代的音乐专门学校附设于太乐署。太乐署由太乐令、丞以及乐正逐级管理。《新唐书》记载："令二人，从七品下；丞一人，从八品下：乐正八人，从九品下。令掌调钟律，以供祭始。凡习乐，立师以教，而岁考其师之课业为三等，以上礼部"。太乐署规定"凡习乐，立师以教"，由乐师对乐人分批分程度进行教练，学习各类乐曲，都定有日程和要求，每年进行考课，评定优劣，"功多者为上第，功少者为中第，不勤者为下第"。根据难易程度决定学制，"习难色大部伎三年而成，次部二年而成，易色小部伎一年而成，皆入等第三为业成。"学生毕业后，"业成、行脩谨者，为助教；博士缺，以次补之"。太乐署实行分科教学，"文武二舞郎一百四十人，散乐三百八十二人，仗内散乐一千人，音声人一万二十七人。"学生数量最为庞大。

唐开元二年（714），玄宗曾于蓬莱宫侧置内教坊，设有音声博士、第一曹博士、第二曹博士。同时还在长安设立了左右教坊，吸取民间乐户，培养乐舞人才。教坊生员曾达2000余人。唐玄宗还亲自到梨园教授歌舞，学生称为皇帝梨园弟子。

（九）京师药园——药学专门学校

京师药园是唐代的药学教育机构。《新唐书》记载："京师以良田为园，庶人十六以上为药园生，业成者为师。凡药，辨其所出，择其良者进焉。有府二人，史四人，主药八人，药童二十四人，药园师二人，药园生八人，掌固四人，医师二十人，医工百人，医生四十人，典药一人，针工二十人，针生二十人，按摩工五十六人，按摩生十五人，咒禁师二人，咒禁工八人，咒禁生十人。"药学与药园设在一处，学各种药物、药材的种植和收采贮存制造等项技术，教学和生产劳动结合，采用医、针、按摩、咒禁四科分科教学，并分别置医博士一人、按摩博士一人、咒禁博士、针博士一人。博士以下设助教与师，其建制比太医署专门学校多设医工、针工、按摩工、咒禁工。

（十）掖庭局——内宫技术学校

隋唐时期设立掖庭局，掌管女工、宫人名册和宫内工役杂役。欧阳修《新唐书·百官志》记载："令二人，从七品下；丞三人，从八品下。掌宫人簿帐、女工。""宫教博士二人，从九品下。掌教习宫人书、算、众艺。初，内文学馆隶中书省，以儒学者一人为学士，掌教宫人。武后如意元年（692），改称习艺馆，又改成万林内教坊，寻复旧，有内教博士十八人，经学五人，史、子、集缀文三人，楷书二人，《庄老》、太一、篆书、律令、吟咏、飞白书、算、棋各一人"。掖庭局除置博士以教习书、算、众艺外,女工杂役等还要学习桑蚕织绣等技艺。

隋唐专门学校的设置标志着科技教育在封建官学系统中有了合法地位,其隶属机制、管理制度、学科设置、教学内容等均为我国后世各代沿用,直至清末废止,培养出大批专门的技术人才为封建统治所用。

二、劝课农桑:农业职业教育

隋朝的统治者为迅速解决立国之初的社会经济凋敝、国家财政拮据状况,推行"急农"和"榨农"政策,到开皇十年(590)左右,"国家盈富","库藏皆满"①。这也加剧了社会矛盾,为隋朝在短暂的时间内灭亡埋下了伏笔。唐朝吸取隋失败的教训,以农本思想为依据,推行"重农息农"政策,均田制与租庸调制并行,调动了农民的生产积极性,并在劝课农桑的农业技术教育方面实行了一系列新举措,尤其是陆贽、元稹等思想家以及陆龟蒙、陆羽等农学家做出了突出贡献。

(一)恢复"耕籍礼"

唐太宗在积极推行重农、劝农政策的同时,于贞观三年(629)颁行《籍田诏》,恢复了被废弃长达数百年之久的"耕籍礼"。施行之日,盛况空前。据《旧唐书·礼仪志》载:"太宗贞观三年正月,亲祭先农,躬御耒耜,藉于千亩之甸。……此礼久废,而今始行之,观者莫不骇跃。"唐太宗于灾年之后亲自耕田,朝廷积极推行"轻徭薄赋"的农业生产政策,对于百姓起到了极大的敦化作用。武则天当政时,同样重视加强农业教育与教化。她认为"建国之本,必在于农","家足人足,则国自安"。垂拱二年(686)编成的农书《兆人本业记》,颁发到州县,作为州县官劝农的参考。此书不仅对

---

① 《隋书·食货志》。

当时的农业起了指导作用,而且影响深远。太和二年(828),唐文宗敕令把武则天删定的《兆人本业记》三卷由州县写本散配乡村,成为传播农业知识与技术的教材。

(二) 设"劝农使""劝农判官""里正"劝课农桑

隋唐时期,国家的农业管理体制相当完备,农业政策由朝廷、州、县、乡里层层执行。唐朝还通过设立劝农使来加强对农业的管理。

《唐大诏令集》卷一百一十一《置劝农使诏》记载:"宜令兵部员外郎兼侍御史宇文融兼充劝农使,巡按人邑,安抚户口,所在与官寮及百姓商量处分。"开元十三年(725),经宇文融请奏,又设立了十道劝农判官,亦称十道劝农使,"劝农判官十人,并摄御史",其职责是"检括田畴,招携户口","事无大小,先牒上劝农使而后申中书"。这是中央派出官员检查免役伪滥以及搜括逃户,权力极大。与此同时,地方政府的长官也担负着劝农的职责。他们推行国家重农政策,宣传贯彻重农思想,撰写劝农文,编劝农歌,出户约告示,奖勤罚懒。"里"是唐朝基层的农业管理机构,律令规定"百户为里",设"里正"。"里正"的一项重要任务是劝课农桑。《唐律疏议·户婚》载:"诸里正依令授人田,课农桑",鼓励农民开垦荒地,安于田亩,勤于耕作。劝农措施起到了推动农业发展、加强农业技术传播的重要作用。

(三) 农业科学家的农业技术教育

1. 陆龟蒙《耒耜经》与农业技术教育

陆龟蒙是唐朝的农学家,他在故乡松江甫里过隐居生活时,有田数百亩,屋30楹,牛10头,帮工20多人。由于甫里地势低洼。经常遭受洪涝之害,陆龟蒙因此而常面临着饥馑之苦,曾亲自带领帮工抗洪救灾,保护庄稼免遭水害;还亲自参加大田劳动,中耕锄草从不间断。在躬耕田亩之余,他留心农事,对当地农具种类、结构和耕作技术有较多了解,著有《耒耜经》收录在《甫里先生文集》第十九卷中,全篇600多字,记载了江东犁、爬、礰礋和碌碡4种农具，对各种农具零部件的形状、大小、尺寸也有详细记述，十分便于仿制流传，是中国最早的一部农具专著。

此外，陆龟蒙对柑橘害虫桔蠹的形态、习性及自然天敌作了仔细的观察，写了《蠹化》一文，成为古代关于柑橘害虫生物防治的史料。他观察了凫等鸟类对稻粱的危害，写有《禽暴》一文，提出了网捕和药杀的防治办法。他还强调了田鼠对水稻的危害性，写有《记稻鼠》一文提到了驱赶和生物防治两种防治办法。另外，《南泾渔父》一诗中说："孜孜戒吾属，天物不可暴。大小参去留，候其孳养报。终朝获渔利，鱼亦未常耗。"竭力反对"药鱼"，极力提倡"种鱼"，采收鱼卵，远运繁殖，借以保护渔业资源。

2. 陆羽《茶经》与茶学教育

陆羽所著的《茶经》是中国古代最完备的一部茶书，对于推动唐代茶业发展起到积极作用。陆羽21岁开始研究茶学，后半生大部分时间在江南度过。他先后游历了襄、荆、峡州等茶区，并深入茶园进行实地考察。于公元760年在盛产名茶的湖州苕溪结庐隐居，每年茶季就亲自带着采制工具前往湖州、苏州、常州和杭州等地的深山中采制春茶，向茶农学习经验，考察茶叶生产，并亲自制茶、烹茶和品茶。他将游历考察中的见闻随时记录下来，在实践中丰富了自己的茶叶知识和技能，终于完成了人类文明史上第一部茶学专著《茶经》。《茶经》分3卷10节，约7000字。其虽为茶业专著，其内容涵盖了多个领域。"一之源"为农业栽培技术；"二之具""四之器"为手工制作技术；"三之造""五之煮"为农产品加工技术；"六之饮""七之事"为茶文化领域；"八之出""九之略"为茶业经营领域；"十之图"为茶业技术的传播方法。《茶经》是一部传播茶文化、茶叶科学知识，普及饮茶习俗，推动茶叶生产的杰出著作。《茶经》的传播过程亦是茶栽培、加工、经营、文化传播的过程。

3. 韩鄂《四时纂要》与农业技术传播

韩鄂，唐末五代时人，农学家。籍贯、生卒年不详。《四时纂要》为月令式农书，是分四季12个月列举农家应做事项的月令式农家杂录。全书分五卷，四万余字，内容除去占候、祁禳、禁忌等外，可分为农业生产、农副产品加工和制造、医药卫生、器物修造和保藏、商业经营、教育文化六大类。其中，农业生产技术的内容所占比重最大，涉及农、林、牧、副、渔各个方面。《四时纂要》是研究唐至五代农业技术发展史和社会经济史的珍贵资料。该书资料虽多来自《四民月令》《齐民要术》等书，但有许多新的创造。如种木棉法、种菌法、种茶法、枣树嫁接葡萄法、养蜂法等，之前农书都没有记载。酿造技术方面，该书首次记载的干制"酱黄"法及酱油的加热减菌处理法，是生化工艺发展史上的一项重要资料。有关药用作物的栽培技术也是最早见之于该书。另外包括器物修造与货殖经营等项目。《四时纂要》辑录的资料门类多，简要实用，颇为后人所重视。

三、"教作者传家技"与"家传其业"：手工业职业教育

隋唐时期，手工业技术全面发展，主要有织染、矿冶、造船、制盐、军器、铸钱、瓷器、造纸、造酒、制糖等生产技术，重要手工业多为国家掌握和垄断，官府手工业在生产中占主导地位。由于实行了严格的工匠管理和技术培训制度，隋唐时期的手工业水平提高很快。造船业得以快速发展，隋炀帝游江南所造的龙舟已是长200尺、宽50尺、高四层的巨船。《旧唐书·李皋传》记载：李皋造出用脚踏鼓风加速航行的战舰。《新唐书·食货志》记载，唐代有各类矿山100多所，涉及铜、银、铁、锡、铅等。冶金手工业中泥范、铁范和熔模铸造三大铸造技术更加成熟。唐代在瓷器制造的技术上也有很大发展，烧制出白瓷、青瓷、黄釉瓷，出现了釉下彩绘技术，制成闻名于世的唐三彩。唐代中后期雕版印刷技术已广泛应用。赵州桥、大明宫等堪称当时世界建筑典范。

隋唐时期官营作坊中已经有较完备的艺徒制，私人作坊和家庭手工业中仍然以家传世学的方式传授手工业技术。

（一）官营手工业中的艺徒制

官府手工业规模庞大大，专门从事宫中、朝廷的用具、服饰、器物以至军需、营造等事业。凡属于百工的事务，都设有专门机构和执掌的官吏从事管理。根据史籍记载，唐朝中央政府管理手工业的机构有三个系统，即工部、少府监、将作监，下设分支机关管辖各种手工作坊及工匠生产等事务。唐代官府手工业所用工匠数量很大，都由各州县征选而来。据《唐六典》记载："少府监匠一万九千八百五十人，将作监一万五千人，散出诸州，皆取材力强壮，技能工巧者，不得隐巧补拙，避重就轻"。此记载人数还不是唐朝官府手工业中工匠的总数，既未包括京都诸司所用工匠，也未包括各州道手工作坊的工匠。官府手工业中的工匠有两种：一种是无偿劳动的工匠，称为"番匠"，指民营工业小作坊的匠户被轮番征调到官府手工业中服劳役；另一种是官府出资所雇用的工匠，包括"明资匠""巧儿匠"是属于有特殊精巧技术的工匠，"和雇匠"是官府手工业和营造工程中雇用的工匠和夫役，如《旧唐书·玄宗纪》中记载的"和雇京师丁户一万三千人"。

《唐六典》卷七《尚书工部》记载："工巧业作之子弟，一入工匠后，不得别入诸色。"说明唐代手工业者必须世袭其业，不得迁业。匠户由官府控制便于两监选拔工匠。在少府和将作监掌管下的作坊工匠，都要根据不同工种进行不同时间的技术学习和训练。据《新唐书·百官志》记载："细镂之工，教以四年；车路乐器之工三年；平漫刀稍之工二年；矢镞竹漆屈柳之工半焉；冠冕弁帻之工九月。教作者传家技。四季以令丞试之，岁终以监试之。皆物勒工名"。这种学习和训练制度，对于提高生产技术和保证产品质量都起到很大作用。经过匠户"传家技"技术学习和季试、月试考核，选入两监所属各署的工匠都是技术高超熟练的工人，其中技艺精熟的称为"巧儿"，如金银巧儿、绫锦巧儿、内作巧儿等，在生产过程中经过师承训练不断提高技术。艺徒训练中的师傅由官营作坊中的工师担任。工师既是官营作坊的生产管理者，也是艺徒训练的教官。这些工师为艺徒提供"立样"和"程准"

令其模仿制作。艺徒掌握了"程准",也就等于学会了技术。官府征用全国的工艺名师来训练艺徒,并指令他们拿出家传绝技教授,要求民间技术不能对官府保密,此即所谓"教作者传家技"。这种传习方式有助于突破家传技艺的封闭性和保守性,在当时为一种比较先进的艺徒培训形式。但是,实际上师傅传授给徒弟的多是一般技术,技术诀窍轻易不外传。即所谓授人以规矩,而不授人以技巧。技术诀窍保密,只授给自家或家族的人,其结果是常常造成一些技艺的失传。为了确保名工巧匠认真传授家技,有关部门对此严格考核与监督,甚至要处分不真正履行义务者。

(二) 私营手工业中的技术传授

隋唐时期,除了规模宏大的官营手工业之外,社会上的私营手工业同样非常发达。一方面是具有一定生产规模的私营作坊遍布全国;另一方面则是大量的家庭手工业生产蓬勃发展。这两种方式的手工业生产技术传播略有差异。

唐朝已经出现"行会"这样的工商业组织。私营作坊间形成了大量的行会,行会内部有行头,行会内部保持着尊卑长幼的师徒关系,存在行东、行会师傅(如都料匠)、帮工以至学徒的不同身份,大体上是各作坊主雇用一些帮工或学徒,以一种直接参与劳动的方式令其学习和提高技艺,熟悉生产工序,掌握生产技术,以至成为熟练的生产者。这种作坊内师徒间的技艺传授类似于家庭教育,徒弟对师傅唯命是从,十分恭敬,生活上也要侍奉师傅及其家人。在这种教育形式下,师傅往往技不外传,保留一些特殊高超的技艺而不传授给徒弟,影响手工技艺的传承发展。

隋唐的家庭手工业生产非常盛行,手工业者以一技而守其家业、传其家业。唐代手工业发达的地区,已经出现了专门的手工业户。如江淮以南的不少地方出现了一批制茶户,沿海、山西、四川等地出现了从事制盐的盐户、井户。另外酿酒户、制糖户、染户、坑户等都是专业的家庭手工业。独到的生产技术诀窍成为保证家庭手工业在市场竞争中得以生存的决定性因素。

《唐六典》卷三《户部郎中员外郎》中指出，"工商皆为家专其业以求科（利）者"，"家专其业"是隋唐时期家庭手工业技术传授的基本原则。家传技术只能在父子、兄弟之间传授，为了防止外泄，连女儿也不许熟知，如果女儿学习了家传的绝技，便不允许出嫁。元稹的《织妇词》中"东家头白双女儿，为解挑纹嫁不得"[①]，说的就是这种情形。这成了唐朝各种工匠户遵守的一条非成文条例。甚至官员家也有世传工艺技术的。据《旧唐书》卷七十七《阎立德传》记载，阎立德是隋朝殿内少监阎毗之子，"毗初以工艺知名，立德与弟立本早传家业"。由于家传得法，阎立德早年就以技巧出名，后来在征战和都市建设中立下大功，官至工部尚书。其弟立本，"显庆中累迁将作大匠，后代立德为工部尚书"。民间手工业技术家传的现象则更为普遍。这种家传技艺、秘不外传状况，保证了个体手工业者的竞争优势，但在一定程度上也限制了技术交流和技术创新。

四、商业意识渐浓与商帮行会出现：商业职业教育

隋朝开通了举世闻名的大运河，促进了南北交通的发展和各地经济文化的交流。随之工商业也逐渐兴盛起来。《隋书·地理志》记载："京兆王都所在，俗具五方，人物混淆，华戎杂错。去农从商，争朝夕之利，游手为事，竞锥刀之末"。说明当时民众经营的意识增强，但商业仍为末业。唐代政治稳定，经济文化繁荣，交通便利，加上友好的对外政策，推动了商业的发展。贯通南北的大运河，是商业活动的"大动脉"。最著名的是横贯亚洲的"丝绸之路"促进了欧亚非各国和中国的经济、文化交流。唐高祖时期"废五铸钱，行开元通宝钱"，货币开始规范。长安和洛阳等商业大都市和长江中下游的益州（今成都）、洪州（今南昌）、扬州等工商业城市出现。城市里有了固定的交易场所"市"，朝廷设立税收等管理机构加以规范，促进了市场繁

---

① 《全唐诗》卷四百一十八。

荣。在偏远的乡村因商业活动的需要而自然形成了"草市"。如唐昌县（今四川崇州市）建德乡草市，旗亭旅舍，屋屋相连，珍贵的货物都有，享用的器具全备，成为兴盛的商业区。唐代商业发展，都市里出现了储蓄和支付钱币的柜坊。这种柜坊，接受存钱，并凭一定的信物，收一定的柜租。与柜坊同时出现的还有"飞钱"，也称"便换"，是我国最早的出现的汇兑制度。随着商业的日益发达，出现了早期的商人同业组织"行会"。史籍记载，长安市有二百二十行，东京南市有一百二十行。"行"指的是行业，行业往往设有行会。行会有"行头"或称"行首"。商业行会是商人的组织，一些出售自制物品的工匠，也以商人的身份加入某一行会。

元稹的诗作《估客乐》集中反映了中唐时期商人的商业活动，全面介绍了估客成为富商大贾的手段及历程，描写了当时商人的经商活动各个方面，反映了唐代商贾的经商之道，经商之法。如"求珠驾沧海，采玉上荆衡。北买党项马，西擒吐蕃鹦。……经游天下遍，却到长安城。城中东西市，闻客次第迎。"这些诗句反映出当时长安城是重要的商贸城市，民族间经济交往频繁。《旧唐书·李袭志传》记载："江都俗好商贾，不事农桑"。一些地主经营农业之余，兼营部分商业，成为地主兼商人。另一部分人是经商的达官贵人及部分农民。在商业发展运行中，唐代商品产销和流通的诸项管理制度也比较完善，无论是政府"商官"或是民间商人必须谨从规范制度，因此，尽管没有专门的商业学校，但师徒相传、父兄之教的商业教育在商业实践中一刻都没有停止。

第二节　隋唐时期的职业教育思想

由于唐代的政治开明、经济发展和文化繁荣，与之密切相关的农、工、商、医等领域的科技传承思想、行业发展理论更为丰富，为相关领域的职业教育发展发挥了重要的引领和促进作用。

一、孙思邈的医学认识论和医德教育思想

孙思邈（541~682），京兆华原（今陕西省铜川市耀州区）人，他是我国隋唐时期伟大的医药学家，他以其两部巨著《备急千金要方》和《千金翼方》（合称《千金方》）为祖国医学的发展做出了重大贡献，被后世尊称为"药王"。从职业教育的角度考量，孙思邈的著作不仅记载了丰富的医学理论和医技医方，而且阐发了他的诸多医学教育思想。这些思想主要包括两个方面：一是医学认识论；二是医德教育思想。这些思想闪烁着智慧和仁爱的光芒，是我国医学史上的宝贵精神遗产。

（一）医学认识论

1. 医学是"至精至微之事"

孙思邈在《大医习业》篇说："凡欲为大医，必须谙《素问》、《甲乙》、《黄帝针经》、明堂流注、十二经脉、三部九候、五藏六腑、表里孔穴、本草药对、张仲景、王叔和、阮河南、范东阳、张苗、靳邵等诸部经方，又须妙解阴阳禄命、诸家相法，及灼龟五兆、《周易》六壬，并须精熟，如此乃得为大医。"学习医学不仅要熟读大量医书，而且还要"涉猎群书"。他在《大医精诚》篇中说："今以至精至微之事，求之于至粗至浅之思，其不殆哉？"他认为，医学是"至精至微之事"，不能以"至粗至浅之思"求之。孙思邈还认为学医者必须具有颖异的资质，"非天下之至精，其孰能与于此？"[①] 他在《备急千金要方序》中说："末俗小人，多行诡诈，依傍圣教而为欺绐，遂令朝野士庶咸耻医术之名，多教子弟诵短文，构小策，以求出身之道，医治之术，阙而弗论。"表达了对"咸耻医术"的鄙夷，并倡导"唯用心精微者，始可与言于兹矣"。他批评那些浅尝辄止的学医者"读方三年，便谓天

---

① 《千金翼方序》。

下无病可治；及治病三年，乃知天下无方可用"，告诫学医者务必要"博极医源，精勤不倦"，通过刻苦学习穷尽医理。

2. 医学是融会贯通之学

孙思邈在《千金方》中直接承袭于前代的医书内容。他在晚年才得到了《伤寒杂病论》中论伤寒的部分，将其收录在《千金翼方》中。《千金方》中的相当部分内容并非他的心得，而是辑录前代的遗存，如《深师方》《小品方》等。孙思邈还注意融合同时期的医学成果，如对针灸学范本《明堂人形图》推崇备至。他说："今所述针灸孔穴，一依甄公《明堂图》为定，学者可细详之。"他还注重对外来医学的采收，在《千金方》中有一些带有印度或佛教色彩的内容，例如《备急千金要方》卷十二的"耆婆万病丸"、卷二十七的"天竺国按摩"、《千金翼方》卷十二的"正禅方"和"服菖蒲方"、卷二十四的"阿伽陀药"等。孙思邈融的《千金方》反映了六朝以后中国医药学术的大融合，虽然被归入方书一类，但是在相应理论指导下，从自然到人体，从生理到病理，从理论到临床，从养生到疾病，从脏腑到经络，从方药到针灸，呈现出中医学结构谨严、序列清晰的特点。

3. 医学是临床践行之术

孙思邈重视医学理论的系统性，更强调医学实践的过程。在《千金方》中，方剂占到了大约过半的篇幅，但所有的方剂都是在医理的指导下才得以彰显其临床价值的，没有医论的卷或篇是很少的，绝大部分卷或篇都是医论在先，医方随后。《千金方》中记载孙思邈亲身为患者治疗的内容大约有数十处。其中有些是孙思邈为病人治病的记录，如："人参汤：贞观初，有人久患羸瘦殆死，余处此方，一剂则差，如汤沃雪，所以录记之。余方皆尔，不能一一具记。"（《要方·卷十九》）"治霍乱，使百年不发，丸方：武德中，有德行尼名净明，患此已久，或一月一发……处此方，得愈，故疏而记之。"（《要方·卷二十》）等。说明其医论医方皆为临床实践所用。

(二) 医德教育思想

1. 医者要有"人命至重"之念

孙思邈认为:"二仪之内,阴阳之中,唯人最贵"①,而"人之所贵,莫贵于生"②。所以,他强调"人命至重,有贵千金,一方济之,德逾于此"③。他的两部医著命名"千金"就是强调医方、医术的价值。他认为治病救人是医生的天职,要始终把患者的健康放在首位,全心全意解除患者疾苦,挽救患者神圣的生命。

2. 医者要有"大慈恻隐之心"

孙思邈认为"凡大医治病,必当安神定志,无欲无求,先发大慈恻隐之心,誓愿普救含灵之苦。若有疾厄来求救者,不得问其贵贱贫富,长幼妍媸,怨亲善友,华夷愚智,普同一等,皆如至亲之想。"④。他对"医术浅狭"的愚医杀人现象非常痛心,"至令冤魂塞于冥路、夭死盈于旷野。仁爱鉴兹,能不伤楚?"⑤ 正是这种对人类危难的深厚同情,促使孙思邈奔劳一生、精研医药,对所有患者都精心救治,甚至对一般人避之唯恐不及的麻风病也"尝手疗六百余人,瘥者十分有一,莫不一一亲自抚养,所以深细谙委之。"⑥ 孙思邈认为,对待病人应当"心行平等""不怜富憎贫""不重贵轻贱",⑦ 从医学人道主义出发,在等级森严的封建社会,明确提出对所有患者皆应一视同仁、普同一等,尤其难能可贵。

3. 医者要有"一心赴救"之情

孙思邈《备急千金要方》中指出,面对遭受疾病之苦的病人的求救,

---

① 《备急千金方》,人民卫生出版社1998年版,第5页。
② 《备急千金方》,人民卫生出版社1998年版,第575页。
③ 《备急千金方》,人民卫生出版社1998年版,第14页。
④ 《备急千金方》,人民卫生出版社1998年版,第2页。
⑤ 《备急千金方》,人民卫生出版社1998年版,第208页。
⑥ 《备急千金方》,人民卫生出版社1998年版,第512页。
⑦ 《千金翼方》,人民卫生出版社1998年版,第441页。

医生应本着对生命的珍惜和对患者的深切同情,"勿避险巇、昼夜、寒暑、饥渴、疲劳,一心赴救,无做功夫形迹之心"。要做到"一心赴救",一是在患者处于生死关头的时刻,医生要克服怕担风险、怕影响自身利益的思想,"不得瞻前顾后,自虑吉凶,护惜身命";二是要不畏医疗过程的艰苦,忍受繁重的体力消耗和污秽、疾病传染的侵扰,凭借高超医术救死扶伤。

4. 医者要有"纤毫勿失"之功

孙思邈在《要方·大医精诚》中强调:"省病诊疾,至意深心,详察形候,纤毫勿失。处判针药,无得参差,虽曰病宜速救,要须临事不惑。唯当审谛覃思,不得于性命之上,率而自逞俊快,邀射名誉,甚不仁矣!"要求医生在看病时要本着极端负责的态度,认真仔细、一丝不苟,不能出丝毫差错。他认为,在行医用药时,要做到胆大心小,把行动的及时性与思考的周密性结合起来,用正确的诊断统率及时的治疗。在《要方·治病略例》中他还借用张仲景的话严厉批评了某些医生"省病问疾,务在口给,相对斯须,便处汤药"的草率作风,警示"此皆医之深戒"。

5. 医者要有"重义轻利"之德

孙思邈《备急千金要方》中指出:"医人不得恃己所长,专心经略财物",应该"但作救苦之","无欲无求……誓愿普救含灵之苦",这就是说医生行医的目的是济危救苦而不是专心谋利,反对凭借自己的医术特长勒索患者钱财的不良行为。他还教导弟子们,处方用药要尽量选择价廉效验、"造次易得"之物,不要增加病人负担。即使对于富人也"不得以彼富贵,处以珍贵之药,令彼难求,自炫功能,谅非忠恕之道"。他在《要方·卷二十一》中也痛斥了"代有医者,随逐时情,意在财物,不本性命"等违背医德的行为。孙思邈一生淡泊名利,曾先后拒绝了隋文帝、唐太宗、唐高宗所授予的高官厚爵,毅然选择了"志存救济"的行医济世之路。

6. 医者要有"訾毁诸医"之戒

孙思邈不仅深刻而全面地阐述了处理医患关系的道德规范,还首次明确提出了处理医务人员之间关系的医德规范。他要求医生在自律的基础上处理好与同行的关系，在《要方·大医精诚》中说："夫为医之法，不得……道说是非，议论人物，炫耀声名，訾毁诸医，自矜己得。偶然治瘥一病，则昂首戴面，而有自许之貌，谓天下无双，此医人之膏肓也"。他要求医生在处理与同行关系时，要克服俗医的通病，不得在背后乱说是非、议论他人、自高自大、炫己毁人。他写成千金二方，把自己多年的临床经验、千辛万苦搜集整理的秘方验方和盘托出，就是希望能"家家自学，人人自晓"，这对于当时医界普遍存在着各家严守秘方的现象是一个良好的示范。

二、李淳风的科技教育思想

李淳风（602~670），岐州雍人（今陕西省宝鸡市岐山县），精通天文、历算、阴阳之说。旧唐书等相关史书记载，李淳风在其父亲的影响下，从小就爱好文学，广泛阅读研究诸子百家之书，同时对于天文、算法以及农学等方面很感兴趣。后来，唐太宗册封李淳风为将仕郎，进入太史局任职，从此开始了他从事官方天文历算的生涯，成为唐代著名的数学家、天文历算学家。

李淳风一生不仅仅给后人留下了非常重要的研究成果，而且对于当时乃至后世的天文、历法、算学等职业教育的发展做出了积极的实践探索和思想创新。

（一）对前人算学成就的继承和创新精神

隋唐时期，算学已经成为培养职官的专门学校。李淳风奉诏主持编定和注释了著名的"算学十经"，成为官办算学的最早教材。《隋书·百官志》记载："国子寺祭酒，统国子、太学、四门、书（学）、算学，各置博士、助教、学生等员。"唐显庆元年（656）于国子监内设算学馆，同时着手选编算学教科书。据《旧唐书》卷七十九《李淳风传》载："先是，太史监侯王思辩表称《五曹》《孙子》十部算经，理多踳驳，淳风复与国子监算学博士梁述、太学助教王真儒等受诏注《五曹》《孙子》十部算经。书成，高宗令国学行用。"《唐会要》卷一六也记载："显庆元年十二月十九日，尚书左仆射于志宁奏置，令习李淳风等注释《五曹》《孙子》等十部算经，分为二十卷行用。"这些记载证明，十部算经又称算经十书，是指《周髀算经》《九章算术》《海岛算经》《孙子算经》《夏侯阳算经》《张丘建算经》《缀术》《五曹算经》《五经算术》《缉古算术》。这十部数学著作是唐代以前的主要数学著作，代表了中国古代数学的光辉成就，经过注解和汇编后，成为唐、宋时代算学职官教育的数学教材。

（二）不拘传统，大胆创新的治学态度

《唐书》所推崇的唐代天文学家只有两位，即"尤称精博，后人未能过也"的"太史李淳风、浮图一行"。而不少通史讲到唐代的天文学时，则只讲一行和尚，对李淳风则很少提及。唐初行用的历法是傅仁均编撰的《戊寅元历》。李淳风详细研究这部历法存在的缺陷，提出了修改意见，唐太宗派人考察，采纳了他的部分建议。他在编著《晋书·天文志》时，记入了在长期观测后总结出的彗星尾"夕见则东指，晨见则西指"、常背太阳的规律。他集近40年对天文观测、推算的成果，编制了《麟德历》。另外，他还用自己设计的"三脚鸡风动标"观风、测风，并将风定为八级，而成为世界上第一个给风定级的古代科学家。

李淳风在批评《周髀》中的日高公式与"盖天说"不相符合的同时，重新依斜面大地的假设进行修正，从而成功地将不同高度上的重差测望问题转化为平面上一般的日高公式去处理，并且首次使中算典籍中出现了一般相似形问题，发展了刘徽的重差理论，使得"盖天说"的数学模型在当时的认识条件下接近"完善"。并在《麟德历》中重新测定二十四气日中影长，首次引入二次内插算法，以计算每日影长。

唐贞观初年，李淳风指出灵台所用的观测仪器"疏漏实多"，"推验七曜，并循赤道。今验冬至极南，夏至极北，而赤道当定于中，全无南北之异，

以测七曜,岂得其真?"① 在历法计算中,要按黄道度推算日月五星的运行,才能既简便又精确地算出朔的时刻、回归年长度等重要数据,于是他在总结历史经验和现实问题的基础上,建议制造了按黄道观测日月五星运行的浑仪,使天文观测更便捷精确,是当时世界上最先进的天文观测仪器。

李淳风在天文、历法、算学等方面的诸多研究实践和理论创新反映了他勤于实践、敢于质疑、勇于创新的治学思想,为唐代算学、天文、历法职官教育发展注入了活力和动力。

三、崔融的"不欲扰其末"思想

崔融(653~706),字安成。唐代齐州全节(今济南市章丘市)人。初应八科制举,皆及第,累补宫门丞、崇文馆学士。中宗李显为太子时,崔融为侍读。后任凤阁舍人、袁州刺史、国子司业等职。

《旧唐书·崔融传》和《新唐书·崔融传》记载,崔融长安三年(703)上疏武则天:"时有司表税关市,融深以为不可"。"不限工商,但是行人,尽税者。……臣谨商度今古,料量家国,窃将为不可税。"并举"不可税"六条理由,主要是保证工商业照常营业,免受苛刻税负干扰。"然则四人(民)各业久矣,今复安得动而摇之?"从理论上破除过去的抑商论,指出工、商与士、农同属社会发展不可缺少的职业,各自发挥不同的作用。他的"四民各业久矣"的观点,后来被白居易等思想家所引用。他引唐初经学家颜师古对《汉书·曹参传》记曹参治国之道作的注解说,"参欲以道化其本,不欲扰其末也。""不欲扰其末"指的是曹参为政是不主张干扰工商业的。崔融上述引证的重要意义,在于从理论上破除过去的抑商论,指出工商与士、农同属社会发展不可缺少的职业,只是彼此担任的职业内容不同。因此,工商业不宜受到不应有的干扰,不应受到横加的苛征。崔融这一立论具有首创

---

① 《旧唐书·李淳风传》。

性,符合唐代社会经济发展的实际。

崔融在疏文中指出,关市征税会对工商业经营造成严重的伤害:一是"纳税则检覆,检覆则迟留。"关市增设税卡与税吏,一道道顺次登记、检查过往船只与货载,计算货量,核定税额,增加手续,延误时日。二是"非唯国家税钱,更遭主司僦略。"商人不但要付税钱,还要贿赂税吏。三是"一朝失利,则万商废业;万商废业,则人不聊生。"如果商人因此而赔本而歇业,民众生计必因此而难以维持。可以说,这是他为商人利益而发出的呼吁,率直地表明他保护工商业的立场。

四、陆羽的茶学思想

陆羽(约733~804),字鸿渐,唐代复州竟陵(今湖北天门)人,他多才多艺,一生著书众多,最为卓越的贡献是写出了中国乃至世界第一部茶学专著——《茶经》,被尊为"茶圣",奉为"茶神"。

唐朝是中国茶文化形成时期。陆羽的《茶经》问世标志着中国茶文化进入了一个新纪元。《茶经》从"一之源""二之具""三之造""四之器""五之煮""六之饮""七之事""八之出""九之略"直至"十之图",其内容十分丰富,既有茶的种植加工技术,也有茶的烹饮技艺和文化典故等,基本呈现出了"茶学"的雏形。从职业教育的意义上说,《茶经》又是一部关于茶业的职业教科书。

陆羽集唐代和唐代以前有关茶叶的科学知识与实践经验之大成,同时又把儒家思想、佛家理论、道家学说合三为一,贯穿于《茶经》这部有关茶学的百科全书之中。他首次把中国儒、道、佛的思想文化与饮茶过程融为一体,倡导体现人、自然、社会相和的哲学思想。

(一)"精行俭德"——茶品人品论

陆羽在《茶经·一之源》中说:"茶之为用,味至寒,为饮最宜精行俭德之人"。也就是做事精细有序、品德端正简朴之人饮茶为最宜。他没有直接对茶德做出论述，而是通过描述怎样的人适合饮茶来含蓄地表达，将茶品与人品结合起来。《茶经》从植茶的地理环境，至采茶的时机、方法，再至制茶、贮茶乃至煮茶用水、盛茶用具无不慎之又慎，更有甚者连烘茶择炭、煮茶用柴均有讲究，火大火小均有学问，若"采不时，造不精，杂以卉"则会"饮之成疾"，可谓精而又精。同时，陆羽提出了"茶性俭，不宜广"，煮茶过多会淡其味道，而且在茶事活动中一直贯穿着"俭"的精神。如《茶经·四之器》中写到茶器的选用时，尽管当时宫廷茶道讲究器之华贵，尚用金银美玉，陆羽却主张多用竹木之类器，一则可益茶香，二则可免奢华。因"用银为之，至洁，但涉于侈丽"[①]，陆羽讲究的是节俭实用，崇尚的是一种朴素无华之美。饮者也正是通过这种精细的茶事活动，使心灵回归清净与恬淡，从而达到人与自然的和谐状态。

（二）"和合""中庸"——茶艺境界论

"和合""中庸"境界追求贯穿在《茶经》关于种茶、制茶、择器、备具、煮茶、饮茶的整个过程中。首先，陆羽在他精心制作的烹茶风炉，鼎足上刻"坎上巽下离于中""体均五行去百疾"[②]，阐发了"风能兴火，火能熟水"自然和谐，融合了儒家"和则合，合则兴"的"和合"之理，在烹茶时茶、水、火、器、人达到和谐，则能充分发挥茶性，从而能祛百疾，追求和谐与清静的境界。二是对烹茶之水的要求，《茶经·五之煮》说："其水，用山水上，江水中，井水下"。进而具体说明"其山水，拣乳石池漫流者上；其瀑涌湍濑勿食之，久食令人有颈疾。又多别流于山谷者，澄浸不泄，自火天至霜郊（降）以前，或潜龙蓄毒于其间。饮者可决之，以流其毒，使新泉涓涓然，酌之。其江水取去人远者，井水取汲多者"。山中泉水清澈而纯净，

---

① 《中国古代茶叶全书》，浙江摄影出版社1999年版，第15页。
② 《茶经述评》，中国农业出版社2005年版，第123页。

故最宜饮用；江水易于污染，而应选用"去人远者"；井水易成死水，因此应"取汲多者"。三是《茶经·四之器》中对"鍑"也就是锅的要求，强调要"方其耳以正令也；广其缘以务远也；长其脐以守中也"。锅耳做成方的，让其端正。锅边要宽，好伸展开。锅脐要长，使在中心。这样制作，除其实用性之外更重要的是陆羽所表达的"正令""务远""守中"的中庸思想。四是烤茶饼的火候："凡炙茶，慎勿于风烬间炙，票焰如钻，使炎凉不均。持以逼火，屡其翻正，候炮出培塿状虾蟆背，然后去火五寸，卷而舒则本其始，又炙之。"这是说烤饼茶不可在通风处飘忽不定的火苗上烤，使茶受热不均匀。烤饼茶时要靠近火，不停地翻动，等到烤出突起的像虾蟆背上的小疙瘩，然后离火五寸。当卷曲的茶饼又伸展开，按先前的办法再烤。五是煮茶时水烧开的时机："微有声为一沸，缘边如涌泉连珠为二沸，腾波鼓浪为三沸，已上水老不可食也。"其中的受热均匀、减火又反复、水沸三次而止的过程正是中庸所指的中正、平和。六是对盛装茶汤器具的选择："越州瓷，岳州瓷皆青，青则益茶，茶作白红之色。邢州瓷白，茶色红；寿州瓷黄，茶色紫；洪州瓷褐，茶色黑，悉不宜茶。"茶具色泽与汤色的和谐搭配能增强视觉效果，更好体现茶汤本色之美。

（三）"净静虚明"——茶学审美论

陆羽从道家的达道、儒家以"虚静"修身、佛家以"虚静"参禅中形成了"净静虚明"的审美思想，并从中悟出"平淡是真"的人生真谛。陆羽本人淡泊功名利禄，潜心撰写《茶经》恰恰印证了这一点。他在《六羡歌》中表明心志："不羡黄金罍，不羡白玉杯；不羡朝入省，不羡暮入台；千羡万羡西江水，曾向竟陵城下来"[①] 他身处繁华盛世而不随波逐流，以茶荡昏寐的境界溶入大自然中，沐日月云霞之光华、汲山川草木之灵性，从而获得精神上的畅达舒泰，达到一种人与自然及社会相和的审美境界。

[①] 《中国名家茶诗》，中国农业出版社 2003 版，第 15 页。

五、刘秩的"平轻重而权本末"思想

刘秩（生卒年均不详），彭城（今江苏徐州）人，是唐初史学家刘知几之子。曾任左监门卫参军事、尚书左丞、国子祭酒、阆州刺史、抚州长史等职，著有《政典》三十五卷、《止戈记》七卷、《至德新议》十二卷、《指要》三卷。《旧唐书·食货志》载有他关于货币铸造和对于农工商业影响的论述，阐述了"平轻重而权本末"思想。

他首先论述了国家统一铸币的重要，其次论述了私铸的"五不可"，最后论述了国家统一铸币之利。"夫钱之兴，其来尚矣。将以平轻重而权本末。""平轻重"在于稳定币值和物价，使之不上下剧烈波动。唐代以前，管子、贾谊、桑弘羊等都提出过这个问题。有说"权轻重"，有说"通轻重之数"者，有说"御轻重"。管子、贾谊、桑弘羊，都是"抑末"论者，但是刘秩不是"抑末"论而用"权本末"，意为：平衡农业与工商业间的关系。

他说："夫物贱则伤农，钱轻则伤贾。故善为国者，观物之贵贱，钱之轻重。……多则作法收之使少，少则重，重则作法布之使轻。轻重之本，必由乎是。奈何而假于人？其不可二也。"他引用《史记·货殖列传》所述《计然》的治国之道，即为了避免谷贱"病农"谷贵"病末"，主张实行"平粜"政策，使粮价"上不过八十，下不减三十，则农末俱利"。刘秩认为，在交换经济发达的时代，"伤农"和"伤贾"的情形，是由纵民私铸，恶钱泛滥造成的。如果铸币权收归中央，"善为国者"就可以制定货币政策，使币值和物价保持稳定，收到"本末俱利"之功效。

刘秩在反对许民私铸、主张统一铸币的问题上，以稳定物价和繁荣农工商业为出发点，而不是着眼于"抑商"，为商品流通和市场扩大创造了有利条件，是重视发展商业思想的体现。

六、陆贽的劝农、安农、恤农思想

陆贽（754~805），字敬舆，苏州嘉兴（今浙江嘉兴南）人，唐后期政治家。陆贽18岁登进士第，曾任监察御史、翰林学士、兵部侍郎、中书侍郎等职，是唐代贤相之一。他的学识才干和品德风范，深得当时和后世称誉。在辅政为相期间，他提出了诸多重农、理财、救荒等思想。

（一）"裁减租价，务利贫人"的劝农思想

唐初均田制时期，农民是国家的编户，只需向国家交租税。安史之乱以后，唐政府的中央集权遭到削弱，无力对土地进行有效管理，土地兼并问题特别严重。土地兼并后，农民必须向地主租耕土地、借贷生产工具，但是要向地主交纳超过国家税额10倍以上的赋税，深受地主阶层的盘剥，农业生产受到影响并造成社会矛盾加剧。

陆贽深刻地指明了土地兼并对农业生产带来的严重危害："天下之物有限，富室之积无涯。养一人而费百人之资，则百人之食不得不乏；富一家而倾千室之产，则千家之业不得不空。"[1] 认为唐王朝必须制定相应的法令，改变由于土地兼并而带来农民生活贫困的局面。他呼吁朝廷明确提出土地占有数量的限制，降低地租，减轻贫穷百姓的负担，并严惩各地违抗法令者。他说："凡所占田，约为条限，裁减租价，务利贫人。法贵必行，不在深刻，裕其制以便俗，严其令以惩违。微损有余，稍优不足。损不失富，优可赈穷。此乃古者安富恤穷之善经，不可舍也。"[2] 这样做既不会对富人造成太大损失，又可以赈济穷苦农民，是自古以来的良策，不能丢弃不用。他提出的这种降租法，比当时有些官吏不切实际地提出要重新恢复井田、均田的观点，更顺应了当时形势的发展，切合当时的实际，具有一定的可操作性。

---

[1][2] 《唐陆宣公集》卷二十二《均节赋税恤百姓第六》。

（二）"储积备灾"的安农思想

为了防止自然灾害对农业的巨大冲击，使百姓能够安于农业生产，陆贽提出："储积备灾，圣王之急务也。""仁君在上，则海内无馁殍之人……盖以虑得其宜，制得其道，致人于歉乏之外，设备于灾沴之前，是以年虽大杀，众不恇惧。"[1] 圣王仁君在治国理财时都会把储粮备灾作为紧急要务，灾前储备充足，大灾之年才不会民心畏惧。"立国而不先养人，国固不立矣；养人而不先足食，人固不养矣；足食而不先备灾，食固不足矣。为官而备者，人必不赡；为人而备者，官必不穷。"[2] 古人所谓九年、六年之粮食储备，不仅是指官仓储粮，也包括百姓私仓的储粮。此外，他还提出以税茶钱设置义仓的防灾思想。唐德宗时期政府每年税茶钱可达五十万贯，存于户部以备救荒之用。陆贽建议各道按照统计的户口数，平均分摊每年的税茶钱贮存在巡院，当地官员在每年收割季节用这笔钱在州县设置义仓收纳粮食。义仓的粮食除给老百姓备荒外，地方机构一律不得支用。丰收年份，义仓"优与价钱，广其籴数"，保护农民生产积极性。义仓每年根据收成"与年上下，准平谷价，恒使得中"。一旦遇到灾荒，就赈贷粮食给百姓，做到"贫不至饥，农不至伤，籴不至贵"。不出十年，义仓能积聚国家三年的用粮，"弘长不已，升平可期，使一代黎人，永无馁乏"。[3]

（三）"德义重于利用"的治农思想

陆贽认为农业是封建国家经济的基础，关系到国家的兴衰，因此反复强调适当保护农民的利益。他说："人者邦之本也，财者人之心也，兵者财之蠹也。其心伤则其本伤，其本伤则枝干颠瘁，而根柢蹶拔矣。"[4] 指出维护农民利益就是维护国家安定的根基。另一方面，他强调了"德义重于利用"的

---

[1][2][3] 《唐陆宣公集》卷二十二《均节赋税恤百姓第五》。
[4] 《唐陆宣公集》卷十一《论两河及淮西利害状》。

思想。提出："夫理天下者，以义为本，以利为末；以人为本，以财为末。"统治者"得人"重于"得财"，做到"德义立"就会"利用丰"，"人庶安"就会"财货给"，统治者就不会有"丧邦失位"的危险。他强调"不患寡而患不均，不患贫而患不安""百姓足，君孰与不足""财散则人聚，财聚则人散"的道理，①认为封建统治者首先要重视伦理规范，树立"德义重于财货"的观念，不能过分盘剥百姓，最终实现国家"利用丰"稳定统治。他强调唐朝帝王的急切要务是"富人固本"，"在于厚人而薄财，损上以益下。下苟利矣，上必安焉，则少损者所以招大益也。人既厚矣，财必赡焉，则暂薄者所以成永厚也。"② 这些思想对于巩固唐德宗时期动乱的政权是有实用价值的。

（四）"均节赋税"的恤农思想

陆贽反对朝廷对农民进行敲骨吸髓式的剥削，认为"财之所生，必因人力"。他主张："建官立国，所以养人也；赋人取财，所以资国也，故立国而不先养人，国固不立矣。"为改革当时弊端丛生的"两税法"，陆贽认为变法要以"裕人拯病为本"，唐初的均田制、租庸调虽然是最理想的征税制度，而恢复已是积重难返。他针对杨炎制定两税时的"量出以制人"的原则，提出了自己的征税原则——量入为出。他说："夫地力之生物有大数，人力之成物有大限。取之有度，用之有节，则常足；取之无度，用之无节，则常不足。生物之丰败由天，用物之多少由人。是以圣王立程，量入为出，虽遇灾难，下无困穷。理化既衰，则乃反是，量出为入，不恤所无。"③ 量入为出，可以最大限度地减少厚敛暴征。陆贽认为赋税应"量人之力，任土之宜，非力之所出则不征，非土之所有则不贡"，"有不急者无益者罢废之，有过剩者广费者减节之"④，

---

① 《唐陆宣公集》卷二十一《率斐延龄奸蠹书》。
② 《唐陆宣公集》卷二十二《均节赋税恤百姓第三》。
③ 《唐陆宣公集》卷二十二《均节赋税恤百姓第二》。
④ 《唐陆宣公集》卷二十二《均节赋税恤百姓第一》。

"权宜加征，也当自请镯放。"① 另外还有"罢特贡""税物估价合理""交税均平"等。这些措施总的原则是"安富恤贫"，对缓和阶级矛盾、调整生产关系、解决经济危机等方面起了一定的作用，在当时是有进步意义的。

陆贽的这些思想带有浓厚的务实倾向，比较符合唐德宗时期的实际，也相对有可操作性。但是，这些思想从根本上说是为了维护封建统治和皇权利益服务的，不可能真正解决当时的社会矛盾冲突。

七、韩愈的"官盐商销，两得利便"商业思想

韩愈（768～824），字退之，河南河阳（今河南省孟州市）人，自称"郡望昌黎"，世称"韩昌黎"。曾任节度推官、监察御史、都官员外郎、潮州（今广东潮安）刺史、袁州（今江西宜春）刺史、吏部侍郎等职。唐代杰出的文学家、思想家、哲学家，政治家。他做过几任地方官，对社会民情比较了解，在《韩昌黎全集》收入的传世诗文中，包括《原道》《钱重物轻状》《论变盐法事宜状》等文章，其中阐述了他的农、工、商并重的观点以及反对官商与民商争利等思想。

在《论变盐法事宜状》中，韩愈反对实行"官自鬻盐，可以富国强兵，劝农积货"的食盐官营体制，主张实行商销体制。他认为：商销、商运便民，保收盐利；官销、官运耗费增多、失大于得；不应对盐商"既夺其业，又禁求觅职事"。韩愈在奏疏中说"臣今通计，所在百姓，贫多富少，除城郭外，有见钱籴盐者，十无二三，多用杂物及米谷博易。盐商利归于己，无物不取，或从赊贷升斗，约以时熟填还。用此取济，两得利便。"他说食盐商销商运可以到达穷乡僻壤之处，此即意味着食盐的商人销售模式具有扩大市场的作用，这在经济发展和增加税收上都是很重要的。韩愈主张食盐的商人销售的立场，主要是从便利平民生活出发的。

---

① 《唐陆宣公集》卷二十二《均节赋税恤百姓第一》。

韩愈论述官营运销之弊时说："欲令府县粜盐，每月更加京兆尹料钱百千，司录及两县令每月各加五十千，其余观察及诸州刺史、县令、录事、参军多至每月五十千，少至五千三千者。臣今计此，用钱已多，其余官典及巡察手力所由等粮课，仍不在此数。通计所给，每岁不下十万贯。未见其利，所费已广。"具体说明除了官府盐销方式不实用之外，官营的销售成本也非常大的现实。

以韩愈为代表的封建士大夫重视工商业思想，主要目的在于维护封建统治，增加封建政权的财政收入，改变官府与民商争利的政策，使民商得以发挥其积极作用。封建社会的工商业者仍属社会底层，遭受封建政治和经济体制的双重压制，没有独立自主发展的条件，能够得到相对开明的士大夫的理解和关注当属难能可贵。

八、元稹的农业教育思想

元稹（779~831），字微之，河南（河南府，今河南洛阳）人，唐朝著名诗人。元稹生活在处于安史之乱以后的中唐变革时期。年十五，以明经及第。元和元年，制举对策第一，拜右拾遗，后迁监察御史。以得罪宦官，贬江陵士曹参军。元和末，召拜膳部员外郎。穆宗时，曾任宰相。三月后，出为同州刺史，徙浙东观察使。文宗大和三年，召为尚书左丞。俄拜武昌节度使。大和五年，卒于任上，时年五十三。元稹的诗文中有很多涉及唐代社会经济、政治等内容，其中也包括了他的农业思想。

（一）"官家岁输促"：对农民困境的认识

元稹在他的《田家词》《织妇词》中描写了当时农民的困苦境况：他们将一年到头种植的粮食全部缴纳租税还不够；丝绸产区的贡绫户为了上贡技术要求很高的织物，只能终老也不将女儿嫁出去。他认为农民生活艰辛，实际上都与封建政府的赋税贡物有关，都是唐王朝横征暴敛造成的。这样的思想在他的一些诗文中一再表现出来。如《竹部》诗描述了农民进深山伐竹的艰辛,其主要缘由是为了应付残酷的赋税:"朝朝冰雪行,夜夜豺狼宿。科首霜断蓬,枯形烧余木。一束十余茎,千钱百余束。得钱盈千百,得粟盈斗斛。归来不买食,父子分半寂。持此欲何为?官家岁输促。"①

(二) 农业教育思想

1. "息兵戈,富黎人"思想

元稹认为百姓富裕是稳定国家统治的基础。元和元年,他对唐宪宗说:"臣伏读圣策,乃见陛下念礼乐之浸微,恤黎人之重困,责复盛济艰之术,酌推恩寓令之宜,斯皆当今之急病也。"② 富民首先以停止用兵作为前提。他说:"微臣以为将欲兴礼乐,必在富黎人,将欲富黎人,必在息兵革。"③

2. "绝赂遗"、行法令的安民思想

元稹倡导通过严格执法,革除弊端来达到富民目的。他认为造成百姓生活贫困的因素有很多,"黎庶之重困,不在于赋税之加,患在于剥夺之不已;钱货之轻重,不在于议论之不当,患在于法令之不行。"他认为两税法作为一项征税制度"量出以为入,定额以给资",使得"天下赋税一法","厚薄一概",征税的标准是一致的。但是各地官吏在执行时"前人以之理,后人以之扰;东郡以之耗,西郡以之赢","廉能莅之则生息,贪愚莅之则败伤"。唐代地方官置法令于不顾,横征暴敛,聚得钱财谋取私利,"有进献以市国恩者,有赂遗以买私名者,有藏镪滞帛以贻子孙者,有高楼广榭以炽第宅者"。因此,他建议唐穆宗:"诚能禁藩镇大臣不时之献,罢度支转运别进之名,绝赂遗之私,节侈靡之俗,峻风宪之举,深赃罪之刑,精核考课之条,慎选字人之长,若此,则不减税而人安,不改法而人理矣。"④ 元稹对"法有不行"、官吏腐败的针砭是切中时弊的,但没有认识到封建社会制度是造成

---

① 《元稹集》,中华书局 1982 年版 (卷三)。
②③ 《元稹集》,中华书局 1982 年版 (卷二十八)。
④ 《元稹集》,中华书局 1982 年版 (卷三十四)。

这些问题的本质根源。

3. "明考课""减冗食""罢商贾"等促农思想

元稹认为农民困苦、赋敛繁重的另一个原因是农业生产人员的减少。"夫食力之不充,虽神农设教,天下不能无馁殍之人矣。"农业人口减少了,即使神农设教,也难免饥饿灾荒。当时天下之人十有八九脱离了农业在游食闲荡。元稹建议唐宪宗抑制农业人口减少的情况,重视农业。他说:"今陛下诚能明考课之法,减冗食之徒,绝雕虫不急之工,罢商贾并兼之业,洁浮图之行,峻简稽之书,薄农桑之征,兴耕战之术,则游堕之户尽归,而恋本之心固矣。恋本之心固,则富庶之教兴,而贞观、开元之盛复矣。若此,则既往之失由前,将来之虞由后,在陛下惩之、戒之、慎之、久之而已。"① 元稹向宪宗提出明考课、减冗食、洁浮图等措施,在当时有一定的积极意义,但这些措施用禁止手工业、商业来发展农业是行不通的;"薄农桑之征"有保护农民利益的积极意义,但从维护封建统治的角度也是很难长久的。

4. "务切农功"思想

元稹反对由于政府的杂役而影响农业生产和农民生活。他在为唐穆宗撰写的《招讨镇州制》中说:"时当秋候,务切农功。边界之人,惧废耕织,应缘军务所须,并不得干扰百姓。如要车牛夫役及工匠之类,并宜和雇情愿,仍优给价钱。"② 反映了元稹维护农业生产的一贯思想。

---

① 《元稹集》,中华书局1982年版(卷二十八)。
② 《元稹集》,中华书局1982年版(卷四十一)。

中国古代职业教育
思想研究

Chapter 7

第七章　宋代的职业教育思想

宋代（960~1279）是中国历史上承五代十国下启元朝的朝代，分北宋（960~1127）和南宋（1127~1279）两个阶段，历十八帝，国祚三百一十九年。这一时期处于中国封建王朝的高峰时期，经济繁荣、科技发达、文化昌盛，尤其在科学技术领域，出现许多重要发明，航海、造船、医药、工艺、农技等达到很高的水平。

宋代职业教育的发达依赖于政治开明、经济活跃、重视文教与鼓励发明的独特社会背景，出现经学与技术教育并重的局面。以胡瑗"一学两斋"为代表的职业教育思想与实践在职业教育史上具有划时代意义。

第一节 宋代的职业教育概况

宋代政治环境宽松，采取"右文"文教政策，重用文官、倾向文治，造就了范仲淹、欧阳修、王安石等伟大的变法者，宋代历史上三次兴学即"庆历兴学""熙宁兴学""崇宁兴学"，极大促进了教育发展。

宋代重视并鼓励科技发明。这一时期人才辈出，沈括、苏颂、韩公廉、毕昇、宋慈、李诫等科技专家将宋代科学技术推进到封建时代的高峰。宋代理学盛行，其中涵盖了一些科技教育因素，研究成果广泛应用于天文、历数、音律、丈量、罗盘与巫占等各方面。

一、官办专门学校：技术职官教育

宋代专门学校的律学、武学隶属于国子监，书学隶属于书艺局，算学隶属于太史局，医学隶属于太医局。其中武学为宋代新设专门学校。

（一）律学

宋初沿袭唐制置律学博士，掌授法律。宋神宗时十分重视培养有法律知识和执法能力的人才，于熙宁六年（1073）下诏在国子监设律学。"置教授四人，凡命官、举人皆得入学，各处一斋，举人得命官二人保任，先入学听读，而后补试，入学考试分断案、律令两类。习断案的，试案一道，每道叙列刑名五事或七事；习律令的，试大义五道。学生在校学习断案、律令、古今刑书和新颁条令。"凡朝廷所颁条令，刑部立即送学。每月公试一次，私试三次，略如补试法。学生毕业后，经过新科明法的科举考试，进入仕途。元丰六年，国子司业朱服建议："命官在学，如公试律义、断案俱优，准吏部试法授官"。（《宋史》）律学从梁武帝创立，直到宋末，其间虽几经兴废。仍然延续了700多年。

（二）武学

武学，中国古代培养军事人才的高等专门学校。最早创置于北宋仁宗庆历二年（1043），不久即废。宋神宗时期，王安石针对当时教育文武异事，培养出来的人只能治文事，而不知武事的弊害，倡导士之所学，应文武并重，不论其才之大小，都要学习武事。不仅把武学列为教育的重要组成部分，而且要"严其选、高其选"。宋熙宁五年（1072），枢密院上言请复武学。神宗同意王安石的主张，下诏建武学于武成王庙，由兵部尚书韩缜掌管学务。

宋代武学选文武官知兵者为教授，学生限额100人，入学资格有小臣、门荫子弟及庶民，学校供给食宿，学习诸家兵法、弓矢骑射等术，历代用兵成败的经验教训，前世忠义之节足以为训者等。有愿意学习操练阵队的，量给兵伍，任其演习。学习期限三年，期满考试及格者授予官职。不及格者留学一年再试。北宋末年徽宗崇宁年间，还曾令地方各州设置武学，主考选州贡法，仿儒学制，宣和二年（1120）罢废。

南宋时期，宋高宗绍兴十六年（1146），武学置弟子员百人。绍兴二十六年（1156），设武学博士1员，以文臣有出身或通过武举高选的人充任。并置学谕1员，由武举人担任。学生100人，分外舍生70人，内舍生20人，上舍生10人。越年，规定武学学例与国子监同。淳熙五年（1178年）置武学国子员。宁宗庆元五年（1199年），诏诸路、州学置武士斋，选官按其武艺。

丁度《武经总要》为北宋官修的一部军事著作，大篇幅介绍了武器的制造，分前、后两集，每集20卷，详尽记述了北宋时期军队使用的各种冷兵器、火器、战船等器械，并附有兵器和营阵方面的大量图像。

（三）书学

宋代书学始于崇宁三年（1104），学习内容为篆书、隶书、草书三种字体，研习《说文》《字说》《尔雅》《大雅》《方言》五种著作，另外还要学习《论语》《孟子》两书。书学学生的定额为500人。考试标准为"篆以古文、大小二篆为法，隶以二王、欧、虞、颜、柳真行为法，草以章草、张芝九体为法"。通过考试，可以将考生分为三等："以方圆肥瘦适中，锋藏书劲，气清韵古，老而不俗为上。方而有圆笔，圆而有方意，瘦而不枯，肥而不浊，各得一体者为中。方而不能圆，肥而不能瘦，模仿古人笔画不得其意，而均齐可观为下。"① 宋大观四年（1110），"医学生并入太医局，算入太史局，书入翰林书艺局，画入翰林画图局，其学官等并罢。"到了宣和六年（1124）八月，书学停办，特置"书艺所"，其招生规模和培养方式同书学。

（四）画学

宋朝的画学创建于徽宗崇宁三年（1104），专门培养绘画方面的人才。画学分为六科：佛道、人物、山水、鸟兽、花竹和屋木。学生在学习绘画技艺的同时，兼学《说文》《尔雅》《方言》《释名》等内容。画学学生分"士流"和"杂流"两种，士流兼习一大经和一小经，杂流则诵小经或读律。在培养方案上，既要求学生掌握绘画技巧，还要培养学生在绘画意境和表现力方面的修养。所画之物，不论情态、形色皆自然贴切，笔韵高简为最佳。学

---

① 《宋史》卷一五七《选举制三》。

生按三舍法依次升补。但"杂流"学生不能授以三等以上的官职。

（五）算学

宋徽宗崇宁三年（1104）设置算学，隶太史局。入学分命官、庶人两种，学生210人，较唐代规模大。《宋史·选举三》记载"生员以二百一十人为额，许命官及庶人为之"，从入学资格上来讲，平民百姓亦可入学。宋朝的算学学校分四科教授，即天文、历算、三式和算法。算学生所要学习的课程，则"以《九章》《周髀》及假设疑数为算问。仍兼《海岛》《孙子》《五曹》《张丘建》《夏侯阳算法》并历算三式、天文书为本科。本科外，人占一小经，愿占大经者听"。[①]

（六）医学

宋朝的医学专门学校在办学规模和课程设置等方面均超过隋唐。宋徽宗曾亲自撰写医书。宋朝的医学教育开始较早，庆历四年（1044），参知政事范仲淹上奏，提出"委宣徽院能讲说医书三五人为医师，于武成王庙讲说《素问》《难经》等文字，召京师习医生徒听学，并教脉候及修合药饵，其针灸亦别立科教授。经三年后，方可选试，高等者入翰林院充学生祗应"。[②] 同年，此一建议得以实施，这是宋朝设立医学学校的开端。

宋神宗熙宁九年（1076）正式设立太医局，上述医学校改设其下。太医局设提举判局官及教授，可招收的学生定额为300人，分为方脉、针、疡三科。据《宋史·职官四》记载："太医局；有丞，有教授。有九科医生额三百人。熙宁年间，学生共300人，实行三舍法，上舍40人，内舍60人，外舍200人，规模比唐代有所扩大。绍熙二年有所递减，"局生（太医局学生）以百员为额。"但都超过隋唐医学80名学生限额。

[①] 《宋史》卷一五七《选举制三》。
[②] 《国朝诸臣奏议》卷八十四。

宋代不仅要求学生精通古代著名医经，而且注重在实践中培养行医能力，并为此制定了一套行之有效的制度。据《宋史·职官四》记载："太学、律学、武学生、诸营将士疾病，轮往治之。"医学生在学期间必须承担太学、律学、武学生、诸营将士疾病的诊断与治疗，并且由专人记录医学生诊疗的结果，年终划分成绩和等第。而且还有对他们医德的要求。《宋史·职官四》记载，医学生前往诸近卫营为将士治病时，不得索取钱物："受兵校钱物者，论如监临强乞取法"。

二、劝课农桑：农业职业教育

宋代的帝王大多对农业格外重视，亲自率领官员劝课农桑。劝农文与农师制度是宋代劝课农桑的创造性做法。

（一）皇帝、官员劝课农桑

宋朝建立后，继续实行招抚流亡、开垦荒田的政策，以恢复农业生产，发展经济。宋天子亲耕籍田，率先垂范，利用各种途径贯彻"重农"政策。北宋立国之初，宋太祖就下《劝农诏》，强调农业和粮食的重要性，督促各地臣民及时耕作。《宋大诏令集》卷一百八十二《赐郡国长吏劝农诏》记载，建隆三年（962）、乾德二年（964），都曾下诏命各地长官"劝农"，主要是强调民以食为天，农业是衣食之源，希望"广务耕耨"，以达到"地无遗利，岁有余粮"。其中《劝栽植开垦诏》记载了开荒免租政策："自今百姓有能广植桑、枣，开垦田者，并令只纳旧租，永不通检"。另外，兴建营田与屯田有利于恢复生产与发展经济。王安石变法中的"青苗法"与"农田水利法"等对于农业发展也起到了重要作用。

（二）大力推广先进农业技术

宋代大兴水利，大面积开荒，又注重农具改进，农业发展迅速。许多新形田地在宋朝出现。例如梯田、淤田、沙田、架田等。这大幅增加了宋朝的耕地面积。各种新的农具在宋朝出现，如代替牛耕的踏犁，用于插秧的秧马。宋代农业生产技术也发生了变革，出现了专门除草用的弯锄、碎土疏土用的铁耙、安装在耧车上的铁铧等。在水利灌溉方面，主要出现了龙骨翻车等工具。实施水稻的双季栽植。北宋时宋真宗从占城引进耐旱、早熟的稻种，分给江淮两浙，就是后来南方的早稻尖米，又叫占城米、黄籼米。一些北方农作物粟、麦、黍、豆推广到南方。棉花盛行种植于闽、广地区。茶叶遍及江南各地。种桑养蚕和麻的技术也广泛传播到各地。

（三）设置劝农使与颁布劝农文

宋代沿袭唐制设劝农使。宋真宗时期，劝农使一职由中央属员改为地方官员，为正式职务，按等级分为路、州、县三级，主要职责是"先以垦田顷亩及户口数、屋塘、山泽、沟洫、桑柘，著之于籍，然后设法劝课，除害兴利。"但是到宋末劝农使形同虚设，"监司守令，皆有劝农之名，未闻劝农之实"（《宋史》）。

宋代以前，仅有劝农诗出现。北宋开始，劝农文成为劝课农桑重要形式。劝农文在文体上为公文形式。一般文字简练，篇幅短小，便于到处张贴宣传推广。一般针对本地区农业生产情况和特点，主要宣传农本思想、推广农业技术、督促农业生产等。与劝农文类似的还有劳农文，劝种麦文等，具有一定的针对性和实用性。如朱熹《劝农文》记载："今来春季已中，土膏脉起，正是农耕季节，不可迟缓。""秧苗既长，秆草亦生，须是放干田水，仔细辨认，逐一拔出，踏在泥里，以培禾根；其塍畔斜生茅草之属，亦须节次芟削，取令净尽，免得分耗土力，侵害田苗，将来谷买必须繁盛坚好。"对于浸种、播种、育秧、耙草、下肥、田间管理的各个环节介绍得颇为详细。

(四) 实施农师制

《宋史》记载，宋朝为了更好地发展农业生产，曾在全国各地实行农师制。农师是从民间熟识农事的人中间推举的，农师和三老里胥等人共同规划农业生产，调查各家的种子、耕牛和劳力情况，督责农户开荒种植。农户若有只顾饮酒赌博，不努力于农务者，农师要向州、县报告，加以处罚。由此可见，农师是指导和督察地方农业生产的重要角色。

(五)《陈旉农书》与农业技术传播

《陈旉农书》是论述中国宋代南方地区汉族农事的综合性农书。之前的农书多为北方黄河流域一带的汉族农业经验总结，本书则为第一部反映南方水田农事的专著，全书3卷，22篇，1.2万余字。上卷论述农田经营管理和水稻栽培，是全书重点所在；中卷叙说养牛和牛医；下卷阐述栽桑和养蚕。

《陈旉农书》强调掌握天时地利对于农业生产的重要性，提出"法可以为常，而幸不可以为常"的观点。在一系列农耕措施中，都有超越前人的新观点。如著名的"地力常新壮"论，就是对中国古代农学史上土壤改良经验的高度概括。在"耕耨之宜篇"中论述当时南方的稻田有早稻田、晚稻田、山区冷水田和平原稻田4种类型，分别阐述了整地和耕作的要领；在"薅耨之宜篇"中讲到稻作中耘田和晒田的技术要求、强调水稻培育壮秧的重要性等，都是中国精耕细作传统的继承和发展。此外，本书在养牛和蚕桑部分也有详细的论述，反映了中国古代汉族农业科学技术到宋代达到了新的水平。

三、"法式"授工徒与"团行"学徒制：手工业职业教育

宋代的矿冶、陶瓷、造船、纺织、造纸和印刷等行业的发展超过汉唐时代，手工业技术发达，手工业加工工厂建立，手工业"差雇"制度使手工业者有了较大的自由，尤其是官府手工业"法式"艺徒制度标志着古代中国手

工业职业教育规范化。

（一）工厂建立与产业工人"差雇"制

宋代手工业技术和规模远超唐代。北宋官营手工业由中央少府监、将作监、军器监掌管。各监均下辖多个生产机构，包括院、司、务、所、场、坊等。如少府监设有文思院、绫锦院、内染院、裁造院和文绣院等。文思院是宋朝生产规模最大的官营手工业生产机构，工匠总数不下数万人。地方上还有许多官营手工业作坊，如造兵器的诸道都作院，产铜各郡的铸钱监，成都蜀锦院等。南宋时，少府监、将作监、军器监均归属工部。宋代，冶金、采矿、陶瓷工业已经十分发达。全国各地出现了世界历史上最早的制造工厂和加工工厂。如造船厂、火器厂、造纸厂、印刷工厂、织布厂等。南宋时的军器所工匠达七八千人，厂里的工人按期领工资。"机户出资，机工出力"生产关系的出现，说明产业工人诞生。

宋代官工队伍主体是固定在编的官工队伍——厢军，在兵匠不足的时候，也通过差雇、当行、配作等方式，雇请民间匠人。宋代官营手工业一般不再无偿征调民间服役工匠，大都采用一种介于征调和雇募之间的"差雇"制。政府在平时将民匠登记于簿籍，每遇需要就按簿籍轮流"差雇"。所谓"差"就是服役并非出自工匠的自愿，而是官府按籍征发；所谓"雇"，就是官府对服役的工匠支付一定的雇值和食钱。并不是无偿服役。在差雇制下，工匠在服役期间的待遇要比唐代单纯的轮差制下的工匠要优厚一些。而不是一直依附于所服务的手工业作坊。说明宋代工匠身份地位有一定提高。

宋代手工业规模扩大，分工仔细，生产技术与产品质量均超过前代。矿冶业、刻印书业、宋瓷等均列世界先进水平。尤其是毕昇活字印刷术闻名于世。

（二）手工业"法式"艺徒制职业教育

在宋代庞大的官营手工业系统中，为了高效地训练艺徒，推行了"法式"艺徒培训法。据《宋史·职官志》记载,将作监"掌宫室、城郭、桥梁、舟车营缮之事",它对艺徒培训的要求则是"庀其工徒,而授以法式;寒暑早暮,均其劳逸作止之节"。军器监"掌监督缮治兵器什物,以给军国之用"。在训练艺徒时"凡利器,以法式授工徒,其弓矢、干戈、甲胄、剑戟战守之具,因其能而分任之。量用给材,旬会其数,以考程课,而输于武库,委遣官诣所隶检察,凡用胶漆、筋革、材物必以时,课百工造作,劳逸必均,岁终阅其良否多寡之数,以识赏罚。"用"法式"教授工徒规定更为详细。

所谓"法式"就是在总结生产经验基础上编制的制作技术规范。宋代很重视生产的标准化和定型化,宋代统治者曾多次诏令编撰各种"法式"。其中比较著名的有北宋末期杰出建筑师李诫编撰的《营造法式》,这部著作号称我国古代建筑技术的百科全书,也是训练建筑工徒的重要教材。李诫多次在将作监任职,做过将作监主簿、将作监丞、将作监,他在监内推行《营造法式》甚为得力。

以"法式"授工徒是艺徒制的一大进步。军器监奉旨编定的《熙宁法式》,在熙宁六年交付使用。熙宁七年又就弓的制作编撰了《弓式》和朱琰所撰的《陶说》等。这些"法式"是对我国古代科学技术的系统总结和发展,推动了艺徒训练的规范化。以"法式"授徒为宋代官营作坊中艺徒训练的主要特点。"法式"成为艺徒训练的基本教材,主要内容有"名例、制度、功限、料例、图样"等,说明手工业技术的成熟以及理论化水平提升,降低了师傅教学的随意性,提高了教学效率。

(三) 民间"团行"学徒制度

宋代以后,我国民间手工业坊场得到了普遍的发展,工徒在生产实践中随师学艺,并涌现出了一批熟练工人和著名技师。宋代民间工艺传授活动十分兴盛,已出现了类似于欧洲的行会组织。据《梦华录》记载,宋代手工业不论生产物件大小,都设置了"团行",各团有"行老"。"团行"之上设

"库","库"有"行首"。民间手工业作坊受"团行"和"库"的辖制,凡是作坊雇佣工匠和学徒,都是要经过"行老"和"行首"的同意。大批徒工学艺,受着沉重的剥削和压迫。"团行"学徒制度是手工业竞争的产物,在一定程度上限制了技术的传授,但"技术保密意识"增强。应该说与以往师徒授受相比,"团行"成为师傅与徒弟之间的纽带,宋代师傅收徒已经成为行业的事情,不仅突破了"子就父学"的传艺方式,促进了社会性师傅授徒活动的发展,而且也促进了工匠自编传艺教材的发展,如宋代著名建筑工匠喻皓的《木经》、宋末长期从事纺织机具修造的薛景石编写的《梓人遗制》等。

(四)手工业技艺家学

在宋代,家学技艺仍然以父子相传为技术传授方式。当时很多手工业品牌产品如制墨、制笔、制砚、金银器加工、瓷器等,因为技术保密而不外传。

四、商人地位提高与商业规范的传播

宋代的商人地位和隋唐时期相比有所提高。商业职业教育主要体现在商业规范的逐步体系化及其传播。

宋代废除了唐代制定的居住、经商分区的坊市制度,允许商人在居住区经商,街道上随处可以开设店铺。尤其是北宋都城开封和南宋都城临安,城市人口都超过百万,是当时世界上繁华的大都市。在城市周围和乡村的交通要道,逐渐形成了许多大大小小的集市。这种集市在岭南称为"墟市",北方称为"草市",这些集市又被总称为"坊场",遍布全国各地。宋朝时期,东南沿海港口成为新的贸易中心。宋朝海外贸易分官营和私营两种。元丰三年,朝廷制定了一部《广州市舶条法》,是中国历史上第一部贸易法。各个外贸港口还在城市设置"蕃市""蕃坊""蕃学",专卖外国商品、供外国商人居住、供外商子女接受教育。这一时期,与中国通商的国家包括占城、真腊、兰无里、底切、三屿、大食、大秦、波斯等欧亚地区的五十多个国家。

宋代出现"牙人"这种特殊的商人,是在买卖交易中撮合成交的经纪人,当时也称为"牙侩、牙郎"等,其机构组织称"牙行"。牙人不仅说合贸易、拉拢买卖,有的还接受委托,代人经商纳税等,在商业中发挥着不可缺少的重要作用。宋朝政府十分重视牙人在契约买卖和赊欠贸易中的担保作用,要求契约的拟定等必须有牙人担保,以便监督买卖双方履行合同,在处理经济纠纷时取得更多的人证物证。牙人出现标志着商业分工进一步细化,牙行也成为牙人培训的专门组织机构。

宋代城镇的商业行铺形成了商业行会。商业行会每行都有自己的特殊衣着标识,"其士农工商诸行百户衣装,各有本色,不敢越外",如"香铺人顶帽披背子;质库掌事,裹巾著皂衫角带。街市买卖人各有服色、头巾,各可辨认是何名目人"。(《东京梦华录》)行会组织的行籍管理比较规范,也有传播行业经营规范的职能。

第二节　宋代的职业教育思想

宋代的知识分子研习和传授自然科学的风气形成高潮。这一时期人才辈出,沈括、毕昇、宋慈、李诫等科学家、发明家将宋代科学技术推进到封建时代的高峰。胡瑗的"苏湖教法"中"一学两斋"把实用技术教育提高到与经学教育同等地位,范仲淹、陈亮与叶适等人等倡导实用教育主张均反映了宋代职业教育发展的自觉意识在不断增强。

一、范仲淹的提倡实学思想

范仲淹(989~1052),字希文,苏州吴县(今江苏吴县,已撤销)人,进士及第,进入仕途,曾任陈州通判、苏州知州、参知政事等职,是北宋著名的政治家、思想家、军事家、文学家。庆历三年（1043）八月，范仲淹拜参知政事后，凭借多年兴办学校的经验，积极地推行全国性的兴学运动，同时对科举制度也提出改进的意见，史称"庆历兴学"。在他的教育改革和教育主张中，突出地表现出其丰富的实学教育思想。

（一）培养"经济之才"思想

范仲淹所处的时代，正是北宋王朝由盛到衰的转折时期。范仲淹认为："天下治乱，系之于人，得人则治，失人则乱。"① 国家的治乱取决于人才的得失，培养人才是治理国家的头等大事。他认为当时缺乏人才的原因在于："教育有所未格，器有所未就而然耶"②，即教育体制没有理顺，优秀人才没用被重用。范仲淹认为"以辞赋取进士"难以选拔真正的人才，认为"天下危困，乏人如此，将何以救？在于教以经济之业，取以经济之才。"③ 教育的首要目的是培养对封建统治阶级有用的"经济之才"，即培养本于儒家的"经义"或"经旨"而能够经邦济民的实用人才。

他强调学校的教育内容应以《诗》《书》《礼》《乐》《易》《春秋》等儒家经典为主，兼授诸如算学、医药、军事等基本技能。为培养医务人才，他提出"请在武成王庙为自学医学者开设《素问》《难经》讲座"④。另外，他强调"文武之道，相济而行，不可斯须而去焉。"⑤ 建议朝廷立武学，招收学生进行系统军事理论教育，培养军事人才，并使单一的军事教育朝着文武合一的教育转化，一方面重视培养文职人才，另一方面要求育将才、设武举，培养文武兼备的将帅。他在知延州期间，兴建了嘉岭书院，培养出如狄青、钟世衡等智勇双全的将领，训练出一批勇敢善战的士兵，践行了文武相济的

---

① 《范文正公集·奏杜祀等充馆职》。
② 《范文正公集·幽州建学记》。
③ 《范文正公集·答手诏条陈十事》。
④ 《文献通考》卷四十六《学校》七。
⑤ 《范文正公集》卷七《奏上时务书》。

教育思想。

(二)"重实学,斥浮伪"思想

范仲淹针对宋初承五代遗韵的漂浮文风,深刻指出:"臣闻国之文章应于风化,风化厚薄见乎文章……文弊,则救之以质;质弊,则救之以文。质弊而不救,则晦而不彰;文弊而不救,则华而将落。"① 大力主张改革文风。《宋史》称"一时士大夫厉尚风节,自仲淹倡之"。

他认为提倡实学,改革科举,是振兴教育、改造社会的根本途径。针对当时科举制度的流弊"国家专以辞赋取进士,以墨义取诸科,士皆舍大方而趋小道,虽济济盈庭,求有才识者,十无一二。"② 他提出科举考试"先策论,以观其大要;次诗赋,以观其全才。以大要定其去留,以全才升其等级。"③ 主张科举考试应该"先之以六经,次之以正史,该之以方略,济之以时务,使天下贤俊翕然修之业"④。

他一生勤于创办学校、建立书院,明确提出"复古兴学校,取士本行实"的主张。他本身不作心性之空谈而提倡"致学致用"之说,为后代经世致用之学开辟了新途径。范仲淹提倡明师执教、经实并重。胡瑗是宋代理学的开创者之一,治学严谨,在苏州和湖州任教,改变只重辞赋的学风,注重经义及时务,总结出著名的"苏湖教法"。范仲淹向朝廷推荐胡瑗"升之太学,可为师法",是因为胡瑗的教育活动与其"取士本行实"的教育思想非常吻合。

范仲淹教育改革思想继承和发展了儒家正统的教育思想。在当时科举冗滥、教育不兴的情况下,他针砭时弊、反对"不以教育为意"的做法,主张"劝学育才"振兴社会,是颇具远见卓识的。

---

① 《范文正公集》卷七《奏上时务书》。
② 《范文正公集·答手诏条陈十事》。
③ 《范文正公集·上执政书》。
④ 《范文正公集·议制举书》。

二、胡瑗的"分斋教学"思想

胡瑗（993~1059），字翼之，泰州海陵（今江苏泰州市姜堰区）人，世居陕西安定堡，世称安定先生，曾任太常博士，著有《论语说》《周易口义》《景佑乐仪》等，是北宋时期的理学先驱、思想家和教育家。

胡瑗自幼聪颖好学，青年时与孙复、石介等人到山东泰山栖真观求学深造，10年不归，潜心研习圣贤经典。他30多岁历经7次应考科举不中，40岁时放弃科举，在江苏泰州办起了安定书院。景祐元年（1034），42岁的胡瑗开始到苏州一带设学讲授儒家经术，经范仲淹举荐入仕。嘉祐元年（1056），他晋升太子中舍、天章阁侍讲，成为当朝太子的导师，同时兼在太学协助博士从事考校、训导与执掌学规，深得敬重，被视为一代宗师。

胡瑗的"明体达用之学"思想对宋代理学有较大影响，他在苏州、湖州一带任教时分"经义、治事"二斋，治事包括讲武、水利、算术、历法等，体现了经世致用的特点。他实行的教学方法史称"苏湖教法"。

（一）"明体达用"思想

北宋初期，教化不兴，科举制度崇尚声律浮华，以诗赋取士，导致社会上普遍存在着"苟趋禄利"、轻"教化"、重"取士"的风气，且各地又没有建立学校。为了培养真正的致治之才，胡瑗认为必须建立"敦尚行实"的学校，传授"明体达用之学"。他在《松滋县学记》中指出："致天下之治者在人材，成天下之材者在教化，职教化者在师儒；弘教化而致之民者在郡邑之任；而教化之所本者在学校"[1]，强调了人才、教化、学校的重要作用，明确提出了改革教育，改变空疏的"俗学"，讲授穷经治事的实学，培养通经致用的人才的主张。为了纠正取士不以"体用为本"，专讲声律浮华的辞藻，

---

[1] 《古今图书集成·职方典》第一五五册。

使世俗民风不兴，学校教育退化的时弊，胡瑗提出"明夫圣人体用，以为政教之本"①，端正学校教育的目的，以"明体达用之学"培养通经致用的人才。也就是说，学校教育不能只是为了科举考试，获取功名，而是要培养既精通儒家经书，具有封建道德，又能在实践中运用，具有实际才干的人才。

胡瑗将"明体达用"的思想渗透教育改革之中，成为他从事教育改革和实践的理论基础。他在湖州州学以"明体达用之学"教授学生，学生在学成之后又各以所学传授他人。学生刘彝概括胡瑗的教育活动："夙夜勤瘁，二十余年，专切学校，始于苏湖，终于太学，出其门者，无虑数千余人。故今学者明夫圣人体用，以为政教之本，皆臣师之功。"② 充分肯定了胡瑗一生贯彻"明体达用"思想，对于纠正时弊、改变学风起到积极作用。胡瑗"明体达用"的教育思想对当时及后世的教育也产生了很大影响。宋代东山书院"规矩为国初书院，肆业则明体达用如湖学"③；清初的颜元非常推崇胡瑗"明体达用""敦实学"的思想，他说："惟安定胡先生，独知救弊之道的实学不在空言……可谓深契孔子之心矣。"④ 提出儒者士人"当远宗孔子，近师安定"，自称胡瑗"真吾师，恨不及门"，可见受胡瑗的影响之深。

胡瑗针对当时边疆战事频繁，迫切需要军事人才的实际情况，重视和提倡设立武学，培养既"知忠孝仁义之道"又"知制胜御敌之术"的武职人才。宋代武学最初设于宋仁宗庆历三年（1043），但设置仅数月即废。胡瑗上疏请设武学，并提出了如何设立的具体主张："顷岁吴育已建议兴武学，但官非其人，不久而废。今国子监直讲内梅尧臣曾注《孙子》，大明深义。孙复而下，皆明经旨。臣曾任丹州军事推官，颇知武事。若使尧臣等兼莅武学，每日令讲《论语》，使知忠孝仁义之道；讲《孙》《吴》，使知制胜御敌之术。于武臣子孙中，选有智略者二三百人教习之，则一二十年之间必有成

---

①② 《宋元学案·安定学案》。
③ 《谢叠山集》卷二。
④ 《四存编·存学编》卷三。

效。"①他还撰成《武学规矩》一卷进呈。胡瑗的建议虽然由于遭到反对而没能成为现实,但是他从当时实际需要出发,提出设立武学培养军事人才的主张是正确的,是他"明体达用"教育思想的现实反映。

(二)"分斋教学"思想

为了贯彻"明体达用"的思想,培养通经致用的人才,胡瑗在中国教育史上首先创立了"分斋教学"制度,这是胡瑗教育思想和教育实践活动中最具有大胆改革意义的内容,也是他对中国古代职业教育理论和实践的独特贡献。

胡瑗在主持湖州州学时,在学校内分设"经义斋"和"治事斋"两部分。"经义斋"选择"心性疏通,有器局,可任大事者"学习儒家经义。"治事斋"又称"治道斋",斋内分设各种不同学科。《程氏遗书》记载:胡瑗"在湖州置治道斋,学者有欲明治道者,讲之于中,如治兵、治民、水利、算数之类","治事则一人各治一事,又兼摄一事。"②意思是"治事斋"的学生可选择其中一科为主修,另选一科为副修。由此可见,"经义斋"和"治事斋"有着不同的培养目标,"经义斋"培养所谓"可任大事者",以培养比较高级的统治人才为目标,因此对生源要求比较高,学习内容是儒家经典;"治事斋"培养"如治民以安其生,讲武以御其寇,堰水以利田,算历以明数是也"③,以培养在某一方面有专长的技术、管理人才为目标。"治事斋"有主修和辅修的科目,意为尽量使学生更多掌握一门或多门专长。胡瑗不仅提出了"分斋教学"制度,明确划分"经义斋"和"治事斋"的不同培养目标,而且还极富创造性地提出了主修、副修制度。

胡瑗的"分斋教学"制度改革是非常成功的,对于提倡实学,反对空疏之学,培养通经治事之才卓有成效。《宋史·选举志》载:"安定胡瑗设教

---

① 《宋史纪事本末》卷三十八。
②③ 《宋元学案·安定学案》。

苏、湖间二十余年，世方尚词赋，湖学独立经义治事斋，以敦实学。"实践证明，胡瑗分斋教学的生徒"信其师说，敦尚行实"。有的谙于经义，有的老于吏事。史载胡瑗在湖州的学生经常受业的有数百人，在能考据的二十多位学生中，有精通经学的有孙觉、朱临、翁仲通、杜汝霖、倪天隐、陈高，长于政事的范纯仁（范仲淹之子）、钱公辅，长于文艺的钱藻、腾元发，长于军事的苗授、卢秉、长于水利的刘彝等一批学有专长的人才。这一制度对后世影响很大。清代的思想家、教育家颜元曾说："秦汉以降，则著述讲论之功多，而实学实教之力少，宋儒惟胡子立经义、治事斋，虽分析已差，而其事颇实矣。"① 在他规划的漳南书院中分设文事、武备、经史、艺能、理学、贴括六斋，是直接借鉴和发展了胡瑗的"分斋教学"制度。清代的中江讲院也仿效胡瑗设立经义和治事斋。甚至在清末兴学堂、改书院时期，刑部左侍郎李端棻在给光绪帝的奏折中提出：自京师以及各省府州县皆设学堂，"其省学大学所课，门目繁多，可仿宋胡瑗经义治事之例，分斋讲习。"② 翰林院侍讲学士秦绶章也提出："宋胡瑗教授湖州，以经义，治事分为两斋，法最称善；宜仿其意分类为六：曰经学，经说、讲义、训诂附焉；曰史学，时务附焉；曰掌故之学，洋务、条约、税则附焉；曰舆地之学，测量、图绘附焉；曰算学，格致、制造附焉；曰译学，各国语言文字附焉。士之肄业者，或专攻一艺，或兼习数艺，各从其便。"③ 足见胡瑗"分斋教学"思想的影响之深远。

"分斋教学"制度改革可以在宋代以前的传统教育思想中找到根源。早在春秋时期，孔子设立私学，以德行、言语、政事、文学四科教人；魏晋南北朝时的宋朝设立儒学、玄学、史学、文学四个学馆，开分科设学之先。但是，孔子以四科教人和南朝宋朝开四馆设学，其教学内容囿于文科，不包括自然科技方面的实学。隋唐时期设立了算学、书学、律学等专门学校，但其

---

① 《四存编·存学编》卷一。
② 《皇朝政典类纂》卷二二六。
③ 《皇朝经世文新编》卷五上。

地位、规模远逊于儒学。胡瑗创立的"分斋教学"制度在中国教学制度发展史上首次把治事的实学正式纳入官学教学体系之中,与儒家经典教学取得了同等的地位,在职业教育史上的意义非比寻常。划分"经义斋"和"治事斋",明确不同培养目标,提出了主修、副修制度等思想和实践,可以说是近代普通教育学校和职业教育学校分设的"双轨制"教育制度的先声,只是当时社会生产力和生产关系的发展还远远没有达到"双轨制"产生的历史条件而已。

此外,胡瑗还呼吁"弘教化而致之民者在郡邑之任",主张"广设庠序之教",大兴地方官学;他还提倡理论与实践相结合,在教学中除重视书本教育外,还组织学生到野外、到各地游历名山大川,并把此项活动列入教程之中。这些教育改革思想与其培养"明体达用"的致治之才是相辅相成的。

三、欧阳修的"与商共利"思想

欧阳修(1007～1072),字永叔,号醉翁、六一居士,吉州永丰(今江西省吉安市永丰县)人,官至翰林学士、枢密副使、参知政事,是北宋时期的政治家、文学家,谥号文忠,世称欧阳文忠公。著有《欧阳文忠集》传世。

(一)"四民犹四体"的职业认识论

对于社会职业的认识,欧阳修在诗作中提出了"治国如治身,四民犹四体。奈何窒其一,无异钦厥趾。工作而商行,本末相表里"[1]的观点。他认为,士、农、工、商各个不同职业就像人身体的各个部分,损伤其一则影响全身,手工业兴旺就会带来商业贸易发达,农业生产得到保证才能带来农产品市场繁荣,各种不同职业相互联系,统一于国家治理体系中。这是一种士、

---

[1]《送朱职方提举运盐》。

农、工、商协调发展的思想,也是一种公开反对抑末、重视工商业的思想,这些思想在以农为本的封建社会显得尤其难能可贵。

(二) 与商共利思想

宋仁宗康定元年(1440),欧阳修被召回京,复任馆阁校勘,他针对时局向皇帝进言,阐述"通漕运、尽地利、权商贾"三策。其中"权商贾"反映了他的诸多工商业思想。

欧阳修从其不抑商的主张出发,提出国家与商人共利的思想。他在奏书中说:"夫兴利广则上难专,必与下而共之,然后通流而不滞。"改变以往"夺商之利"而由国家专门经营的传统做法。认为如果"夺商之谋益深,则为国之利益损","利不可专,欲专而反损","夫欲十分之利皆归于公,至其亏少十不得三,不若与商共之,常得其五也"[①]。他认为,抑制商人经营的政策必然带来市场凋敝,对国家利益的损害会更加巨大。商人虽然是趋利而动,但承认商人的地位,放开流通,对国家财政反而是有利的。

(三) 诱商为上,制商为下的思想

欧阳修还在奏书中提出:"大国之善为术者,不惜其力而诱大商,此与商共利,取少而致多之术也",国家的经济政策要采取让利和优惠的政策调动商人的经营积极性,形成商业繁荣的局面才会国富民安。他进一步强调商人"利厚则来,利薄则止,不可以号令召也","夫欲诱商而通货,莫若与共利,此术之上也。欲制商,使其不得不从,则莫若痛裁之,使无积货,此术之下也"[②]。他的这些思想,用现在的话解释,就是商业经营遵循利润导向和价格规律,不能用政府行为强制要求,而是要让商人获利,促进买卖流通,方为上策;反之,通过法令制裁商人,强制买卖,属于下策。

[①] 《唐宋八大家合集》卷四十五《居士集》卷四十五。
[②] 《文忠集》卷四十五。

（四）以术制商，使其货尽的市场调控思想

欧阳修在奏书中也提出了他的市场调控思想。他针对政府的茶、盐专营造成的茶"所在积朽，弃而焚之"、盐"解池之盐，积若山阜"的流通不畅局面，反对政府屡变条法以争毫末之利，主张废除禁榷制度，改为"宜暂下其价，诱群商而散之"的政策，三年后再恢复旧价，"使商贾有利而通行，则上下济矣"。这说明，欧阳修并非完全排斥国家对商业的干预。他认为要解决大商人"积货多而不急"，不肯"勉趋薄利"以服从国家需要的问题，就必须"尽括其居积之物，官为卖而还之，使其货尽"①，也就是通过政府干预强制剪除积货，防止大商人以垄断的方式获取暴利，利用大商人的逐利心态，迫使他们在薄利的条件下保持市场流通。

四、王安石的实学教育思想

王安石（1021~1086），字介甫，号半山，临川（今江西抚州市临川区）人，他进士及第，曾任鄞县知县、舒州通判、参知政事，后历经两次拜相，是北宋著名思想家、政治家、文学家、改革家。著有《王临川集》《临川集拾遗》等存世。北宋中期，王安石提出了变法主张。与其政治、经济变法相配合，他在教育改革中提出了重视实学的教育主张。

（一）培养实用人才的教育目的

王安石认为："夫材之用，国之栋梁也，得之则安以荣，失之则亡以辱。"人才贵在实用，"人之有材能者，其形何以异于人哉？惟其遇事而事治，画策而利害得，治国而国安焉，此其所以异于人者也。"② 人才是国家的

---

① 《唐宋八大家合集》卷四十五《居士集》卷四十五。
② 《临川先生文集·材论》。

栋梁，要能够治事、治国，权衡利害。然而，"一路数千里之间，能推行朝廷之法令，知其所缓急，而一切能使民以修其职事者甚少，而不才苟简贪鄙之人，至不可胜数。"① 他哀叹当世人才匮乏的现实状况，强调重视实用人才，加强人才的培养、选拔和任用。

学生所学要能"为天下国家之用"，是王安石改革学校教学内容的基本原则。他认为当时州县虽有学，但"取墙壁具而已，非有教导之官，长育人才之事也"，太学虽然有教导之官，也是"学者之所教，讲说章句而已"。他还认为"人之才，成于专而毁于杂"，推崇"先王之处民才，处工于官府，处农于畎亩，处商贾于肆，而处士于庠序，使各专其业"的思想，提出"今士之所宜学者，天下国家之用也。"国家所需要的是经世致用的实用人才，学校的教学内容应严格贯彻实用的原则，不能"教之以课试之文章，使其耗精疲神、穷日之力以从事于此。"这样的教育结果只能是"非特不能成人之才，又从而困苦毁坏之，使不得成才也。"因此他呼吁教育必须做到"苟不可以为天下国家之用，则不教也。苟可以为天下国家之用，则无不在学者"②。如果不能够为国家的治理所用，这样的学问就不要教授它；如果能够为国家的治理所用，这样的学问就应该全部列入学校的教育范围。

（二）选拔实用人才的科举改革

王安石认为，宋代科举考试内容空疏无用："夫课试之文章，非博诵强学、穷日之力则不能及。其能工也，大则不足以用天下国家，小则不足以为天下国家之用。"这样的人录取任用为官就会学无所用，"及使之从政，则茫然不知其方者，皆是也。"而且担任官职就要担负治事职责，"及其任之以官也，则又悉使置之而责之以天下国家之事。"这就造成了所学非所用的结果，往往是国家任用的官吏缺乏真才实学。因此，王安石提出："策进士者，若曰邦家之大计何先，治人之要务何急，政教之利害何大，安边之计策何出，

---

①② 《四库别集·临川集·上仁宗皇帝言事书》。

使之以时务之所宜言之，不直以章句声病累其心"①，在变法期间废除了科举考试中的帖经、墨义和诗赋、增设经义、论、策的内容，使考试内容涉及政教之利、治人之要、安边之策等实际问题，有利于选拔实学之才。

（三）重视实用人才的专门培养

王安石主张增办武学、律学、医学等专门学校，培养各种专门人才。

王安石在主持变法期间，于熙宁五年（1072）六月在武成王庙重新设置武学，以尚书兵部郎中韩缜判学，内藏库副使郭固同判，赐食本钱万缗。"生员以百人为额，选文武官知兵者为教授。""使臣未参班与门荫、草泽人召京官保任，人材弓马应格，听入学，习诸家兵法。"教学内容"教授纂次历代用兵成败、前世忠义之节足以训者，讲释之。愿试阵队者，量给兵伍。"

在律学的设置上，神宗熙宁四年（1071），王安石主持颁布改革科举制度法令，废除诗赋词章取士的旧制，在变法时又设立新的明法科，"神宗熙宁四年二月，罢明经诸科。"考试的内容"又立新科明法，试律令、刑统、大义、断案，所以待诸科之不能业进士者。"②

在医学的设置上，史料记载："医学，初隶太常寺，神宗时始置提举判局官及教授一人，学生三百人。设三科以教之，曰方脉科、针科、疡科。"③原来附隶于太常寺的医学独立出来而成为专门学校。

王安石反对空疏理学，大力倡导实学教育的思想，对南宋事功学派的叶适、陈亮以及明末清初启蒙教育家黄宗羲、颜元、王夫之等人均产生了深远的影响。

五、沈括的科技教育思想

沈括（1031～1095），字存中，号梦溪丈人，浙江杭州钱塘县人，北宋

---

① 《临川先生文集·取才》。
② 《宋会要辑稿·选举》卷十四。
③ 《宋史》志·卷一百一十。

政治家、科学家。他出身于仕宦之家，嘉祐八年（1063），进士及第，宋神宗时参与熙宁变法，受王安石器重，历任太子中允、提举司天监、知延州兼鄜延路经略安抚使等职。晚年隐居梦溪园。绍圣二年（1095）病逝。沈括一生致力于科学研究，著《梦溪笔谈》，集前代科学成就之大成，在世界文化史上有着重要的地位。《梦溪笔谈》全书原有30卷，现传本26卷，又《补笔谈》3卷、《续笔谈》1卷，计609篇笔记。该书内容广博，除科学技术外还涉及政治、经济、哲学、历史、法律、军事、文学、艺术等领域。

沈括在为我国古代科学技术发展做出了突出贡献。天文历法方面，主持编成《奉元历》并颁行。后来又根据实测资料对《奉元历》进行重新修订。著《浑仪》《浮漏》《景表》三议，并在天象观测上有了新的发现，用晷、漏观测发现了真太阳日有长有短。提出了一种纯阳历的历日制度，即十二节气历法。使得节气与月份之间建立起相对固定的关系。在数学方面，创立了"隙积术"和"会圆术"，发展了自《九章算术》以来的等差级数问题，还从计算田亩出发，考察了圆弓形中弧、弦和矢之间的关系，提出了我国数学史上第一个由弦和矢的长度来求弧长的简单实用公式。在物理学的光学、声学和磁学的研究领域，通过观察实验，对小孔成像、凹面镜成像等原理作了准确而生动的描述，用"碍"（焦点）的概念，指出了光的直线传播、凹面镜成像的规律，并把光通过"碍"成像称之为格术，即现代光学中的等角空间变换关系。通过对声学现象的观察，注意到音调的高低由振动频率决定，并记录下了声音的共鸣现象。还提出了"虚能纳声"的空穴效应。最早经实验证明了磁针"能指南，然常微偏东"，即地磁的南北极与地理的南北极并不完全重合，存在磁偏角。在地理学方面，根据太行山岩石中的生物化石和沉积物，分析出华北平原过去曾是海滨，而华北平原是由黄河、滹沱河、涿水、桑乾河等冲积形成的，作出对华北平原成因最早的科学解释。他根据峭拔险峻的雁荡诸峰顶部在同一平面上的现象，推断雁荡山是由流水将疏松破碎的岩石、土壤等冲走，留下坚硬、耸峭的山峰的"流水侵蚀作用"形成的。他还详细记录了各地发现的化石、并根据化石来推究古代气候的变迁，解释虹的大气折射现象,科学地描述了龙卷风生成的原因、形态和破坏威力,用月亮的盈亏来论证日、月的形状及海潮与月球的关系等。他还历经12年不懈的努力,完成了奉旨编绘的《天下州县图》,图幅之大,内容之详,前所罕见。在医学方面,注意搜集医方,并汇集成两本医药学著作《良方》和《灵苑方》(早佚),在水利方面,曾主持治理沭水的工程,参与修筑芜湖万春圩的工程,主持汴河的疏浚工程。写出《圩田五说》《万春圩图书》等关于圩田方面的著作,创"分层筑堰测量法"。在军事方面,精心研究城防、阵法、兵车、兵器、战略战术等,编成《修城法式条约》和《边州阵法》等军事著作。

在沈括的科学技术总结、创造和实践中,也蕴含了他诸多科学思想。

(一)"元气论"朴素唯物思想

朴素的辩证思维与以元气论为特点的朴素唯物思想是沈括科学成就的思想基础。他批判了对易象作出错误解释的邵雍旧说,认为"九七、八六之数,阳顺、阴逆之理,皆有所从来,得之自然,非意之所配也"①,"数""理"都是从客观自然界事物运行过程中概括出来的,并非由人的主观意志所拼凑而成,从而揭示了物质与意识的关系。在新学与理学的论争中,他旗帜鲜明地提出了"事非前定"②的唯物主义命题,与二程"万事无不前定"和"人有前知"的唯心论完全针锋相对。

他还指出:"大凡物理有常、有变。运气所主者,常也;异夫所主者,皆变也,常则如本气,变则无所不至,而各有所占"③。物质运动具有正常状态与异常的变化情况,气运为主导时是常态,气运以外的因素成为主导时事物就会发生异常的变化。这一观点包含了事物的运动变化取决于事物本身与外部事物之间的相互斗争与矛盾转化的朴素辩证法思想。沈括运用这一学说

---

① 《梦溪笔谈选注》,上海古籍出版社1978年版,第65页。
② 《梦溪笔谈选注》,上海古籍出版社1978年版,第177页。
③ 《梦溪笔谈选注》,上海古籍出版社1978年版,第62页。

对多种天气现象作了阐释。

他用江西铅山以胆矾炼铜的事实来论证阴阳五行相生相克的道理,认为这是"湿亦能生金石"[①]的矛盾转化过程,强调的是物质在一定条件下可以相互转化的朴素辩证法思想。

(二) 不"胶于定法"的认识论

不"胶于定法",在实践中发展真知、求得真知,是沈括在认识论上又一朴素唯物论思想。他不迷信古人已有的定论,经过10多年精心考察与研究,找到了冬至日的时间长,夏至日的时间短的原因是"冬至日行速""夏至日行迟"。这一见解与近代天文学的结论是一致的。再如,他在"医不能恃书以为用"[②]笔记中,分析了曾经流行一时的五石散乃是"杂以众药""聚其所恶"之后,指出它是对人体有极大危害的药方;在对一些医药古籍研究后指出一向被人们视为药学"经典"的《神农本草》"差误尤多",并告诫从医者决不可只重书本,而轻视医疗实践。沈括在数学上创造了"隙积术"和"会圆术",在天文学上制定了《十二气历》,在地理学上对华北平原成因的判断,在地质学上通过动植物化石观察对古代自然环境的推断等,都是对沈括不"胶于定法"科学实践的最好证明。

(三) 实践出真知的科学思想

对自然现象进行实际的观察与调查,并通过类比、归纳与演绎等方法概括出一般原理是沈括的科学思想和方法上的主要体现,也是他取得众多科学贡献的重要因素。沈括在任郎延路经略安抚使期间,通过调研了解到延州一带人民采集、利用石油的情况和一些古代文献的记载,作出"石油至多,生于地中无穷","此物后必大行于世,自予始为之"[③]的判断。他在察访河北

[①] 《梦溪笔谈选注》,上海古籍出版社1978年版,第221页。
[②] 《梦溪笔谈选注》,上海古籍出版社1978年版,第161~162页。
[③] 《梦溪笔谈选注》,上海古籍出版社1978年版,第199页。

西路时沿着太行山向北行,沿路考察,根据太行山山崖之间嵌有螺蚌化石和砾层的沉积带,经过仔细研究,断定此地原是古代的海滨,这在当时是一个非常卓越的见解。他观察到黄河、漳河、滹沱河、涿水、桑乾河等都含有大量泥沙的浊流,又考察了古籍有关海陆变迁的记载,从"物有相似者,必自是一类"① 的认识出发,概括出"所谓大陆者,皆浊泥所湮耳。"② 的结论,科学解释了华北冲积平原的成因。他对浙东雁荡山的特殊地貌进行了细致观察与深入研究,以黄土高原的地貌情况作对比,认为都是由"水凿"而成,"原其理,当是为谷中大水冲激,沙土尽去,唯巨石岿然挺立耳"③。这是一般与个别相结合、归纳与演绎相结合、分析与综合相统一科学方法的成功运用。

(四)"验迹原理"的科学方法

沈括十分注意观测与实验手段的运用,他为了解决观测、实验条件,亲自动手,设计实验方案、指导制备观测仪器,并力求在人工控制条件下,获取第一手实况数据。他对天象的观测数十年如一日,为了测出极星的确切位置,把浑仪中的窥管放大,连续3个月每夜观测3次,并把观测结果绘制了200多张图纸,表现了极为严谨的科学态度。他负责司天监时,为了更准确地观测天象,推算历法,研究并改制了浑仪、浮漏和影表3种天文仪器,以提高测量精度。

为了探求声的共振问题,他仔细观察并概括出我国古代的弹弦乐器——琴瑟都有互相应和现象的认识,即八度音程能产生共鸣的音,"宫弦则应少宫,商弦则应少商,其余皆隔四相应"④。他在认识的基础上还进而通过实验来加以验证:"今曲中有声者,须依次用之。欲知其应者,先调诸弦令声和,

---

① 《梦溪笔谈选注》,上海古籍出版社1978年版,第204~205页。
② 《新校笔谈》364条,第212页。
③ 《梦溪笔谈选注》,上海古籍出版社1978年版,第211页。
④ 《梦溪笔谈选注》,上海古籍出版社1978年版,第254页。

乃剪纸人加弦上，鼓其应弦，则纸人跃，他弦则不动。声律高下苟同，曾在他琴鼓之，应弦亦震，此之谓正声"①。沈括的这个"正声"实验，实际上就是共振实验。

在光学方面，沈括运用实验手段，深入探究了光的直线传播、凹面镜成像、凸面镜的放大与缩小作用等问题。

（五）唯物主义象数论

沈括批判了邵雍提出的"神生数，数生象，象生器"②的唯心主义象数论，指出："余闻其言怪，兼复甚秘，不欲深诘之"③。与此同时，他针锋相对地提出了唯物主义的象数论："大凡物有定形，形有真数。方圆端斜，乘除相荡，无所附益，泯然冥会者，真数也。以圆法相荡而得衰，则衰无不均；以妥法相荡而得差，则差有疏数。……非深知造算之理者，不能与其微也"④。在此，沈括明确事物具有确定的形象，而形象又具有真实的数量，但只有深入了解运算真谛的人，才能获取其奥妙。沈括正是基于对形数关系的正确认识、除了靠长期观测以外，还运用"圆法"与"妥法"对数据进行推算，从而发现了"冬至日行速，夏至日行迟"这一太阳在黄道上运行的规律。

当然，沈括的科学思想难免也受到唯心主义的感染，例如认为人类不能"穷测原理"，这是历史的局限性使然。

六、陈旉的农业教育思想

陈旉（1076～?），自号西山隐居全真子，又号如是庵全真子。他生当南

---

① 《梦溪笔谈选注》，上海古籍出版社1978年版，第254页。
② 《皇极经世·观物外篇》。
③ 《新校笔谈》138条，第88页。
④ 《新校笔谈》128条，第82页。

北宋交替、南宋偏安江南的战乱时期，曾在真州（今江苏省仪征市）西山隐居务农，于南宋绍兴十九年（1149）74岁时写成《陈旉农书》，经地方官吏先后刊印传播。明代收入《永乐大典》，清代收入多种丛书。

《陈旉农书》中所记载的农学知识与技术，均经过作者的亲身实践。他在《农书·自序》中指出，"旉躬耕西山，心知其故，撰为《农书》三卷……是书也，非苟知之，盖尝允蹈之，确乎能其事，乃敢著其说以示人"。

（一）农本思想

《陈旉农书》体现"生民之本，衣食为先"农本思想。《农书·自序》中指出，"士大夫每以耕桑之事为细民之业，孔门所不学，多忽焉而不复知，或知焉而不复论，或论焉而不复实"。针对士大夫对于农务鄙视，提出"服田力穑、勤劳农桑"实为"崇本之术"，"务农桑"才能"衣食足"。由此，陈旉提出"稽功"和"念虑"的主张。"稽功"是从治理者的角度提出来的，指出治理者要懂得"稽功会事""以明赏罚"，通过奖勤罚懒的办法，来提高生产者的积极性。"念虑"则是从生产者的角度提出来的，要求生产者的思想言行，都要围绕着农业生产来进行，不要因受外来的影响而见异思迁。"稽功"和"念虑"的目的只有一个就是"勤"，即宋代人熟知"人之本在勤，勤之本在于尽地利，人事之勤，地利之尽，一本于官吏之劝课。"

（二）"盗天地之时利"尊重自然规律观

《陈旉农书》凸显"盗天地之时利"尊重自然规律观。陈旉特别强调掌握天时地利对于农业生产的重要性，指出耕稼是"盗天地之时利"，提出"法可以为常，而幸不可以为常"的观点，法即自然规律，幸即侥幸、偶然，如违背自然规律，则"未有能得者"。因此，陈旉对于农业技术方法格外重视，《农书·蚕桑叙》中说："古人种桑育蚕，莫不有法。不知其法，未有能得者，纵或得之，亦幸而已矣。盖法可以为常，而幸不可能为常也。今一或幸焉，则曰是无法也。"强调无论农耕、养蚕、牧牛之法均依照科学方法才有成效。

（三）"地力常新壮"的观点

《陈旉农书》提出"地力常新壮"著名论断。他在"粪田之宜篇"中说，尽管土壤种类不一，肥力高低，但都可改良；认为前人所说的"田土种三、五年，其力已乏"之说并不正确，主张"若能时加新沃之土壤，以粪治之，则益精熟肥美，其力当常新壮矣"。另外，精辟论述了开辟肥源、合理施肥和注重追肥等措施。

由于陈旉对黄河流域一带北方生产并不熟悉，因而把《齐民要术》等农书，讥为"空言""迂疏不适用"，这是他思想和实践局限性的反映。

七、陈亮的实用人才观和"农商相籍"思想

陈亮（1143~1194），原名汝能，后改名亮，字同甫，号龙川，学者称龙川先生。婺州永康（今属浙江）人，南宋思想家、文学家。陈亮24岁"首贡于乡，旋入太学"。次年，上《中兴五论》，朝廷置之不理。回乡教书讲学，"学者多归之"。在青壮年时期曾两次参加科举考试，都未得中。淳熙五年（1178），再次上书论国事，后三次被诬入狱。多次上书中，他向朝廷提出了很多好的建议，虽也曾得到孝宗的赏识，但终未被任用。宋光宗绍熙四年（1193）状元及第，授签书建康府判官公事，未行而卒，年五十二。著《龙川文集》《龙川词》。作为南宋"事功学派"的主要代表人物，先后提出了一系列有关哲学、伦理、政治、经济、军事、教育、文学等观点和主张。从职业教育角度来看，他的实用人才观念和"农商相籍"思想较为突出。

（一）"以适用为主"的实用人才观

陈亮针对理学的空疏，大胆提出了"收尽天下之人才，长短大小，各见

诸用，德行、言语、政事、文学，无一之或废"①，培养"以适用为主"的实用性人才，以补偏救弊，从根本上转变现实政治发展形势。当时士人知识分子多致力于经书辞赋，为的是应对科举考试，因此对于时务多有荒疏，尤其是农工、水利、经算等于科举无补，被知识分子所鄙视，得不到发展。因此他撰写《进论》，探讨了纲纪、民事、法度、学校、赋税等有利于实事的主张，同时更为重视对实际应用知识的学习，主张博采百家，提高技艺之能力为社会服务。

在教育目的论上，他强调教育应为现实社会服务，培养对国家和社会有用的人才；在教学内容上，他主张学习诸子百家中一切有用的实学知识，尤其注重发掘儒家经典中的经世致用思想。他批判以培养"醇儒"为宗旨的理学教育，反对以应付科举考试为目的的学校教育，强调教育应为现实社会服务，把培养学以致用、能匡世济时的"非常之人"作为教育的根本宗旨，"有非常之人，然后可以建非常之功。"②这是陈亮教育思想中最具时代意义的方面，也是事功学派最重要的一个教学主张。

（二）"农商相籍"思想

陈亮在其事功思想的主导下，在大力提倡重视农业的同时，提倡积极发展商品经济。他认为发展商业可以增加百姓的财富，增加国家的财力。南宋时期，浙东地区经济发达，贸易繁荣。他在特定的时代和地域环境中形成了"农商相籍"思想，对传统的"重义轻利""厚本抑末""重农抑商"等观念提出批评，明确提出"抑末厚本，非正论也"，一再强调"商籍农而立，农赖商而行"③。就农业与商业在社会经济体系中的地位而言，陈亮认为并无轻重高低之分，而是"官民一家也，农商一事也。上下相恤，有无相通，民病

---

① 《陈亮集》卷十一。
② 《陈亮集》增订本，中华书局1987年版，第15页。
③ 《陈亮集》卷十二《四弊》。

则求之官，国病则资诸民。"① 就农商之间的关系，陈亮认为两者是互惠互利、互为促进的，"商籍农而立，农赖商而行，求以相补，而非求以相病"②。商业的发展可以稳定百姓的生活和国家的统治秩序，在丰年避免谷贱伤农，在灾荒年月帮助农民渡过难关。抑商只能使"贫民日以困，货财日以削，卒有水旱，已无足依"。③他呼吁提高商人的社会地位，采取一系列有利于发展商业的政策、措施，强烈反对向工商业者征收重税和敲诈、勒索的做法，认为繁重的赋税和强取是导致大批工商业者破产的直接原因，造成"民生嗷嗷，而富人无五年之积，大商无巨万之藏，此岂一日之故哉！"④ 如果朝廷能做到"于保民之间而获其利"，"则必有道也"，反之，若"上下交征微利，则何以保斯民而乐其生哉？"⑤ 他既斥商为末的贱商观念，又赞同以农为本的思想，认为"农者衣食之源也"，农人"俯首于田亩，雨耕暑耘，终岁勤勤，而一饱之不继也"，"今兼并为农患"。⑥ 只有在发展农业的基础上，"商藉农而立"才能持久繁荣。

八、叶适的"事功"人才论

叶适（1150~1223），字正则，号水心居士，温州永嘉（今浙江温州）人，南宋著名思想家、文学家、政论家，世称水心先生。淳熙五年（1178），叶适中榜眼。他历孝宗、光宗、宁宗三朝，曾任平江府观察推官、太学博士、尚书左选郎、国子司业、知泉州、兵部侍郎等职。叶适主张功利之学，反对空谈性命，对朱熹学说提出批评，为永嘉学派集大成者。他所代表的永嘉事功学派，与当时朱熹的理学、陆九渊的心学并列为"南宋三大学派"，对后

---

①② 《陈亮集》卷十二《四弊》。
③ 《陈亮集》卷十三《问汉豪民商贾之积蓄》。
④ 《陈亮集》卷十四《问古今财用出入之变》。
⑤ 《陈亮集》卷十四《问榷酤之利病》。
⑥ 《陈亮集》卷十四《问兵农分合》。

世影响深远。著有《水心先生文集》《水心别集》《习学记言》等。

(一) 经世致用人才观

叶适的教育目的与当时理学家们不同。"二程"、张载、朱熹、陆九渊等人，培养人才大多以"成圣"为目的，而作为事功学派代表人物的叶适则以经世为目的。叶适在《赠薛子长》文中说："读书不知接统绪，虽多无益也；立志而不存于忧世，虽仁无益也。"经世目的首先体现在对人才的培养方面。叶适把人才与国家的命运前途相联系，他说："人才之用，必常与其国其民之命相关，治乱兴衰之所从出也。"① 在对历代王朝兴衰的历史进行分析之后，得出人才决定国之兴衰的结论。叶适说："求天下豪杰特起之士，所以恢圣业而共治功。"② "共治功"是叶适一生的追求。他认为人才应该参与治理国家的事务，并通过治功来实现自己的价值。他还强调，人才要具有"其规营谋虑，无一身之智而有天下之义，无一时之利而为万世之计"③ 的胸襟。他心目中的真正人才，不能仅仅考虑自身的一时功名利益，而要以谋虑天下、功在万世为毕生追求。在《上执政荐士书》一文中，叶适表达了自己对人才的渴望："国家之用贤才，必如饥渴之于饮食，诚心好之，求取之急惟恐不至，口腹之获惟恐不尽。""若是而欲以举贤才。起治功，其可得乎！"（《水心别集》卷十二《外稿·资格》），他认为，选拔"材智贤能"之士是教育的重点。理学的教育目的是使人远离现实，专于"内圣"之法，无利于事功。叶适对此予以批评："至后世之学，乃以充备盛德为圣人，废其材，更其质，一施天下之智愚贤不肖，必至于道而后用之，是何其与皋陶异指耶！"（《水心文集》卷九《六安县新学记》）因为学者禀赋之不同，则离皋陶之施教方法相去甚远，正确的方法应该是因人而异、因人施教。况且"明体"是个终生的目标，而现实国情却时刻需要有为的人才。叶适的教育思想并非忽视对

---

① 《习学记言序目》卷三十九《唐书》。
② 《水心别集》卷十三《外稿·制科》。
③ 《水心别集》卷三《进卷·士学上》。

人的德行培养，而是更强调教育的现实目标和价值。

叶适则倡导教学以经世为目的，虽然也提倡读经，但与朱熹有诸多不同。他把经书视为文献资料，可以用作参考借鉴，甚至可以变通来用。叶适主张以他所认定的"经书"为教学材料，明经的目的是为了达用，不是陷溺于经典本身。经书只是明道之器，是通向道的工具，不是道本身。研读经典除了挖掘其中意旨所在之外还要加入自己的思考，尤其与现实相联系的思考，才能做到达用。他对汉儒以章句训诂解经的方式进行了批判："秦汉以后，儒者守师传而遗实用，号为通人，又辄放荡疏漏，取辩一切，道德滞固，功名浅迫"（《习学记言序目》卷二十九《晋书一》）。叶适还十分重视艺能，提倡"学艺能以理百事"。在《习学记言序目》中提出："古人未有不先知稼穑而能君其民以使协其居者。"虽然他并不主张学生一定要直接去从事耕作、操练等活动，但是他认为这些实用知识是培养治世人才必须了解和掌握的学问，提倡施以广博的教学内容。在《进卷》中，叶适系统论述了施教的内容，涉及纲纪、治势、国本、民事、法度、财计、军旅、纪制、官法、士学、学校、科举、铨选、资格、赋税、役法等许多方面，以历史资料为佐证，来为本朝的现实服务。

（二）重视商业的思想

叶适讲究"功利之学"，认为"既无功利，则道义者乃无用之虚语"，主张"通商惠工，以国家之力扶持商贾，流通货币"（《学习纪言》），反对传统的"重本抑末"即只重农业、轻视工商的政策。提出："（士农工商）四民交致其用而后治化兴，抑末厚本，非正论也"[①]。他将士农工商的分工合作看成社会经济繁荣的前提，"抑末厚本，非正论也"的观点鲜明而尖锐。叶适认为："日中为市，致天下之民，聚天下之货，交易而退，各得其所……市

---

① 《习学记言序目》卷十九《史记》。

者，天下之利也"①，对商人及商业的社会地位及价值予以充分的肯定。

叶适反对压制和打击商业经营活动。他说："今于下之民不齐久矣。开阖、敛散、轻重之权不一出于上，而富人大贾分而有之，不知其几千百年矣。而遽夺之，可乎？"②"不齐"即贫富不均的现象乃是久已形成的历史事实，而商人分担国家财政之"开阖、敛散、轻重之权"也为时已久，国家不应该驳夺之，尤其不可"嫉其自利而欲为国利"③。而且，事实上也不可能做到："数世之富人，食指众矣，用财侈矣，而田畴不愈于旧，使之能慨然一旦自贬损而还其初乎，是独何忧！虽然，盖未有能之者也。"④ 因此他反对国家直接经营并控制工商业的政策，主张废除各种歧视商人的政策，重视并支持商人的贸易经营活动。当然，叶适的"抑末厚本，非正论也"论断，主要是批判其中"抑末"的一面，对于"重本"方面，他从未表示异议。

陈亮、叶适作为事功派的主要代表，在理学盛行的南宋时期，不但驳斥了理学家的空谈性命之学，深刻揭露了理学的虚伪本质，发展了事功学说，而且阐述了经世致用的人才观和重视商业的思想，在当时学术和思想界都产生了很大影响。

---

① 《习学记言序目》卷二《易》。
②③ 《水心别集》卷二《财计上》。
④ 《水心别集》卷二《财计下》。

中国古代职业教育
思想研究
Chapter 8

第八章　元代的职业教育思想

元朝（1271~1368）是中国历史上第一个由少数民族入主中原而统一全国的半封建半奴隶制王朝。元朝的疆域空前广阔，但是政权更迭较为频繁，对外征伐不断，战乱不止。元帝国为维护蒙古贵族的专制统治权，采用"民分四等"的政策，把全国人分为四等：一等蒙古人，二等色目人，三等汉人，四等南人。在民族文化上则采用相对宽松的多元化政策，即尊重国内各个民族的文化和宗教，并鼓励国内各个民族进行文化交流和融合，包容和接纳欧洲文化。这一时期也是中国古代教育和科学技术发展的重要时期，天文、医学等专门学校、农业领域和手工业领域的职业教育都有进步和发展。

第一节　元代的职业教育概况

元代将境内居民按职业划为若干种户，推行全民当差服役的"诸色户计"制度，将全体居民按职业划为民户、军户、站户、匠户、盐户、儒户、医户、乐户等，而且一经入籍，就不许随意更动，往往世代相守。这一制度虽然限制了职业自由，但是有利于社会各职业的稳定传承。

元代的科技有较大的发展，宋末元初的科学家赵友钦在光学上有杰出成就，建筑学、兵器制造学、水利工程学等都有技术创新和传承，《授时历》代表了元代的天文历法成就，《农桑辑要》《王祯农书》《农桑衣食撮要》是元代农业技术教育的范本，朱思本费十年之力绘成《舆地图》，为当时地理知识的传播提供了形象直观的教具。这些科技发展成果成为当时职业技术传承的新内容。

一、专门学校衰落与技术职官教育

与唐宋相比，元代培养技术职官的专门学校总体上处于不发达并衰落的状态。但是元朝中外交流空前活跃,波斯和阿拉伯的天文、历法、数学、医药等各类书籍大量传入,这对中外科技交流和元朝的科技教育发展起到了促进作用,尤其医学以及天文学职业教育出现新的特点。

(一)医学专门学校

元朝不设中央医学,全部都是地方医学,属于地方官学的一种。元中统三年(1262)九月,忽必烈根据太医院官员的奏议,下诏在全国各地创办医学,以"训诲后进医生"。医学设医学教授、医学录、医学正、医学谕等不同级别的教师,负责教授医学学生课业。医学生来源为"医户"子弟和部分"非医户"子弟。医学教育共分13种科目:大方脉科、杂医科、小方脉科、风科、产科、眼科、口齿科、咽喉科、正骨科、金疮科、疮肿科、针灸科和祝由书禁科。医学生的学习内容包括《素问》《难经》《脉诀》《神农百草》等,还要通读《四书》。医学考试分两种,每月一私试,试以疑难,每年一公试。学生考试成绩都要上报太医院。另有每三年举行一次的考试,中选者第二年赴大都参加更高一级的国家考试,考中者可授官任职。

元代与医有关的人统称为医人,另立户籍称为"医户",隶属太医院管辖。"医户"成为元朝社会上一个技术群落,享有免除差役等特权。元代传统医学出现"金元四大家":以刘完素为代表的"寒凉派",以张从正为代表的"攻下派",以李杲为代表的"温补派",以朱震亨为代表的"养阴派"。主要的医学著作有朱震亨所著的《局方发挥》《格致余论》和曾任宫廷饮膳太医的元代医学家忽思慧所著的《饮膳正要》等。

元代先后建立了"医学提举司"和"官医提举司"两个机构负责管理医学事务。其中"医学提举司"创立于至元九年(1272),设有提举一员,副提举一员。这是我国古代医学教育行政管理机构的创始。医学提举司负责领导各级医学专门学校,对医学生评定优劣,对医学教员进行考评,对各地名医撰写的医学著作进行审查,对各地生产的中药进行辩验。后又设立医官与

"医户"专管机构"官医提举司"。医学行政机构的建立，反映了元代统治者对医学教育的重视，并显示科技专门学校管理制度的日臻完善。

(二) 天文历法专门学校

元朝是我国古代天文历法学的兴盛与发展时期。中央政府设置从事天文历法管理和教育机构——司天监，开设天文、算历、三式、测验、漏刻、阴阳等科，学生定额为75人。至元十五年（1278）设置与司天监并立的太史院，招收星历生，名额为44人。元世祖时期，地方的"阴阳学"在各路、府、州均有设置，这些机构是元朝培养天文、地理、历法方面专门人才的重要机构。

司天台天文师生共有5个级别，从低至高依次为草泽人、司天生、长行人、管勾、教授。自草泽人至教授需逐级学习与考试。司天台学生因级别不同，其学习内容和考试内容亦不相同。诸路、府、州阴阳学是地方科技专门学校，教学内容为天文与术数，隶属于太史局，依照地方儒学、医学章程办理，设教授，每岁将诸生中成绩优异者呈报朝廷，送至京都参加考试，考取之后在司天台任官。元代初年大规模的天文观测与历法改制，都吸收司天监学生参加，通过这些重大活动，培养和提高他们的工作技能。除此以外，学生们还要进行经常性的观测和记录。

为了修订历法，元朝廷修建了观星台，并且进行了有史以来最大规模的天文学实际测量的工作，最北到达了西伯利亚，最南则到达了南海诸岛。郭守敬等杰出的科学家通过一系列精准的天文测量，在南宋《成天历》的基础上，成功制定完成了《授时历》这部卓越的历法。《授时历》不用"积年"，不用"日法"，创始用"招差法"来推算太阳、月球的运动速度，用弧矢割圆术来推算黄道经度和赤道经度、赤道纬度的关系，采用了一批经由实测而得的较准确的天文数据，是中国古代最精良的历法，定一年365.2425天，比现行的格里高利历早了300多年。

二、劝课农桑：农业职业教育

元朝经济大致上以农业为主，其整体生产力虽然不如宋朝，但在生产技术、垦田面积、粮食产量、水利兴修以及棉花广泛种植等方面都取得了较大发展。

（一）帝王劝农

忽必烈初登汗位后即"首诏天下，国以民为本，民以衣食为本，衣食以农桑为本"。元王朝建立后，元世祖忽必烈把促进农业生产的发展作为巩固新政权的紧迫任务，制定了一整套符合中原地区社会实际的治国方略，推行重视农桑的经济思想和政策，采取了一系列恢复和发展生产的措施，诸如设置劝农官、颁布农书、奖励农桑、屯田开荒、兴修水利、建立村社、减免赋税、抑制兼并、禁止扰农、救济灾荒等。

元代为保护农桑，严禁蒙古贵族、军队损害桑林。至元四年三月，元诏书记载："农桑，衣食之本。仰提调官司，申明累降条画，谆切劝课，务要田畴开辟，桑果增盛，乃为实效"。至元六年（1276），忽必烈下令"诏诸路劝课农桑，命中书省采农桑事，列为条目，仍令提刑按察司与州县官相风土之所宜，讲究可否，别颁行之。"元政府经两年的搜集、参考大量农业著作而编写的《农桑辑要》一书颁布天下，又曾多次刊印、颁发给各级官员作为劝课农桑之用。此外，元政府还颁发过《栽桑图》《通制条格》《农桑旧制》等，有关诏书令文不胜枚举。

（二）劝农官与《劝农文》

自中统二年（1261）开始，元政府先后在中央和地方设"劝农司""司农司""大司农司"等机构，专掌农桑水利事务。经常派出劝农官及知水利者，巡行各地，督促检查。朝廷把"户口增，田野辟"作为考核地方官员政绩的一条重要标准。至元九年，"命劝农官举察勤惰。于是高唐州官以勤升秩，河南陕县尹王存以惰降职。自是每岁申明其制"①。至元十年二月"诏申谕大司农司遣使巡行劝课，务要农事有成"②。元代"劝农使""司农卿""司农司"和各州县的"达鲁花赤"以及"宣农、善农、广农提举官"等基本上是农业生产的行家里手。他们每年到全国各地督促检查农业生产，并向广大农民传播农业生产技术，劝督农民不违农时和勤于耕作。

以通俗《劝农文》推广农业生产知识和技术。按察司或总管等官员编写《劝农文》《劝善书》，用通俗文字介绍农桑技术，要求县官向社长、社师等宣传。如《劝农文》指出："田多荒芜者，立限垦辟以广种莳，其有年深瘠薄者，教之上粪，使土肉肥厚，以助生气，自然根本壮实，虽遇水旱，终有收成"；对于粮食种植《劝农文》指出："谷麦美种，苟不成熟，不如稊稗。切须勤锄功到，去草培根。岂不闻锄头有雨；可耐旱干；结穗既繁，米粒又复精壮。""一麦可敌三秋，尤当致力，以尽地宜。如夏翻之田胜于秋耕，概耙之方数多为上。既是土壤深熟，自然苗实结秀，比之功少者收获自倍"。

此外，元代还编写了《善俗要义》等农业方面的通俗书籍，下发给乡村中的社长、社师，以"科普读物"形式推广农业生产知识和技术。

（三）元代社学：农业技术教育典范

社学是元朝政府在广大农村设置的基层管理组织，对农民劝课农桑，兴修水利，并结合生产实践向农民传播农业技术，同时利用农闲时间对农民子弟进行教化。元代社学从元世祖忽必烈至元二十三年开始设置。为了进一步加强农业，元朝政府颁行了发展农业生产十四条措施，其中就有把广大农村的农民组织起来，建立村社组织传播农业生产技术的内容。《通制条格》"劝农立社事理条画"对元代的村社体制进行了明确的规定：诸县所属乡村每五

---

① 《元史》卷九十二。
② 《元史》卷八本纪八。

十家立为一社,不论何色人等并行入社,推选年长富有生产经验的人为社长,凡超过五十家,而在一百家之内,就增设社长一人;不满五十家的村可以与邻村合为一社,也可以自立为社,并选出一名社长。规定每一个村社设立一所学校,选择通晓经书者为学师,于农隙时月令子弟入学。社学的教师就是村社组织的社长,他们在群众当中有一定的声望,且通晓农业生产技术。"至元二十八年六月,中书省奏准至元新格:其社长使专劝课,凡农事未喻者,教之,人力不勤者,督之,必使农尽其功,地尽其利"[①] 社长主要职责是对村民劝课农桑、传播种植技艺、储粮备荒、除病抗灾、管理治安以及奖勤罚懒。社长可免去苛捐杂税,以保证他们集中精力劝课农桑,向农民传播农业生产技艺。司农司按一定的条文对社长的工作进行全面考核,实行奖优制,以调动其积极性。社制最初在北方推行,元于1279年灭南宋之后,又推广到江南。社制的普遍实行对农业生产起到了积极作用,但这种作用主要表现在元初。随着农业生产的逐渐恢复,社学的"劝本社之人务勤农业"的作用明显减弱。

(四)刊行农书进行农业技术教育

元代出版的《农桑辑要》《农书》《农桑衣食撮要》是中国农学史上三部重要著作,其内容均以黄淮地区的农业生产为主要对象,特别注重蚕桑。"桑农并重"是这三部书共同的特点。

1.《农桑辑要》

《农桑辑要》是现存最早的官修农书,实际上成为元朝官颁的农业技术教科书。至元元年(1264),元世祖即位,第二年便设置了专管农业的"劝农司",后来又改为"司农司",《农桑辑要》就是由司农司主持编写的。"诏立大司农司,不治他事,而专以劝课农桑为务。行之五六年,功效大著,民间垦辟种艺之业,增前数倍。农司诸公,又虑夫田里之人,虽能勤身从事,

---

[①] 《通制条格》卷十六。

而播殖之宜，蚕缫之节，或未得其术，则力劳而功寡，获约而不丰矣。于是，遍求古今所有农家之书，披阅参考，删其繁重，撷其切要，纂成一书，目曰《农桑辑要》"① 司农司的官员意识到，农业生产仅靠勤劳还不够，必须让广大农民掌握科学的农业技术，才能够提高农业生产力，达到"功多而获丰"的增产目的。《农桑辑要》所涉及的生产经验和生产技术知识，不像之前的农书含有荒诞不经的内容，而是特别讲求科学性。

《农桑辑要》，全书共有 65000 多字，分 7 卷。卷一典训，讲述农桑起源及其经史中关于重农的言论和事迹，相当于全书的绪论、卷二耕垦、播种，包括整地、选种、总论及大田作物的栽培各论；卷三栽桑；卷四养蚕，讲述种桑养蚕，篇幅大，内容丰富而精细，远超以前的农书，显示了其农桑并重的特点；卷五瓜菜、果实，讲述园艺作物，但和以前的农书一样，不包括观赏植物方面的内容；卷六竹木、药草，记载多种林木和药用植物，兼及水生植物和甘蔗；卷七草畜、禽鱼、蜜蜂，讲动物饲养，牲畜极重医疗，但不采相马、相牛之类的内容，取舍较以前的农书不同。从全书整个布局来看，绝大部分引自《齐民要术》以及《士农必用》《务本新书》《四时纂要》《韩氏直说》等书。

《农桑辑要》为官方修订且为元代农业技术教育中最重要的统编教材，代表了元代农业科学技术发展的最新成就。此书于世祖至元十年编辑完成，曾经多次刊行，在全国范围内产生了极大的影响。此前，唐代有经过武则天删定的《兆人本业》和宋代的《真宗授时要录》，但这两部书均已失传。因此《农桑辑要》也就成了现存最早的官修农书，其后大约过了 500 年，清代乾隆皇帝倡导编写了《授时通考》。

2. 《王祯农书》

史书记载，王祯曾在宣州旌德县与信州永丰县做过两任县尹，积极推进农业实践与农民教育活动，劝农工作政绩斐然。据《旌德县志》记载：王祯

---

① 《农桑辑要·序》。

任旌德县尹时,"每暇日躬率家童,辟廨西废圃,构茅屋三间,引鹿饮泉水,注为清池,以种莲芰,四面树以花草竹木,仍别为谷垄稻区,环植桑枣、木棉,示民种艺之法,扁其居曰山庄,命其圃曰偕乐。"记载的是王祯业余开辟"农业试验示范区",并且在劝课农桑之时,"不施一鞭,不动一檄"而"民趋功听令惟谨"。

王祯毕生钻研农业生产技术及农业机械制造技术,把这些知识与自己指导农业生产的经验结合起来,编著了《农书》。《王祯农书》完成于1313年。全书正文共计37集,371目,约13万字。分《农桑通诀》《百谷谱》《农器图谱》三大部分,最后所附《杂录》包括了两篇与农业生产关系不大的《法制长生屋》和《造活字印书法》。《农桑通诀》包括对农、林、牧、副、渔及水利等各个方面的综合性论述;《百谷谱》对各种农作物的品种、特性、栽培、种植、收获、贮藏和利用等知识加以介绍,将农作物分为谷、蔬、果、杂等六大类。此外,此书对于植物性状的描述。也是之前农书不曾有过的。《农器图谱》则是《王祯农书》的重点部分,该部分就田制、仓廪、舟车、灌溉、蚕桑、织纴、麻苎等20门类,详细介绍了257种农业机械,而且配绘图谱306幅并加以文字说明,描写农器的构造、来源、演变及用法,为读者提供了方便。该教材对农业技术和农业机械的普及和推广发挥了积极的作用。

3.《农桑衣食撮要》

《农桑衣食撮要》,中国元代月令类农书。作者鲁明善,名铁柱,维吾尔族人,延祐元年(1314),出任安丰肃政廉访使,兼劝农事。他大力奖励农桑,发展生产。为了帮助农民安排好一年的生产活动,他决心编写一本使用性强、便于农民阅读的农书。于是他刻苦攻读各类书的同时,经常深入农村田间,了解农业生产规律,收集民间农业耕种的经验和知识。日积月累,终于写成了《农桑衣食撮要》。《农桑衣食撮要》本书体例略同东汉崔寔的《四民月令》和晚唐韩鄂的《四时纂要》,以月令体裁写成,分为十二个月,月下条列农事并讲解做法。全书分为上下两卷,共11000多字,但农事却有208条,内容极为丰富。如气象物候,农田水利,作物、蔬菜、瓜类、果树、竹木、桑栽培，蚕饲养，家畜家禽养殖与医疗、役用，养蜂采蜜，粮食和种子保管，副食品加工，衣物保管等。

书中首先反映鲁明善的重农思想，他说："务农桑，则衣食足；衣食足，则民可教以礼义；民可教以礼义，则国家天下可久安长治也。"其次是以深耕细作、增加地力、提高单产为发展农业的指导思想。三是在农业经营思想上，提倡农、林、畜、副多种经营，强调综合利用，讲求经济实效。四是提倡勤俭，注意备荒。正如他在自序所说："凡天时地利之宜，种植敛藏之法，纤悉无遗，具在是书。"在当时的条件下，这是一部庄稼人很实用的农业小百科全书，具有明确的实践性，语言简明易懂，态度循循善诱，可以看出鲁明善是一位关心民生的地方官。

三、匠籍世袭与技艺家传：手工业职业教育

元代的各种手工业技术比较发达，例如青花瓷器、航海技术、制盐业、兵器制造等都有超过前代的发展。由于元帝国集中控制了大量的手工业工匠，经营日用工艺品的生产，官营手工业特别发达。元朝的官营手工业在体制上最初并非沿袭唐宋，而是在长期征战的过程中基于需要逐渐设立起来的。元朝统一全国后，已经形成了一套完备的官营手工业系统。中央设立的管理机构有工部系统、将作院系统、大都留守司系统、武备寺系统，地方政府也设立了系统的手工业管理体系。元朝官办手工业种类繁多、机构庞大，整个官营手工业工匠总数在百万人以上。与此同时，官府对民间手工业则有一定的限制。

元代尽管十分重视手工业生产，但由于严密的等级制度以及对于工匠自由的限制，从总体上讲官府手工业艺徒制度开始出现衰落，民间手工业作坊出现著名品牌以及技艺家传趋于保守。

（一）官营手工业"匠籍"制度

元代官营手工业发达，中央政府控制数量庞大的官府手工业机构，囊括几乎所有比较重要的手工业部门。这些手工业有的是中央政府在大都直接经营，用于满足皇室消费，而更多的则是中央政府在地方或指派专人或委托地方官员进行经营与管理。蒙古族在西征和南下攻略金及西夏之际，掳掠了数量可观的工匠，后迁徙安置，分局造作，形成早期的官营手工业。元朝建立后官营手工业分为工部、户部、将作院等中央部院，中政院、宣徽院、利用监等宫廷官署，行省、路总管府等地方官府，宗王公主等四大系列。主要包括纺织、陶瓷、制盐、矿冶、军器以及毡局业等特色手工业。元代官营手工业以规模大，役使工匠多，机构重叠繁杂，管理效益低下而著称。元朝将全国工匠分类编入专门的户籍进行管理，称为"匠户"，户籍世袭，不能脱籍，无人身自由，子女婚嫁也由政府控制，强制性地以无偿服役的方式到官营手工场劳动。这种管理模式极大地影响了他们的生产积极性，并常常引起他们的反抗，导致产品质量低劣，生产效益低下。

（二）官营手工业技术传播

元朝建立前，蒙古游牧民族还不会炼铁，只能用外来铁器改造兵器。元朝立国后，设冶户、煽炼户、银户、淘金户按额纳课，冶铁技术水平有了大幅提高。蚕桑业、丝织业与服饰业作坊遍布全国并集中于建康、平江、杭州和中原等地，作坊规模较大，专门化分工程度提高，花色品种十分丰富。毛织业为特色产业，其产品有剪绒花毯、脱罗毯毡、入药白毡、雀白毡、红毡等，有着较高的工艺水平。棉织业取得显著成就。成宗元贞年间，黄道婆教松江人民制作捍、弹、纺、织的工具和错纱配色、综线挚花等技术。棉织业促进了印染业。元代在印刷技术方面的突出成就是王祯改进木活字印刷术和发明转轮排字法。王祯在认真研究前人经验的基础上，对木活字印刷方法提出了一系列改进措施，较好地解决了其中一些具体的技术问题。例如选择硬质木板雕字，大小高低整齐划一；排版时不用黏合药料，而是排字作行，用竹片夹持，再用小木楔塞紧不动；将木制单字按韵贮放在直径七尺的大轮盘上，排字时转动轮盘，以字就人，有效地提高了拣字效率。元代瓷器发展主要反映在青花瓷和釉里红瓷器的烧制成功。元代制盐技术显著进步，全国有盐场160余所，灶户、捞盐户等5万余户。盐有海盐、井盐、池盐、岩盐、土盐等，以海盐的产量最大，生产首先采用晒盐法，是一项制盐技术革新。元代大型海船载重量已达1200吨，根据针经确定航线是元代在航海技术方面的一项重要成就，并进而导致更加简明和科学的航海图的出现。

元代政府非常重视对在籍工匠的培训，以保持较高的技术水平，保障御用品的高质量。加之对因为躲避屠杀而冒入匠籍却不懂得技艺的工匠进行劳动技术培训，具体做法有：专门机构教习工匠。《元史》记载，储政院下属绞锦局于至元八年（1271）设立，隔年"招收析居放良还俗僧道为工匠，二百八十有二户，教习织造之事"。《元史·本纪》记载，世祖中统二年（1261），元政府机构"遣弓工往教部阐人为弓"，世祖至元初"中书工部差委造甲官驰驿，引领作头等人，前去随路指使造甲"。"作头"是官营手工业中技艺高超的工匠，负责工程技术，组织工匠从事具体的生产活动。许多官府手工业中的匠官，多由精通工艺的工匠充任，他们实际上承担了传授技艺的职责，对工匠多冒滥、不习工艺者"教以工事"，使这些人"皆为良工"。这些措施从整体上提高了在籍工匠的技艺水平，在一定程度上保证了手工业品的质量，而且对于各地的技艺交流也起到了很好的带动作用。

（三）私营手工业技术家传

元代手工业作坊一般都有技艺精湛的工匠。他们生产的产品通常是当地的名牌产品。私营作坊主为了在市场上立于不败之地，非常注重对技艺的保密，绝少向外展示技艺，而是传男不传女，以守其业。

元代比较典型的民间传播生产技术的事例为"黄道婆松江传艺"。黄道婆是元代松江府乌泥泾（上海旧城西南九里）人，元代伟大的民间纺织专家，对于棉纺织技术传承与发展做出杰出贡献。《王祯农书》卷二十一载："夫木棉产自海南，诸种艺制作之法骎骎北来，江淮川蜀既获其利。至南北混一之后，商贩于北，服被渐广。"黄道婆年轻时流落崖州（海南岛南端的崖县），跟当地黎族人民学会运用制棉工具的技能和棉布织造方法。她辗转回乡后把崖州进步的制棉生产工具和先进的织花技术也带到了松江，在松江府以东五十里乌泥泾教人制棉，传授"做造捍、弹、纺、织之具"，又以崖州织被面法教妇女，"错纱配色，综线絜花"都行一定法则，致使当时乌泥泾和附近地方"人既受教，竞相作为，转贷他郡，家既就殷"。黄道婆将黎族先进的棉纺织技术和内地原有的纺织工艺结合起来，在制棉工具和织造方法上作出一系列重要的发明和技术革新。如以前除去棉籽是手剥，她则创制了轧棉籽用的搅机；以前弹花用的是线弦竹弓，她则代之以强而有力的绳弦大弓；她还设计出性能良好的三锭脚踏纱车，改进了织造机具和提花技术，从而使从碾棉籽、弹花、纺纱到织布的整个棉纺织技术和效率得到了全面的提高。元以后，松江一带成为全国棉纺织业的中心。

（四）手工业技术著作与技术传播

《梓人遗制》，中国古代的木制机具专著，薛景石撰，元中统二年（1261）刊印出版。薛景石字叔矩，金末元初河中万泉（今山西万荣县）人，生卒年不详，是中国古代杰出的机械设计师和制造家。《梓人遗制》以介绍木器形状、结构特点、制造方法为主，是我国古代著名的木工技术专著。该书收有各种机械器具110种，现仅存《永乐大典》摘抄的"车制"和"织具"两部分，共有机具14种。

薛景石自幼习木匠，制作不失古法，又有自己的创造。《梓人遗制》是他长期实践经验的记录。书中除车辆等的设计图说之外，主要记述了华机子（即提花织机）、立机子（即立织机）、布卧机子（即织造麻布、棉布的平织机）和罗机子（专织绞经织物的木织机）等四大类木织机以及整经、浆纱等工具的型制。绘有零件图和总体装配图，全书共有图110幅。每图都注明机件名称、尺寸和安装位置、制作方法和工时估算。

四、不抑商政策与商业知识技能传习

由于蒙古游牧民族活动半径大、流动性强等特征对商品交换依赖较大，受儒家抑商思想的影响较少，故元朝比较提倡商业，使得商品经济十分繁荣，促进了商品的流通和海外贸易的迅猛发展。比如，以交通为例，元代较以往任何一个朝代更为积极地广开运河、修筑驿站，并发展造船业和海上贸易。其中，驿站的范围之广、规模之大、与经济联系之紧密堪称史上之最。元朝的首都大都，也成为当时闻名世界的商业中心。为了适应商品交换，元朝建立起世界上最早的完全的纸币流通制度，是中国历史上第一个完全以纸币作为流通货币的朝代。作为中原地区统治者的蒙古大汗忽必烈在整个欧亚大陆建立了诸多汗国，客观上打通了我国与外国的交往渠道。元政府推行"罢和买，禁重税"的政策，禁止贪官污吏强买勒索，以保护外商权益，极大地促进了我国的海外贸易。

元代的官营商业主要是以斡脱商和部分回族官员亦官亦商等特殊形式出现，对明代的影响不大。斡脱商为回族人垄断的官商经营。从蒙古国早期开始，皇室贵族就以委托回族人从事斡脱商营运的方式，间接投资于这种比较特殊的商业活动。由此可见，官商在国内外贸易中逐步积淀了规则、习惯、知识、经验、技能等，均在实践中加以传习。

元代，盐商与海运商等从事专门经营的商人尤为著名。另外，江右商、徽商、湖南商人、江浙商人、闽广商人等颇具地域特点的商人群体活跃在商业舞台。许多商业理念规则等都以家庭传承模式来进行。除商业大贾以外，个体经营的手工艺人亦工亦商，在制墨、制笔等一些传统的手工服务行业中，传家的既有生产的独门技艺，也包括商业经营的家法行规等。

第二节　元代的职业教育思想

元代统治者虽然实施汉法并重用个别儒士，但更为保护蒙古及色目人的社会地位，并格外注重管理权利在各色人等之间的制衡。这一变化使中原传统儒士作为贵族精英的社会地位受到了严重威胁。他们中的大多数不得不远离官场，或消沉隐居，或迫于生计，涌向曾为他们"不屑"的各个社会阶层，客观上促成了一种新的变化和"士民之合"。基于上述社会变革，元代儒者在继承宋代理学的基础上，较宋代明显更加务实并讲求致用。

一、许衡的"治生论"

许衡（1209~1281），字仲平，号鲁斋，世称"鲁斋先生"，怀庆路河内（今河南省焦作市中站区李封村）人，金末元初著名理学家、教育家。许衡世代为农且生逢战乱，"家贫躬耕，粟熟则食，粟不熟则食糠核菜茹，处之泰然"。①，他的学术思想也因此极为朴实。

许衡精研程朱理学而不拘泥，提出了著名的"治生论"。他说："为学者，治生最为先务。苟生理不足，则于为学之道有所妨，彼旁求妄进，及作官嗜利者，殆亦窘于生理之所致也。诸葛孔明，身得将相，死之日廪无余粟，库无余财，其廉所以能如此者？以成都桑土，子弟衣食，自有余饶尔。治生者，农工商贾而已，士子多以务农为生，商贾虽为逐末，亦有可为者。果处之不失义理，或以姑济一时，亦无不可。若以教学与作官规图生计，恐非古人之意也。"② 这一观念包括两层含义：一是"为学者"当以"治生"即谋

---

① 《元史》卷一百五十八《列传》第四十五，《许衡》。
② 《鲁斋遗书》卷十三《附录》。

生计为第一要务，因为，如果生理需求得不到满足，会对"为学之道"有所妨碍。二是关于如何"谋生计"，许衡认为当以"务农"即农业生产为主要手段；另外，只要"处之不失义理"，从事商业也是可以的。

他还认为，传统的"文理"或"道义"缺漏颇多，"理"应出于"事物之间"，"细而至于衣服、饮食、起居、洒扫应对"。在他看来，"不独诗文，凡事排得著次第，大而君臣父子，小而盐米细事，总谓之文；以其合宜，又谓之义；以其可以日用常行，又谓之道。文也、义也，道也，只是一般。"[①]在这里，"柴米油盐""衣食起居"等诸多为传统观念所不屑的日用琐事均被纳入了"文理"和"道""义"的视野，而这些日常生活中的义、理在一定程度上弥补了宋明理学的空疏。

许衡的这一见解，对于传统儒家重本抑末、尚农轻商的观念而言显得离经叛道、格格不入，因而饱受非议。然而，他开拓性地将谋生与为学、经商与务农相提并论，是以更加广阔的视野看待问题。元代动荡不安的社会秩序和知识分子极其低下的社会地位，早已使得大量儒士生活贫困、境遇窘迫，不能像在宋代儒生那样受到礼遇并拥有较多的财富和权力。养家糊口、忙于"生计"已成为他们的无奈选择。治生论的提出也是自然而然的。这些颇具亮点的思想碎片还不够成熟和自成体系，但是反映了元代这一特殊时期儒士社会地位之卑微等客观因素，印证了宋代理学经元代转向日趋务实并最终走向明清实学的发展历程。

二、刘秉忠的实学思想

刘秉忠（1216～1274），原名侃，字仲晦，法名子聪，自号藏春散人，祖籍瑞州（今辽宁绥中西南）。他17岁就担任了邢台节度使府的令史，蒙古太宗十年（1238）弃官到武安山中求道，不久皈依佛门。他广学博览，潜心

[①]《鲁斋遗书》卷一《语录上》。

研究，精通儒、释、道三家，还精通天文、历法、水利、算学等。他创建紫金山书院，弟子中有张文谦、王恂、张易、郭守敬诸人，皆为元代著名学者。由于学识渊博，深受忽必烈信任重用，辅佐忽必烈即位、设计修建两都、建元改号，曾建议定百官爵禄、减赋税差役、劝农桑、兴学校等，以其杰出的政治才能，为元朝的建立和统一立下了不朽功勋。

（一）摒虚务实、身体力行的实干精神

这一精神集中体现在他修造元朝两都的设计和实践中。宪宗六年（1256）忽必烈命刘秉忠在所驻的金莲川（今内蒙古正蓝旗上都镇东）选址修建城池。历时三年，到宪宗九年（1259），一座布局合理、设计精巧的古代城市典范之作展现在世人面前。这座被命名为开平的都城，位于"滦水迳其阳，龙岗蟠其阴，四山拱卫，佳气葱郁"①之地，巧妙地利用河流、山脉和草原等自然条件，实现了城市建设和自然环境的完美结合，体现了人与自然的和谐统一。在布局规划上，既吸收了中原传统的都城建设风格，又融入了游牧民族的建筑特色，体现了实用性和艺术性的高度统一，使游牧文明与农耕文明融为一体。上都开平作为草原都城的典型代表，其设计理念直接影响了后来的大都城、明清北京城及承德避暑山庄的构建。

至元四年（1267），刘秉忠又奉忽必烈之命修建中都（后改称大都）。他带领赵秉温、张柔、段桢等人进行勘测、规划、设计，到至元十三年（1276），大都城基本建成。大都城的气度和恢宏吸引了当时世界各地的人们欣然而至，使其成为名副其实的国际大都会。其设计构造之精妙，可谓将中国的古代建筑艺术发挥到了极致。

（二）注重实学，匡世济民的人才观

刘秉忠侧重实用价值的应用性学问，为官期间倡导科技发展，以其言行

---

① 《秋涧集》卷八十。

影响和带动了一批身体力行的实干型科技人才，对于元朝的科技发展和兴盛产生了积极的推动作用。定宗二年（1247），他回邢台奔父丧期间，举荐了自己的幼年好友张文谦，之后又举荐了佛门僧友张易。张文谦、张易都非常务实，先做忽必烈金莲川幕府的重要谋臣，和刘秉忠一起积极辅佐开明而有远志的藩王忽必烈。元朝建立后，两人又都历任中央政府系列高官。其中张易凭借其满腹的"礼乐诗书"、天文星算知识和丰富的社会历练，纵横政坛，举足轻重。张文谦更注重实务，比如：举荐水利专家、天文学家郭守敬，兴修地方水利，造福乡梓；行省西夏，和郭守敬一道实地勘察，疏浚河道，使西夏农业生产得以迅速的恢复和发展；任大司农卿期间，组织编写了七卷本的《农桑辑要》。他们还参加了《授时历》的编纂工作。

（三）广博精专、学以致用的治学思想

刘秉忠创办紫金山书院，不仅自己注重实学，而且培养和带动了一批这样的弟子。王恂和郭守敬便是其中的代表性人物。刘秉忠与好友张文谦、张易以及弟子王恂、郭守敬聚集在邢西磁州紫金山书院，博通经史，纵谈天下时势并研讨天文地理、方略数术等实用性极强的学问。他们志趣相投、知识广博，被誉为"紫金山五杰"。以刘秉忠为首的紫金山集团的成员大都通晓天文、数学、水利等各种科学技术，同时又多为元初名臣。刘秉忠本人官拜光禄大夫、太保、参领中书省事，汉人文武官员位居三公者仅刘一人。其他如张文谦曾任枢密副使，官至左丞相；张易累官枢密副使、知秘书监；王恂曾为太子赞善，官至太史令；郭守敬曾任都水监、太史院同知。

三、郝经的"有用之学"思想

郝经（1223~1275），字伯常，祖籍泽州陵川（今山西陵川），生于许州临颍城皋镇（今河南许昌），出身于名儒世家，战乱中家境没落，饱经沧桑，学有所成。他著述颇丰，收于《陵川集》中。由于元代特殊的社会背景，他

的思想保留以宋代理学的总体框架并有较大革新，义理之学日趋务实、以求致用。

郝经与那些高高在上、只读圣贤书的儒士不同，郝经为学的目的是"道济天下"以"经世致用"。他的有用之学自成风格，并颇具功利主义的意味。"不学无用学，不读非圣书，不为忧患移，不为利益拘，不务边幅事，不作章句儒。"① 他对当时的社会现实进行深入思考：为什么经济繁荣、文化开明的宋朝在蒙古蛮族的侵略下不堪一击？为什么在宋朝政权濒临危难奋死抵抗的人不是那些平日饱受优待且高调论战的士大夫们？如他所言："理之统体，则谓之道；道之功用，则谓之德；德之充全，则谓之仁。"② 为了学以致用、道济天下，郝经拒绝成为隐居出世的"山林之士"或流于训诂的"文章之士"。

郝经反对"华夷之辨"，而推崇"四海一家"的思想，主张天下一统，结束自唐朝末年以来的分裂状态，但又反对不同族群之间的等级观点。蒙哥汗三年（1253）初，郝经应召对忽必烈建言治国安民之道，提出了"汉法"主张、迁都燕京、与南宋议和、偃兵息民等，均为忽必烈所接受。他提出的"务农以足食""轻赋以实民""罢冗官以宽民力""减吏员以哀良民""总钱谷以济国用"③ 等一系列增加国家财富的思路与方法，与传统儒士们"言利色变"，视一切增加"国用"的行为为"聚敛财富"的狭隘认识形成了鲜明的对照，彰显出其经济伦理思想的"达用"特征。

四、郭守敬的科技教育思想

郭守敬（1231~1316），字若思，顺德邢台（邢台市邢台县）人，官至太史令、昭文馆大学士、知太史院事，在天文、历法、水利和数学等方面都

---

① 《陵川集》卷二十《志箴》。
② 《陵川集》卷十七《仁》。
③ 《郝文忠公集》。

取得了卓越的成就,著作有《推步》《立成》《历议拟稿》《转神选择》《上中下三历注式》《时候笺注》等,是元朝著名的天文学家、数学家、水利专家。曾修治完成元大都至通州的运河——通惠河;制定出了通行360多年的《授时历》,成为当时世界上最先进的一种历法。在他的科技实践活动中,也阐发了诸多科技教育思想。

(一)"尽信书不如无书"的探索精神

郭守敬在制定历法的观测活动中坚持精益求精,注重实测,认为:"天道运行,如环无端,治历者必就阴消阳息之际,以为立法之始。阴阳消息之机。何从而见之?惟候其日晷进退,则其机将无所遁。"① 为了求得回归年长度,他从求取冬至的准确时刻着手,在元大都进行日影测量达三年半,通过约两百次的实测观察捕捉日中之影,精密地量取长度。他测算各年冬至、夏至,都是"自远日以及近日,取前后日率相埒者,参考同异,初非偏取一二日之景,以取数多者为定"②。为了准确测定至元十六年冬至时,他在三个多月内选择晴天做了二十九次日影测量,推算得十六个冬至时刻都是十一月初八戌初二刻,成功再现这一观测结果。他指出:"历之本在于测验,而测验之器莫先仪表",在操作过程中改制、发明了简仪、高表等十二种新仪器,在测影中用三条线锤锤尖作起点,以景符取横梁针孔像为终点,保证被量的尺度本身具有相当高的精度。

(二)"因旧谋新"的创新思想

郭守敬以及他的合作者许衡、王询等人修订授时历时,首先查考我国1300年来70余次改历的经验教训,总结40余家历法的特点与得失。《授时历》许多地方利用了前人的成果,废弃上元积年,以万分法代替日法,改进"岁实消长法"等。他办理河工水利工程也始终贯彻了继承前人成果,运用

---

①② 《元史》卷三十八。

传统知识的基本原则。西夏的引黄灌溉工程的河道网和河工设施非常复杂，有大小渠道 80 条，战争破坏造成"废坏淤浅"，他"因旧谋新，更立闸堰"，仅用一年左右就使"渠皆通利"，完成了治水工程。郭守敬用以计算日月五星运动的"垛叠招差法"与"弧矢割圆术"是他们在传统方法基础上发明的；在制定《授时历》时所制造的仪器，先用木制以应急需，再用铜铸以永久使用；观测时在五处重要地点分设仪表，派 14 队作全国 27 处测量，五年后又派人多方作复测和补测来验证和完善观测结果，也体现了尊重传统基础上的创新精神。

（三）独立思考，躬亲实践的科学思想

郭守敬数十处水利工程之所以成功，就因为他在不断实践中通过详审细察，将感知到的事物，通过独立思考，提出方案和目标，制定方针和计划，逐步落实从而取得成功。他初见忽必烈"面陈水利六事"，绝大部分都是他在大名路及彰德路担任随员时观察和思考的结果。还有燕京金口河之重开、沿黄河故道纵横数百里"分杀河势"与"灌溉田土"的筹划、引北山"白浮泉水西折而南……入城环汇于积水潭"、浚通惠河时"为闸七……置斗门……以过舟止水"等创造性治水思路措施，都能够表明他经常在实践中观察思索，以探究的态度来研究事物相互间的联系，再通过躬身实践找到解决问题的方法。在创造简仪、仰仪、高表等发明创造中，也可以看到他作为一个科学家长期保持独立思考、躬身实践的科学精神。

五、王祯的农业教育思想

王祯（约 1271～1330），字伯善，山东东平人。中国古代著名的四大农学家之一，同汉代氾胜之、后魏贾思勰、明代徐光启齐名。著《王祯农书》，为中国古代四大农书之一。除农学贡献以外，王祯还发明"木扇鼓风"技术、改进木活字印刷技术与发明"转轮排字法"。在《王祯农书》中,有诸多农业教育思想得到阐发。

(一) 重农、助农思想

在《农书》的自序中,王祯说:"农,天下之大本也。一夫不耕,或授之饥;一女不织,或授之寒。古先圣哲,敬民事也,首重农。其教民耕织种植畜养,至纤至悉。"农业关乎国计民生,而重农的重要举措便是加强农业知识和技术的传播,"至纤至悉"地传授农业生产者生产知识和技术才是真正的"重农",才能保证农业作为"天下之大本"的重要作用得到真正发挥。王祯认为,"孝弟"和"力田"二者是"可以相资而不可以相离"的,"孝弟为立身之本,力田为养身之术"。他批评了"舍本而趋末"的社会现实:"天下之民,男子弃耒耜而争贩鬻,妇人舍机抒而思歌舞,惰游末作,习已成俗,一遇凶饥,食不足以充其口腹,衣不足以蔽其身体,怀金刓鹄,立以待尽者,比比皆是"。这是传统的"重本抑末"思想的反映。

王祯在《农书》中不仅关注农业知识和技术的阐述与论证,而且强调对农民要尊重和帮助。他认为:"农者被蒲茅,饭藜粝,居蓬藋,逐牛豕,戴星而出,带月而归,父耕而子馌,兄作而弟随。公则奉租税,给征役,私则养父母,育妻子,其余则结亲姻,交乡里。有淳朴之风者,莫若农也"[1]。在他看来,在士、农、工、商四民中,农民最勤劳和朴实,农民是一种高尚的职业。《农书》中有"劝助"一篇。所谓劝,即把农民的生产积极性与农民自身的切身利益相结合,做到奖勤罚懒。所谓助,就是"春而省耕,非但行阡陌而已;资力不足者,诚有以补之也。秋而省敛,非但观刈获而已;食用不给者,诚有以助之也"[2]。在春天巡视耕种情况,对粮食不够吃的人们给予补助;在秋天巡视收获情况,对歉收的人们给予补助。

---

[1] 《农桑通诀·孝弟力田篇》。
[2] 《农桑通诀·劝助篇》。

(二)"顺天之时、因地之宜、存乎其人"思想

《王祯农书》以《授时》和《地利》两篇探讨了农业生产客观环境的复杂性和规律性,强调了农业生产中"时宜"和"地宜"的重要性。在尊重天时、地利等自然规律的条件下,全面系统地阐述了人从事农业生产的各个方面,其中包括垦耕、耙劳、播种、锄治、粪壤、灌溉、收获等专篇,概述了农业种植中的各项问题,对自后魏以来我国南北精耕细作的优良传统经验进行了新的总结。

王祯十分重视"天时"或"农时"。认为"四时各有其务,十二月各有其宜,先时而种,则失之太早而不生;后时而艺,则失之太晚而不成。故曰:虽有智者,不能冬种而春收。"① 为了使人们能准确地掌握农时,他创制了《授时指掌活法之图》。这幅图是按照"二十八宿周天之度,十二辰日月之会,二十四气之推移,七十二候之变迁"等天体运行的规律和气候的变化制定的,"如环之循,如轮之转","农桑之节,以此占之"就可以准确地掌握农时了,以此来"授民时而节农事",这就是所谓"用天之道"。他还说:"天气有阴阳寒焕之异,地势有高下燥湿之别",要做到"人与天合,物乘气至"②。

王祯在《农桑通诀·地利篇》中提出了"风行地上,各有方位,土性所宜,因随气化,所以远近彼此之间风土各有别"的"风土"学说。"风土"中的"风"代表气候条件,而"土"则代表土壤条件。不同地区和不同土壤条件下有不同的"风土"条件,适宜生长的物种也就因之而异:"九州之内,田各有等,土各有差,山川阻隔,风气不同,凡物之种,各有所宜。故宜于冀兖者,不可以青徐:宜于荆扬者,不可宜雍豫拟,此圣人所谓'分地之利'者也。"指导人们在不同的环境条件下,种植适宜的物种,阐述了"谷之为品不一,风土各有所宜"的观点。

---

①② 《农桑通诀·授时篇》。

王祯在阐述各项农业技术措施时，仍然强调天、地、人、物的和谐统一。如在《垦耕篇》中，对耕地时宜的掌握上提出"夏至后九十日，昼夜分，天地气和，以此时耕，一而当五，名曰膏泽，皆得时功"。在《播种篇》中再次强调要"顺天之时"和"因地之宜"："种莳之事，各有攸序，能知时宜，不违先后之序，则相继以生成，相资以利用，种无虚日，收无虚月，何匮乏之足患，冻馁之足忧哉？正月种麻枲；二月种粟；……三月种早麻；四月种豆；五月中旬种晚麻；七夕以后种莱菔、蕬、芥；八月社前即可种麦，经两社即倍收而坚好。如此则种之有次第，所谓'顺天之时'也。"《播种篇》又说："《孝经援神契》曰，黄白土宜禾，黑坟宜麦与黍，赤土宜菽，汙泉宜稻，所谓'因地之宜'也。"

（三）劝课农桑思想

王祯在《农书·农桑通诀·劝助篇》批评了劝农效果，指出"后世劝助之道不明，其民往往舍本而趋末。"故"谚曰：以贫求富，农不如工，工不如商，刺绣纹不如倚市门。"他对古代"循吏"推崇备至，认为"及览古之循吏，如黄霸之治颍劝种树；龚遂之治渤海，课农桑；何武行部，必开垦田；茨充为令，益治桑柘；召信臣治南阳，开沟渎为民利；任延治九真，易射猎为牛耕；张堪守渔阳，开稻田；皇甫隆治敦煌，教耧犁；此先贤劝助之迹载诸史册，今略举其著者，皆可为后世治民之良规，诚使人君能法周成汉文之治，以表倡于上，公卿守令，能法龚黄诸贤之事，以奉承于下，省徭役以宽民力，驱游惰以趋农业，又何患民之不勤，田之不治乎！"他期望劝农官皆能把古代"循吏"作为榜样，劝课农桑方有效果。王祯认为功课农桑的前提条件是农官熟悉农业，否则"己犹未知，安能劝人？"

王祯著《农书》本身就是劝课农桑的典范。他在劝课农桑的内容上，采取了"方""器""种"并重的方针。《王祯农书》的《农桑通诀》《百谷谱》《农器图谱》三部分，《农桑通诀》为"方"，《农器图谱》为"器"，《百谷谱》为"种"。"方"是各项农业技术，"器"是各种农用器械，"种"

是根据各地的"风土"条件选种适宜的作物和优良的品种,三者的协调一致和综合运用,是最大限度地提高农业生产力的关键。正如元代戴表元为王祯《农书》作序时说:"凡麻苎禾黍牟麦之类,所以莳艺芟获,皆授之以方;又图画所为钱镈耨耙扒诸杂用之器,使民为之。"明代的贵州提学阎闳总结为:"今简王氏书,首以通诀,继以器谱,而终以诸种,民事通诸上下者盖备矣"。就是在劝课农桑时,既教给农民耕作栽培技术,又绘出各种农具的图样,让农民学习制造先进农具,还指导农民选种适宜的作物和品种,达到高产丰收的效果。

(四)农林牧的综合经营思想

《王祯农书》的《农桑通诀》除了重点阐述种植业的技术内容外,也用相当的篇幅阐述了林业、牧业等技术内容。如《种植篇》就是专论植树造林的重要性和林业技术的,《畜养篇》就是专论畜牧技术和养殖技术的,《蚕缫篇》则是专论养蚕缫丝技术的,充分体现了农业综合经营观。他在《种植篇》中引用司马迁《货殖列传》中的话:"山居千章之楸,安邑千树枣,燕秦千树栗,蜀汉江陵千树橘,齐鲁千树桑,此其人皆与千户侯等。"说明了"种植之利博矣!"王祯为了推动植树造林的发展,还大力宣传历代"种材木果核"致富的典型实例,还比较详细地介绍了植树造林的技术和树木嫁接的技术。他在《畜养篇》中引用陶朱公的话:"子欲速富当畜五牸"。他认为"五牸之中,惟马为贵","今农家以牛为本","牛之为物,切于农用";养羊"每岁得羔,可居大群,多则贩鬻,及所剪毫毛作毡,并得酥乳,皆可供用博易,其利甚多";"鹅鸭之利,又倍于鸡,居家养生之道不可缺也";"夫治生之法有五,水畜第一。"所谓"水畜"也就是水塘养鱼。

(五)倡导蓄积备荒思想

王祯在《农桑通诀·蓄积篇》中说:"古者,三年耕必有一年之食,九年耕必有三年之食,虽有旱乾水溢,民无菜色,岂非节用预备之效欤?"这是说，古代有耕三余一，耕九余三，储粮备荒的传统，如此才能在水旱灾荒之时，保证老百姓有饭吃。他又说："国无九年之蓄曰不足，无六年之蓄曰急，无三年之蓄曰国非其国矣。蓄积者，岂非有国之先务耶？"一个国家没有九年的蓄积，就叫"不足"；没有六年的蓄积，就要告急；没有三年的蓄积，就国非其国了！由此可见，蓄积乃是有国者的"先务"。王祯引《周礼·地官·仓人》的条文说："仓人，掌粟之入藏，辨九谷之物，以待邦用。若谷不足，则止余法用，有余则藏之，以待凶而颁之。"仓人的职责是掌管收入粟谷的贮藏的。他要分辨九谷的种类，供给国家之用。若是收入的粟谷不多，就要节省支出；若是收入的粟谷很多，就要把节余的粟谷贮藏起来，等到有灾荒的年份再取用。王祯还倡导节用济凶："大抵无事而为有事之备，丰岁而为歉岁之忧……计一岁一家之用，余多者仓箱之富，余少者儋石之储，莫不各节其用，以济凶乏。"又说："今之为农者，见小近而不虑久远，一年丰稔，沛然自足，奢费妄用，以快一时之适，所收谷粟，耗竭无余。一遇小歉，则举贷出息于兼并之家，秋成倍称而偿之；岁以为常，不能振拔"。因此，提倡蓄积备荒，既可防灾济凶，又能节用安民。

六、朱丹溪的医学教育思想

朱丹溪（1281~1358），名震亨，字彦修，元代浙江金华人，世居丹溪地方，故号"丹溪"，元代著名医学家。他师事罗知悌，又得刘完素之再传，旁通张从正、李杲二家之说，精研诸家之学，结合自己多年的经验，创"阳有余，阴不足"之说，著作有《格致余论》《局方发挥》《伤寒论辨》《金匮钩玄》《本草衍义补遗》《外科精要发挥》《丹溪心法》《为门人所辑》等书。由于他的学术精湛，医德高尚、品高望重，世人尊称"丹溪翁"，和刘完素、张从正、李杲并称"金元四大家"。他的医学思想与教育贡献主要有以下方面：

(一)"贵辨证、重四诊"思想

朱丹溪主张治病务先学会四诊、八纲：即"先观形色、然后察脉问证"，通过望、问、闻、切四诊手段，诊察病情，以及运用阴、阳、表、里、寒、热、虚、实八个纲领对病情进行归纳分析和辨别。他在《丹溪心法》里说："欲知其内者，当以观乎外，诊于外者、斯以知其内、盖有诸内者形诸外。苟不以相参而断其病邪之逆顺，不可得也。"诊病要掌握辨证施治的方法，用药遵循君、臣、佐、使，"辨证不明，则无法施治"。

(二)"阳有余，阴不足"论

一是"气血"：就人身而言，气常有余、血常不足。"人受天地之气以生，天之阳气为气，地之阴气为血，故气常有余，血常不足"[①]。就人体而言，不是气多血少，而是指体内的精血，津液每易耗伤。有余之气即妄动过亢之气，实际是指邪气、邪火或脏腑功能偏亢。二是"动静"：人身体动静，动者为阳，静者为阴。因人体常居于阳动的状态之中，精血津液最易耗伤。他明确指出"主闭藏者肾也、司疏泄者肝也，二脏皆有相火，而其系上导于心。君火也，为物所感而易动，心动则相火易动、动则精自走、相火翕然而起，虽不交会、亦暗流而疏泄矣。"告诫人们固七情、远嗜欲。三是"老幼"：老者阳气有余，阴气不足。"人生至六十、七十以后、精血俱耗，平居无事，已有热证……怒火易炽。"四是"时令"：用天人阴阳相应的学说论证了保阴的必要性。

(三)"相火论"

丹溪先生对"相火"的论述是从常和变两个方面阐述的。一方面，相火为人身之动气。古人在生理、病理方面常常谈到"火"字，如君火、相火

[①] 《格致余论·阳有余阴不足》。

等。君为心火、相为肝、肾、命门之火,二者均为内脏之火,故称阴火。此外还有肺火、胃火等。丹溪先生认为:相火是"以名而言,形气相生,配之五行,故谓之君;以位而言,生于虚无,守位禀命,因其动而可见,故谓之相。"这正是"因其动而可见"的验证。另一方面,相火为元气之贼。他认为相火在正常情况下,能煦养人身之元气,若食欲失常、色欲过度、五志过极伤害真阴,以致真阴亏虚,则相火失藏而妄动矣。火动必伤真阴,损伤元气。所以说:"火起于妄、变化莫测,无时不有,熬煎真阴。阴虚则病,阴绝则死。"①

（四）摄生防病思想

丹溪先生重视治未病,提倡节制饮食,注意起居。他说:"饮食男女,人之大欲存焉。予每思之,男女之欲所关甚大,饮食之欲,于身尤切,世之沦胥陷溺于其中,疾病峰起,病之生也。"② 此外,丹溪先生还认为:五志过激也可使相火妄动,示人要戒除嗔怒。他说:"五脏各有相火,五志过激之,其火隋起。"③ 诲人收心养心以保其平。

---

① 《格致余论·相火论》。
② 《格致余论·饮食色欲箴序》。
③ 《局方发挥》。

中国古代职业教育
思想研究
Chapter 9

第九章 明代的职业教育思想

明朝时期（1368~1644）是我国封建社会的重要时期。明初政治清明、国力强盛，历经洪武之治、永乐盛世、仁宣之治等；中期经"土木之变"由盛转衰，后经弘治中兴、嘉靖中兴、万历中兴使国力有所恢复；晚明因东林党争和天灾外患导致国力衰退，最终被农民起义推翻了政权。明朝的农业生产取得了较大发展，手工业和商品经济发达，后期出现了资本主义萌芽。这一时期的科学技术也得到迅速发展，出现了《本草纲目》《农政全书》《天工开物》等重要的科技著作。

第一节 明代的职业教育概况

明代是小农经济发展的高峰时期，农业生产知识和技术的传播得到重视和加强。然而，培养天文、历法、算学、医学等技术职官的专门学校教育呈现衰退趋势，官办手工业作坊的艺徒制也随着官营手工业的没落由盛而衰。同时，民营工商业兴起带来民间手工业技术传承、商业经营知识与技能传播的蓬勃发展，民间医学研究和传承也得到了加强。另外，明末出现的"西学东渐"对职业教育发展也产生了一定影响。

一、专门学校与技术职官教育

以传授科学技术、培养科技职官为目的的中国古代专门学校，始于魏晋南北朝，历经隋、唐、五代、宋、元等朝代，发展到明代出现日趋衰颓之势。明朝的算学基本中止了，天文历法和医学教育也因为匠籍制度的束缚而退化，但是由于现实需要，出现了武学和培养外语专门人才的四夷馆。

（一）天文历法专门学校

1. 钦天监

明朝初年沿袭元制，在中央政府设置司天监、回回司天监，后来改称钦天监，设监正、监副等职。明末有西洋传教士参与到天文历法机构中。明代钦天监的任务为观察天象、修订历法，为国家的大营建、大征讨以及皇帝的冠婚、陵寝等选择吉日等，在北京和南京都建有观象台，台上备有浑天仪等设备。钦天监里的官员上自钦天监正下至天文生、阴阳师等都必须恪尽职守，还要不断学习专业知识。

  天文、历法教育，在明万历以前的200年间处于低潮阶段。由于专业性强，所以钦天监里的官员不得改任其他衙门，子孙世袭，不得改从他业。明朝建立之初就规定"世业代补""子孙承习"。"凡本监人员，洪武六年令永远不许迁动，子孙只习学天文历算，不许习他业。其不习学者，发海南充军。"① 天文生是钦天监的主要成员，"俱以父祖世业代补"。"有缺，旧例天下访取，仍会礼部考验收用。后或有投充及收用义男、女婿者，礼部议准不许，止选世业子弟。"连义子、女婿也排除在外。明朝政府因袭前朝旧制禁止民间私习天文和历法，并制定了严厉的惩罚措施："国初（指明初）学天文有厉禁；习历者遣戍，造历者殊（诛）死。"② 和隋唐以来天文、历法学校向社会公开招生以保证生源质量的做法相比，明代的钦天监生员完全实行世袭制，造成教育体制僵化与生源质量下降。

  由于当时天文、历法人才缺乏，钦天监生源不足。所以，弘治十一年朝廷诏令："访取世业原籍子孙，并山林隐逸之士，及致仕退闲等项官吏、生儒、军民人等。有能精通天文、历数、阴阳、地理及五星子平、遁甲大定、六壬、龟卜等术者。每府不过一二人。"③ 为了保证世业子弟的成才，钦天监"立教师。教习有成，遇天文生缺，于内选用，其教师亦量升授。"钦天监还规定，"凡本监习业者，分为四科"。即监候、司晨、漏刻、回回。自五官正以下，与天文生、阴阳人，各专一科。"回回官生，附隶本监，子弟仍世其

---

① 《明会典》卷一百七十六《钦天监》。
② 《万历野获编》。
③ 《明会典》卷一百四十。

业，以本国土板历，相兼推算"①。

天文生必须通过"观象"实践学习。《明史·职官志》记载："灵台郎辩日月星辰之躔次、分野，以占候天文之变。观象台四面，面四天文生，轮司测候。"这表明，天文生轮班观测天象，灵台郎则分辨天区，对观测结果进行占验。《明会典》记载："凡天文，如日月、星辰、风云、蔼雾，本监各委官生昼夜占候。或有变异，旧历自具白本占奏。正统后始会堂上官佥书同奏。其观象台分定四面，每面天文生四人专视"。可见观测天象不仅艰苦，而且需要诚恳的态度、准确的技能。为了防止工作中的疏误，明朝除设观象台观测外，还内设灵台，以察异同勤惰。

总体来看，明代天文官教育质量低劣。为适应加强专制统治的需要，钦天监也奉行"祖制不可变"的思想，墨守成规，不思进取，监内官员大多不学无术。教学敷衍塞责。据《明会要》卷二十七记载："洪武三年，改监为钦天，设四科：曰天文，曰漏刻，曰《大统历》，曰《回回历》。"《大统历》和《回回历》逐渐过时，曾多次发生错误，以他们为教本，其质量则可想而知。

2. 阴阳学

阴阳学是明朝的地方天文历法教育机构。洪武十七年（1384），明太祖令府州县设立阴阳学，府置阴阳正术1人，州置阴阳典术1人，县置阴阳训术1人。这些官职皆由精通阴阳术者担任，他们同时以师徒相授的方式将此种技术传授给学生，如"（河间府）阴阳学，在府前。训术一员，以精其术者为之。统阴阳生五名，专占节侯、卜时日、掌漏刻，以授民时"，"（南安府）阴阳学，正术一人，秩从九品，领阴阳生习读阴阳诸书，推测阴阳，以授民事；及看守铜壶刻漏，保定昏晓。以本学精通阴阳者为之"。

---

① 《明会典》卷二百二十三。

（二）医学专门学校

1. 太医院

太医院为明代中央医学机构，除为皇室服务外，兼管医学教育以及医业人才选拔。

明代早期实行世医保举制度，通过外访保举医官医士，以补充太医院。洪武二十六年（1393）规定，医生有缺，除由世医代补外，仍行天下访取，备考验收用。府州县举荐之医士堪任医官者，由礼部送太医院考试，委派会考官一名，考中者由吏部选用，不中者回原籍为民，原保举官吏治罪。精通医术者由太医院奏进圣济殿供事。另外，各地医官子弟精通医术者，可任其捐纳，送吏部免考。纳捐免考影响了医官的选取质量。嘉靖六年（1527）礼部尚书佳萼等提出医生的考选问题，认为时录用医生，限于世医一途，使天下虽有卢扁、仓公，也无法选用，使太医院成为庸医栖身之所，于是主张由单纯世医制扩大为考选制。不是世医的精通医术者，听其应试，试高考入籍而复其世业，不通医术者不被录用。现任医官，由礼部考其医术，以定升迁降黜。

太医院的医学生主要从各地世业医生中考选。《明会典》卷三九记载"凡医家子弟，旧例，选入本院教习医术"。被选入太医院学习者，称医丁。医丁必须由嫡派子孙告补，经太医院学习3年，通候类考，中试后才准补役。如嫡派无人或不堪补用，经获准可从亲支弟、侄人等中选1人参加学习考补，考选范围由医家亲男扩大到其弟侄。尽管严令禁止，冒充改籍者仍时有发生。另外还有一种入院资格考试是面向民间从医人员。这些人在地方已经颇有名气，由地方官向朝廷推荐。但为了避免地方官滥举，入院资格考试仍然是必要的。这一考试为民间医生提供了一个提升的机会，刺激了民间的学医热情，推动了民间医学的发展。

明代太医院的医士和医生名额一般为70余名。按太医院所分大方脉、小方脉、妇人、疮疡、针灸、眼、口齿、接骨、伤寒、咽喉、金镞、按摩、祝由13科分科教学。所选入的医家子弟、医士、医生只能专攻一科修习，有教师2~3人担任教习。所用教材有《素问》《难经》《脉诀》及有关重要方书，须熟读精解，考试即从以上经典出题，学生笔写作答。这些经典著作不易研读，一些医家着手编写通俗读物，以便习医者研读。太医院学生由低到高一般分为医丁、医生、医士三等。医学生每年分四季考试，3年大考一次。医丁、医生、医士均参加大考。考试由堂上官1人会同医官2人主持。考试合格者，一等为医士，二等为医生；不及格者可学习一年再补考，3次考试不及格者，黜免为民。5年考试成绩均属优等者，由教师奏请，酌予升授。

2. 地方医学

明代对地方医学教育比较重视，地方医学教育在全国普通设立。洪武十七年（1384）开始设置地方医学。府置医学正科1人，州置医学典科1人，县置医学训科1人。弘治十七年（1506）规定，府、州、县均设医学，主管地方各级医药行政和医学教育，府设正科1人为从九品，州与县的医官均未入流，万历中始改为从九品。新设州县，除设立儒学和阴阳学外，均设有医学。地方医学的医生从各地世业医生中考选。《嘉靖南安府志》卷十三载，医学"领医生习读医书，修合药饵，医治官吏及一应军民四人等疾病"。可见，医学并非专门学校，而是一个承担疾病治疗兼顾传授医学知识和技术的医学机构。

（三）武学专门学校

明武学始于卫学。卫学是地方军事卫所的武官子弟学校；武学则是由中央政府设置，位于两京。史料记载，明建文元年（1399）二月始置京卫武学，成祖即位罢。"宣德十年（1435），英宗即位，诏天下卫所皆立学"。"正统六年（1441），设京卫武学。除教授一员、训导六员，教习勋卫子弟。以兵部司官提调。七年，设南京武学"①。

---

① 《明会要》卷二十五《学校上》。

另据《明史》记载："武学之设，自洪武时置大宁等卫儒学，教武官子弟。正统中，成国公朱勇奏选骁勇都指挥等官五十一员，熟娴骑射幼官一百名，始命两京建武学以训诲之。寻命都司、卫所应袭子弟年十岁以上者，提学官选送武学读书，无武学者送卫学或附近儒学。"① 可见，武学与卫学是为保证各地武臣子弟入学机会采取的措施。

明武学的师资安排和教育内容包括"其堂曰明伦，六斋曰居仁、由义、崇礼、宏智、谆信、劝忠，设教授训导各一员。其教读之书，《小学》《论语》《孟子》《大学》内一本，《武经七书》《百将传》内一本，就于所读书内取一节，讲说大义，使之通晓。"② 和宋代武学专事军事教育不同，明代武学兼顾了儒学教育。

（四）外语专门学校——四夷馆

明朝对外交往频繁，与周边民族、国家间朝贡、贸易往来需要大量的翻译人员。永乐五年（1407）专门设立四夷馆，主要负责翻译朝贡国家往来文书，并教习周边民族、国家的语言文字。四夷馆是我国历史上官方最早设立的培养翻译人才的专门机构。

四夷馆以国名、地名分类，分为鞑靼、女真、西番、西天、回回、百夷、高昌、缅甸八馆。生员最初是从国子监的举人和监生中选拔，《太宗实录》卷四八记载，开馆之初"命礼部选国子监生蒋礼等三十八人，隶翰林院，习译书。人月给米一石，遇开科仍令就试。仍译所作文字，合格准出身"。后来从世业子弟中选考，宣德年间开始招收官民子弟。明弘治三年（1490），正式颁布四夷馆翻译考选制度，由礼部在国子监中选取 25 岁以下的监生 20 名，在 20 岁以下的官民子弟和世业子弟翻译习熟者中考选 100 名，然后入各分馆学习。弘治十年（1497），增设罗馆，传习罗语。正德年间，又增加八

---

① 《明史》卷四十五《选举一》。
② 《续文献通考·学校》。

百馆，传习八百国语。官方专设外国语学校培养外语方面专业人才，是明代职业教育的首创之举。

四夷馆因缺乏世业子弟而不得不进行入学资格考试。由于四夷馆学生的晋升比儒学还快，所以私习以备选考者很多。尽管官府严禁私收私习夷学，但是外语私学仍然禁而不绝。

二、著名医书与民间医学传播

明代沿袭元制，将户口分为民、军、医、儒、灶、僧、道、匠等，规定各户必须子袭父业。一入医户，子孙就必须世代从医。因此，明代民间医学教育主要采用家传或师徒传授的形式。医学世代相传造就了不少医学世家。一些世医将自己的经验编写成简易实用的医书，作为教材以教授子弟。明代有多种医书刊行，传播和普及了医学知识。

（一）李时珍与《本草纲目》

李时珍是明代著名的医学家、药物学家，为中国医学做出了不朽贡献，其著作《本草纲目》举世闻名。《本草纲目》凡 16 部、52 卷，约 190 万字。全书收纳药物 1892 种，辑录古代药学家和民间单方 11096 则，附药物形态图 1100 余幅，系统地记述了各种药物的校正、释名、集解、正误、修治、气味、主治、发明、附录、附方等项，是我国当时最系统、最完整、最科学的一部医药学著作，对于医学教育发挥了重要作用。

李时珍曾任职太医院。他脚穿草鞋，身背药篓，带着学生庞宪和儿子建元，翻山越岭，足迹遍及河南、河北、江苏、安徽、江西、湖北等广大地区，远涉深山旷野，遍访名医宿儒，搜求民间验方，观察和收集药物标本。在深入实际进行调查研究的同时，参阅各种书籍，写成《本草纲目》。《本草纲目》虽为药学专著，但也具有显著的临床借鉴功效。原书第三、第四卷为"百病主治药"，记有 113 种病症的主治药物，收载各类附方，涉及临床内科、外科、妇科、儿科、五官科等，大多数为新创疗方，所用剂型也是丸、散、膏、丹俱全。

（二）明代其他医学著作

除《本草纲目》外，明代医学著作还有：1406年，朱棣等主持收集编成《普济方》，载方61739个，是我国现存最大的一部医方书；1601年，杨继洲著《针灸大成》；1624年，张景岳撰《类经》《类经图翼》《类经附翼》刊行；1641年，吴游性完成第一部研究急性传染病的著作《瘟疫论》；1617年，陈实功著《外科正宗》。明末清初，汪昂编纂"汪氏四书"——《医方集解》《灵素类纂约注》《本草备要》《汤头歌诀》，为传播和普及中医学发挥了巨大作用。

三、劝课农桑：农业职业教育

明朝建立之后，为了迅速恢复和发展因战乱遭到破坏的农业生产，统治者非常重视农业生产知识和技术的传播。这一时期的农学和农业职业教育发展到了相当高的水平。

（一）帝王重农

明初，连年征战后的农业生产状况凋敝，"土旷人稀，耕种者少，荒芜者多"[1]。朱元璋提出"民者，国之本也"[2]，"若年谷丰登，衣食给足，则国富而民安，此为治之先务"[3]，提出了"凡为治以安民为本，民安则国安"[4]等思想，制定和实行了一系列发展农业生产的政策，采取了奖励垦荒、轻徭

---

[1] 《明太祖实录》卷二十五。
[2] 《明太祖实录》卷二百五十六。
[3] 《明太祖宝训》。
[4] 《明太祖实录》卷一百一十三。

薄赋和劝课农桑等措施,大力推动农业生产的发展。

朱元璋认为,"足衣食者,在于劝农桑。"① 他亲自撰写劝农文,督导百姓致力于生产,"里老尝督,违者治罪"。洪武元年,明朝统一全国的战争远未结束,朱元璋即下令:"凡民田五亩至十亩者,栽桑、麻、木棉各半亩,十亩以上倍之。麻亩征八两,木棉亩四两。栽桑以四年起科。不种桑,出绢一疋。不种麻及木棉,出麻布、棉布各一疋。"② 明初,政府始终"以农桑积储为急"。洪武二十七年,朱元璋"令户部移文天下课百姓植桑枣,里百户种秧二亩。……每百户初年课二百株,次年四百株,三年六百株,栽种讫,具如目报,违者谪戍边"。明初期实施"重农减征"政策,以严厉的法令强制百姓归农复业。洪武二年,朱元璋下诏:"凡各处漏口脱户之人,许赴所在官司出首,与免本罪,收籍当差。凡军、民、医、匠、阴阳诸色户,许各以原报(元代)抄籍为定,不许妄行变乱,违者治罪,仍从原籍。"③ 根据《明实录》的记载,自洪武元年正月至洪武三十五年八月,明政府共实施了二十一次税粮、田租的蠲免、减征,促进了农业发展。但是,到明代中后期,则逐渐变为掊克放任的荒农政策。

(二)地方官劝农

明朝形成了较为严格和制度化的劝农政策。明政府以农业发展成绩作为官员考核的重要依据。早在洪武五年十二月,朱元璋就敕令中书省:"有司今后考课,必书农桑学校之绩。"并于八年八月以太师、右相国李善长等劝督农事。要求各级官吏,为政的急务在于"田野辟,户口增",要亲自负责组织和指挥生产。永乐十一年九月,朱棣也下诏:"郡县官每岁春初,行视境内,蝗蝻害稼,即捕绝之。不如诏者,并罪其布、按二司。"宣德初年,仿元朝各路劝农司之例,添设浙江杭、嘉二府属县劝农主簿。成化元年,添

---

① 《明太祖实录》卷二十一。
② 《明史·食货志》。
③ 《明会典》卷十九。

设山东、河南等各布政司劝农参政各一员。

明代除去官吏劝农以外，还在乡间成立有效的农业生产劝督组织。"九月辛亥，命户部令天下人民，每乡里各置木铎，选年老者，每月六次，持铎询于道路。又令每村置一鼓，凡遇农桑时月，晨起击鼓会田所。怠惰者，里老督责之。里老不劝者罚"①。乡里选择年老者，在农桑的关键季节持铎敲鼓，督促百姓按农时耕种。明朝劝农教化的重要内容之一就是守时耕作，不误农时。政府严格规定："民有不奉天时、负地利及师不教导、生徒惰学者皆论如律"②。劝课农桑政策的实施，使明朝的农业生产得以迅速恢复和发展，奠定了明王朝统治的基础。

（三）农书与农业技术传播

1.《农政全书》

徐光启是明末杰出的科学家，在农业、水利、数学、天文历法、军事等方面都有研究著述，但是《农政全书》最为重要。全书共 60 卷，包括农本、田制、农事、水利、农器、树艺、蚕桑、蚕桑广类、种植、牧养、制造、荒政等 12 目，既有大量考证收录前代有关农业的文献，又有徐光启在农业和水利方面的科研成果和译述。

徐光启在为父亲居丧期间开辟农庄进行农业试验，总结出许多农作物种植、引种、耕作的经验，写了《甘薯疏》《芜菁疏》《吉贝疏》《种棉花法》《代园种竹图说》等农业著作。明万历年间，徐光启来到天津进行农业试验，写出了《北耕录》《宜垦令》《农遗杂疏》等著作。明天启年间，徐光启告病返乡，不顾年事已高继续试种农作物，并搜集、整理资料撰写农书。明崇祯元年（1628），徐光启官复原职，此时农书写作已初具规模，但由于上任后忙于负责修订历书，农书的最后定稿工作无暇顾及，直到死于任上。以后这

---

① 《明史纪事本末》卷十四。
② 《明实录·大明太祖高皇帝实录》卷七十七。

部农书由他的门人陈子龙等人负责修订，于崇祯十二年（1639），亦即徐光启死后的 6 年刻板付印，定名为《农政全书》。全书最有学术价值的是《树艺》《种植》等目所记载的植物及其栽培方法。据统计，《农政全书》目录上记有栽培植物 159 种，皆国人千百年来衣食住行取资之源。徐光启以其审慎的态度，广征历史文献，加之实地调查和亲自试验，因此书中所记植物之形态、特征、价值及栽培方法，大多信而有证。《农政全书》基本上囊括了中国明代农业生产和人民生活的各方面，其中又贯穿着一个基本思想，即徐光启的治国治民的"农政"思想。

2. 其他农业著作

明代还有许多农业著作与科普著作。1406 年，朱橚著《救荒本草》，收集四百一十四种可供食用的野生植物资料，载明产地、形态、性味及其可食部分和食法，并绘有精细图谱；1547 年，马一龙著《农说》，记载了水稻的精耕细耘、密植、育苗、移栽等的种植经验；1617 年，赵蛹著《植品》，记载西红柿等种植技术等。邝璠的《便民图纂》是通俗类农书的一种，内容包括各种农业生产技术知识、食品制造、医药卫生、家庭日用品的制备、与农事密切相关的气象预测和占卜择吉等，对于农业知识传播起到了重要作用。

明万历年间，喻本元、喻本亨兄弟编纂的《元亨疗马集》是为了适应畜牧业发展，培养兽医人才、普及兽医学知识和技术的需要。该书问世之后深受欢迎，民间流传的版本就有十几种之多。这一时期还有农业科学领域普及性读物《多能鄙视》《陶朱公致富奇书》等，自明代刊行，至清代仍有刻本。

四、民营手工业兴起与师徒传艺：手工业职业教育

明代的手工业匠人地位很低，匠籍的限制压抑了工匠的积极性与创造性，导致官营手工业下滑。明代中期，匠户劳役逐渐为征银所代替。明后期，官

府手工业逐步让位于民营手工业。明代官营作坊艺徒制逐渐衰退。

(一) 匠籍制度瓦解与民营手工业崛起

明代前期至中期，实行严格的匠籍和匠户劳役制度。匠籍身份世代承袭，不得更改，虽是能工巧匠也难以获得重视和封赏。嘉靖皇帝曾诏令"宣德年后……以技艺勤劳传乞升职世袭者俱查革"[1]。因此，官营手工业匠人的生产积极性、创造力受到打压，逃亡、怠工等情况多有发生。明代中期以后，官营手工业衰落，匠籍制度被"征银代役"制度突破瓦解。明英宗正统初年开始令南方工匠出银代役，由官府雇用在京工匠替代。明成化二十一年（1485），工部允许浙江、江西等地得工匠以银代役，每人每月出银九钱。后范围逐步扩大，出银额也发生变化。嘉靖四十一年（1562），明令规定轮班工匠征银代役，每名每年征银四钱五分，匠户劳役渐为征银代役取代。随着延续了2000多年的工匠徭役制度得以废除，手工业者摆脱了匠籍的束缚，获得人身自由。明朝后期，除盐业等少数行业还实行以商人为主体的盐引制外，大多数手工业都摆脱了官府的控制，成为民间手工业者。工匠流入民间后，采矿和铁器铸造、制瓷、造纸、丝织、棉布加工、榨油等行业的民营手工业快速崛起，带来商品经济的繁荣，催生了带有资本主义性质的经营方式萌芽。万历年间，苏州丝织业出现"吴民生齿最繁，恒产绝少，家杼轴而户篡组，机户出资，机工出力，相依为命久矣。……浮食奇民，朝不谋夕，得业则生，失业则死"，"染坊罢而染工散者数千人，机户罢而织工散者又数千人。"[2] 说明当时苏州的丝织业中已出现"机户"出资和"机工"出力的生产关系。万历时期的景德镇瓷器制造业也是"景德产佳瓷，产器不产手，工匠来八方，器成天下走。"[3] 出现身份比较自由的雇佣工人。

---

[1] 《明会典》卷一百二十。
[2] 《明神宗实录》卷三百六十一。
[3] 《景德镇陶录》卷八。

（二）手工业技术传承与发展

1. 冶铁技术

明代初期，遵化铁冶所是明代全国最大的官营铁冶场，铁炉日出铁量达千余斤，最盛时（永乐年间）使用工匠和夫役达2500多人。以萤石作熔剂，是明代炼铁技术的一大进步。另有烧炭、淘沙、铸铁、炒炼等专业分工。明代工匠已懂得把煤炼成焦炭并用于铁的冶炼，比欧洲要早200多年。鼓风装置的进步表现在由简单的木风扇改为活塞式木风箱，提高了风压和风量，而类似的活塞式风箱在欧洲大约是18世纪才发明和使用的。明代还进一步发展了灌钢冶炼技术，其办法是"以熟（铁）片夹生铁，用破草鞋盖之，泥涂其下，火力熔渗，取锻丙三"。[①] 嘉靖年间的抗倭名将唐顺之在《武备·前编》卷五中介绍了一种"生铁淋口"炼钢法，将生铁水淋到熟铁制成的坯件上，可增强兵器锋刃的硬度。

2. 纺织技术

棉纺织普及为农民家庭副业，在南直隶的苏、松等府形成全国最大的棉纺织中心。轧棉剥子用的搅车碾轴明初改进为铁制。弹弓，元代用手拨弦，元末明初改用弹椎。明后期，弹弓的弓背易竹为木，弓弦也易麻绳为蜡丝。万历以后，出现脚踏纺车，"一手纺四根以至五根线"[②] 技术出现。明代民间丝织业以江南三吴之地最为发达。其中，湖州以出产优质生丝（湖丝）著称，苏、杭则是丝织名城。缫丝比较普遍地采用了足踏二人缫车，织机有腰机和花机两种织机。弘治时，福建的机匠使用了一种称为"改机"的新式织机，所织绸称改机绸，十分有名。所织之纱绸"质细而滑，且柔韧耐久，擅绝海内外"。[③]

[①] 《物理小识》卷七。
[②] 《农政全书》卷三十五。
[③] 《武备志》卷一百零五。

3. 陶瓷技术

明代前、中期，官窑在景德镇陶瓷业中占主导地位。官窑集中了大批优秀工匠，故制瓷的工艺水平很高。著名的如宣德年间烧制的"白地青花瓷器""祭红"等精品。明代制瓷工艺和烧制技术都有重大进步。制瓷工艺方面如瓷坯的修整、做坯的技巧以及造型上玲珑镂空技术等均发展与更新。施釉的方法，明代发明"过锈"法，创造了"彩瓷"。彩瓷有"釉下彩"和"釉上彩"之分：在胎坯上先画花纹而后上釉入窑烧制的是"釉下彩"；先上釉烧制而后加画花纹，再经入窑烘烧的，叫"釉上彩"。其时彩瓷仍以釉下彩为主，著名的青花瓷即属此类。成化年间，又发明"斗彩"彩瓷，嘉靖、万历时期，在斗彩的基础上又出现"五彩"。由于烧制技术的进步，以前无法烧制的大型瓷器如大鱼缸等，到万历时期也成功地烧制出来了。

4. 造纸、印刷技术

据《天工开物》记载，明代浙江、江西、福建等省都有大量槽房即造纸手工业作坊，其中名品，如江西铅山奏本纸、临川小笺纸、浙江常山榜纸等。福建、浙江、江西三省交界处山区的"竹纸"和产于安徽宣城、泾县和宁国一带的"宣纸"尤为著名。竹纸是以竹为原料所造的纸。据宋应星的记述，须取嫩竹，经过用水浸泡（需百余日）、捶洗等"杀青"过程，得到"形同麻样"的竹穰，再经过石灰蒸煮、清水漂洗、草木灰淋浆的化学处理过程，然后再经过舂细、入槽、抄出、压平、焙干等一系列工序，才最终制成。明代造纸舂捣纸浆时已多用水碓。河南开封、浙江杭州等地出现许多民间书坊，南、北二京以及苏州、徽州等地兴起新的出版中心。明代印书仍以木刻雕版为主，但中后期活字印刷有所发展，木活字、铜活字、锡活字、铅活字都曾加以应用，以铜活字的应用较为广泛。套印和饾板印刷，以及拱花技术的应用，是明代印刷术的重大进步。天启六年（1626），吴发祥在金陵用木板水印印制的彩色《梦轩变古笺谱》是我国现存最早的一部用饾版拱花印刷的书籍，刻印之精堪称稀世珍品。

5. 造船技术

明初官营造船业十分发达，南直隶龙江、山东临清、辽东金州、广东广州、福建漳州、浙江明州等处是著名的造船基地。当时造船规模很大，"太祖初，于新江口设船四百。永乐初，命福建都司造海船百三十七"①。永乐年间，郑和下西洋所乘坐的"西洋宝船""大者长四十四丈四尺，阔一十八丈，中者长三十七丈，阔一十五丈"②，"体势巍然，巨无与敌，逢帆锚舵非二三百人莫能动"③。民间造船业自明中期以后迅速勃兴，不少工匠来自官船厂，使民间船厂可以大量运用官船厂的高超技术。

（三）手工业学徒制和手工业著作

明代，在强制工作状态下，官府手工业中的工匠积极性与创造性被压抑。匠籍制度的技术家传削弱了"艺徒"制度，官营作坊的艺徒训练有所衰退。但是，兴盛于宋代的民间师徒传艺活动却一直没有衰减。

明代手工业分工细化带来技术传授的专门化。明代造纸业作坊规模很大，一般一两千人，内部分工细致，技术传授活动也越来越细化。制陶工艺包括取土、练泥、镀匣、修模、洗料、印坯、镟坯、画坯、荡釉、满窑、开窑、彩器、烧炉14道工序，每道工序需要不同的工种协同完成，行业生产知识与技能在民间迅速普及。商品流通领域的扩大要求手工业者进行技艺总结和交流，总结各个生产程序的书籍如《镜史》《园治》《盘珠算法》《算法统宗》《木棉图说》等开始出现，成为当时传艺活动的教材。

1. 《天工开物》

宋应星是明末科学家，所著的《天工开物》是世界上第一部关于农业和手工业生产的综合性著作，全书分上、中、下三卷，又细分做18卷。上卷记载了谷物豆麻的栽培和加工方法，蚕丝棉苎的纺织和染色技术，以及制盐、

---

① 《明史》卷九十二《兵四》。
② 《瀛涯胜览》卷首。
③ 《西洋番国志》自序。

制糖工艺。中卷内容包括砖瓦、陶瓷的制作，车船的建造，金属的铸锻，煤炭、石灰、硫黄、白矾的开采和烧制，以及榨油、造纸方法等。下卷记述金属矿物的开采和冶炼，兵器的制造，颜料、酒曲的生产，以及珠玉的采集加工等。全书详细记述了各种农作物和工业原料的种类、产地、生产技术和工艺装备以及生产经验，既有大量确切的数据，又绘制了123幅插图。《天工开物》包括诸多科学技术，如在提水工具、船舵、灌钢、失蜡铸造、排除煤矿瓦斯方法、盐井中的吸卤器、熔融、提取法等中都有许多力学、热学等物理知识。在《论气》中，宋应星深刻阐述了发声原因及波的概念。宋应星是世界上第一个科学论述锌和铜锌合金（黄铜）的科学家，首次记载了锌的冶炼方法。《天工开物》记载了冶炼生铁和熟铁（低碳钢）的连续生产工艺，退火、正火、淬火、化学热处理等钢铁热处理工艺和固体渗碳工艺等。书中记述的许多生产技术，一直沿用到近代。

2.《园冶》

计成是明末造园家，根据修建吴氏园和汪氏园的实践经验写成《园冶》，是中国古代留存下来的唯一一部园林著作。《园冶》又名《夺天工》，刊行于明崇祯七年（1634），全书共三卷，分为兴造论、园说、相地、立基、屋宇、装拆、门窗、墙垣、铺地、掇山、选石和借景等十二个篇章。该书不但在我国有影响，而且流传到日本、欧洲等地。

3.《镜史》

孙云球是明末光学仪器制造家。他赴杭州向陈天衢学习光学，陈天衢则学自利玛窦、汤若望。孙云球把简略且原始的光学知识具体化，利用苏州的琢玉工艺，掌握了"磨片对光"技术，成功地磨制了各种凹凸透镜，创造性地用水晶材料磨制成镜片，根据眼疾患者疾症不同而随下配镜。在磨制凸透镜和凹透镜的基础上，他又利用水晶石磨制成存目镜、万花镜、鸳鸯镜、放大镜、幻容镜、夜明镜、千里镜（望远镜）等各类光学制品，使广大的眼疾患者能减轻痛苦。在此基础上，他制作了各类光学仪器达70余种，把我国民间光学制造业推向了一个新的起点。孙云球最大的贡献为专著《镜史》。《镜史》技术传播致使苏州眼镜业兴盛,"令市坊依法制造,(眼镜)遂盛行于世。"① 眼镜价格一路走低,最终使一般的老百姓都能消费得起。"顺治(1644~1661)以后价渐贱,每副值银不过五六钱。近来苏杭人多制造之,遍地贩卖,人人可得,每副值银最贵者不过七八分,甚而四五分,直有二三分一副者,皆堪明目,一般用也。"②

4.《鲁班经》

午荣,明代人,生卒年不详,编修了《鲁班经》并使之流传至今。《鲁班经》是一本民间匠师的业务用书,全书有图一卷,文三卷,主要内容包括介绍行帮的规矩、制度以及仪式,建造房舍的工序,选择吉日的方法;说明了鲁班真尺的运用;记录了常用家具、农具的基本尺度和式样;记录了常用建筑的构架形式、名称,一些建筑的成组布局形式和名称等。《鲁班经》对技术知识的介绍比较笼统,但从书中可知古代民间匠师的业务职责和范围,民间建筑的施工工序,一般建造时间、方位等等。它所介绍的形式、做法,至今仍可在东南沿海各省的民间建筑中看到某些痕迹。

5.《髹饰录》

黄成是明隆庆(1567~1572)前后的名漆工。他在总结前人和自己实践经验基础之上,撰写古代漆工专著《髹饰录》,为我国现存最早的古代漆工专著。全书分乾、坤两集,共18章186条。《乾集》讲制造方法、原料、工具及漆工的禁忌;列举了各种漆器可能产生的毛病和原因。《坤集》讲漆器分类及各品种的形态和各种漆器的几十种装饰手法。这是一部专业性很强的工具书,总结了我国古代漆器工艺的丰富经验,为古代漆器的定名和分类提供了可靠的依据。《髹饰录》列举品种甚为繁多,且所讲漆器不限于明代,往往上溯古法,描述唐宋或更早的制作,因而也是研究漆工史的重要文献,

---

① 《虎阜志》。
② 《阅世编》。

极为典型地反映了我国古代手工造物的天人合一的哲学观、精致尚古的审美观和敬业、敏求的工匠精神。

（四）明代西方科技传播

1582 年，意大利传教士利玛窦乘船到达广东，1601 年身穿儒服到北京朝见万历皇帝，揭开了"西学东渐"的帷幕。他在京居住十年，连续译著《几何原本》《乾坤体义》《测量法义》《万国舆图》等二十余种自然科学图书。明清时期比较著名并掌握一定科学知识的耶稣会士有汤若望、南怀仁、艾儒略、熊三拔等人。他们都与在朝做官的士大夫如徐光启、李之藻等人来往，也得到自万历至乾隆的一些皇帝的赏识。汤若望、南怀仁等人先后担任过钦天监监正的职务，参与过明末清初修改历法的工作。他们介绍了西洋历法、编制了天文计算表、引进了望远镜等天文观测仪器，协助培养了一批精通西方历算的人才。1607 年，徐光启与利玛窦合译《几何原本》前六卷正式出版；利玛窦与李之藻二人合译《同文算指》；1632 年，最早的中西文辞典《西儒耳目资》在杭州初刻；1629 年，由李之藻编纂的中国第一部全面传播西学的丛书《天学初函》在杭州刊出；1631 年，亚里士多德的逻辑学名著《名理探》也在杭州出版；汤若望口授、焦勖笔录《火攻揭要》是最早传授西方火器知识的书籍。

五、大量商书刊行与家传商业教育

明代的农业和私营工业发展促进了商业的繁荣发展，民间开始出现资本主义萌芽。明代商业技能传授活动和商业思想传播比宋元时期更为活跃。明朝政府曾规定"凡商税，三十而取一，过者以违令论"[①]，并扩大免税范围，

---

① 《明史·食货五》。

"军民嫁娶丧祭之物、舟车丝布之类,皆勿税"[①]。明代物流通畅,"凡福之绸丝,漳之纱绢,泉之蓝,福延之铁,福漳之橘,福兴之荔枝,泉漳之糖,顺昌之纸,无日不走分水岭及浦城小关,下吴越如流水。其航大海而去者,尤不可计。皆衣被天下",[②] "燕、赵、秦、晋、齐、梁、江、淮之货,日夜商贩而南,蛮海、闽广、豫章、楚、瓯越、新安之货,日夜商贩而北。"[③] 等反映了明后期商品的繁茂景象。

(一) 算学著作与商业职业教育

程大位(1533~1606),字汝思,号宾渠,安徽休宁率口人,明代数学家,著《直指算法统宗》十七卷,以珠算为主要的计算工具,将数字从筹码计算进化到珠算计算,确定了珠算定式,并完善了珠算口诀。《算法统宗》总结了加、减、乘、除的珠算方法,并绘有算盘图式,又第一次提出开平方、开立方的珠算方法,大大推动了珠算的应用。书中涉及的计算问题大多与商业等社会活动密切相关,促进了商业职业教育的发展。

此外,明代的吴敬撰写了《九章算法比类大全》,书中收集了不少与商业资本有关的应用题;徐心鲁所著《盘珠算法》是我国现存最早的一部珠算专著。

(二) 民间商业经营家传

明代民间商业传播多以世业家传形式进行。如徽商程致和提倡"趋时观变如猛兽鸷鸟之发";吴彦先注重预测市场需求,观察时机消长,权衡货物价值大小,然后谨慎投资;蒲州大贾王海峰指导子弟经商要相地计宜、择人任时,能察人所不察、取人所未取。他们都属于商业技能家传的成功代表。

---

① 《明太祖实录》卷一百三十二。
② 《闽部疏》。
③ 《李长卿集》。

（三）商书与商业技能传播

明代商业发达，大量商书出现，一类是着重记载各地水陆交通，如黄汴的《一统路程图记》《天下水陆路程》等；另一类是交通线路和商业规范经商经验，如程春宇的《士商类要》等；第三类为经商之道，如李晋德的《客商一览醒迷》等。大量商书的刊行实现了商业知识的累积和传播，也作为对商人子弟、门徒进行商贾职业教育的教材。

第二节　明代的职业教育思想

基于农耕经济的需要，明代的农业生产技术进一步发展，重农劝农思想和农业技术传播意识得到了进一步的强化。同时，明代的科学技术快速发展，科技发明层出不穷，著名科学家不断涌现。数学、医学、光学、机械工程等领域的著述丰富，科技传承意识和职业教育思想比宋、元时代更加活跃。

一、汪机的医学教育思想

汪机（1463～1539），字省之，号石山居士，安徽祁门人。他出身于行医世家，曾中秀才，因母亲患病而弃儒学医，努力钻研诸家医学经典，取各家之长，融会贯通，医术日精，行医四十年，救治数万人。他一生撰写医学著作《伤寒选录》《医学原理》《运气易览》《针灸问对》《脉决刊误集》《外科理例》《痘治理辩》《本草会编》《医读》《内经补注》等，成为新安医学流派的代表人物之一。行医和著述的同时，汪机热心授徒，培养了陈桷、程镳、项悊、周臣、许忠、黄古潭、汪副护等众多弟子，其中不乏孙一奎等一代名医。他授徒传技因材施教，对中医人才培养有系统的教育思想。

（一）仁术济世，首重医德

汪机认为，医生职业与人的性命密切相关，因此医学教育应将医德置于首位，唯有道德高尚才能做到不为己利，以医术济世。他认为"士不至相，则其泽之所及，不若医之博也"①，因此"弃去科举浮文，肆力诸家医书"②。汪机授徒以身作则，身教言传。他"谦约节俭，乐易疏愚，不求闻达，甘守穷庐"③，然而却能在临疫之中，倾己之资，备缸施药，控制痘疫。汪机行医时，对患者有请必应，尤其体谅贫病之家，遇危重患者废寝忘食，精心调治，亲自看护。他主张对患者的病情以实相告，既不夸大病情，也不隐瞒绝症枉费钱财，临证时从不乱用贵重药物和稀有药引。他曾怒斥庸医骗人骗物的不齿行为，认为医术"可以事亲，可以养身，可以活人，其为利也实溥矣，又何羡于良金腴产之是遗？"④ 充分反映了他淡泊资财、"心存仁术"的医德观。

（二）学术开放，诲人不倦

他在长期医学实践中形成了自己的诊疗特色，并将诊疗经验传授给习医者。他擅长脉诊，主张四诊合参，辨证论治，尤重八纲辨证、脏腑辨证。他还认为外科必本于内，这一观点影响到陈实功、王洪绪、高秉钧等后世医家。他认为针灸多用于实证，若论补虚，则针不如药。他终身向学，总结经验，著书立说，将自己的才学以著作形式传于后人。正如他自己所言："医乃仁术也，笔之于书，欲天下同归于仁也。今若刻布以广其传，则天下病者有所益，而天下医者有所补，其仁惠及于天下大矣"⑤。"朝究暮绎。废寝忘飧。经历八春。而始克就。惟欲吾之后人。乐守是道。以承吾志。"⑥其门生陈桷、

---

① 《古今医统大全》卷一。
② 《石山医案·自赞》。
③ 《读素问钞·石山先生自赞》。
④⑥ 《医学原理·自序》。
⑤ 《推求师意·序》。

程镳、项恬、周臣、许忠等皆得其传,并整理其医论、医案多种。这些著作成为后人学习其医术及治学方法的良好教材。

(三) 学无常师,博采众长

汪机认为,以医为业既要遵守前辈教导,学有渊源,深知医理;还要撷取百家,以应疾病万变。他自述"病当升阳,治法则从东垣;病当滋阴,治法则从丹溪。不可以南北异宜而执泥不化。"①,"广丹溪之志者,元礼也,广元礼之志者,维石山作之"② 汪机深研李东垣补脾之论,朱丹溪养阴之法,求教戴思恭之术,与门生陈桷校准刊行,把该书命名为《推求师意》,意在推广朱丹溪之法,防俗医滥用寒凉杀人,但书中也包含了汪机的诸多医疗心得和学术思想,足见其学无常师、融合诸家的学术思想。

明代的医学教育思想产生于当时的社会和医界环境。尽管古今教育环境已有诸多不同,当代的医学教育理念、教育方法和人才观念也有所更新,但基本精神是延续的,汪机所推崇的德才兼备、学术开放、学无常师等教育理念仍与当代人才培养特征相吻合,值得继承和发扬。

二、李时珍的医学教育思想

李时珍(1518~1593),字东璧,晚年自号濒湖山人,湖北蕲春县蕲州镇东长街之瓦屑坝(今博士街)人,明代著名医药学家,著有《本草纲目》《奇经八脉考》《濒湖脉学》等。他的医学著作不仅囊括了医学药学知识,也蕴含了丰富的医学教育思想。

(一)"会粹群说"的治学思想

李时珍出自世医之家,除刻苦钻研历代的医学著作外,还广泛阅读四书

---

① 《先府君古朴先生行状》。
② 《推求师意·序》。

五经和诸子百家、历史地理、农林园艺等著作,"上自坟典,下及传奇,凡有相关,靡不备采"①。他在继承前人理论和经验时取其精华,去其糟粕,如对久服水银、黄金、灵芝等可以成仙斥为"谬论";对略而不详的加以补充,如《本经》对益母草的主治仅有"主瘾疹痒"四字,他补充益母草"活血、破血、调经、解毒"的作用,田三七的"止血、散血、定痛"作用,指出益母草、三七都是血证的要药。疗毒用紫花地丁,血证用百草霜,曼陀罗花能麻醉,半边莲治蛇伤,蟾酥治癌,砒霜枯痔,海带治肿瘤,大风子油治麻风,羊肝治夜盲等,都是李时珍在接受前人的基础上敢于创新的结果。

他在"渔猎群书,搜罗百氏"的理论基础上,还注重实地调查研究,游历湖北、江西、安徽、江苏、河南、河北等地,虚心地向农、渔、猎、樵之人求教,善于总结来自民间的经验。如:他亲自实地观察和捕捉蛇和穿山甲以掌握其特性,经过实地调查对芸苔、五倍子进行了鉴别归类,对实用的民间医学谚语如"穿山甲,王不留,妇人服之乳长流"之类载入书中。在编纂修正、取舍之间,他既指出"鲜谬差讹"又取慎重的态度。例如砒霜,前人只作与"有毒","久服"才伤人,李时珍则补充"砒乃大热大毒,而砒霜之毒尤烈,人服至一钱许亦死"。针对生姜的损益,他亲自多次试验之后,得出"食姜久,积热患目"的结论。

(二) 儒、道、医融合思想

李时珍14岁中秀才,三次赴武昌乡试未中。乡试失利后,他师从理学家顾日岩,上自经典,下及子史百家,靡不阅览,对理学有很深的造诣。在"不为良相,便为良医"的思想指导下,李时珍秉承家学,阅读医书,教授生徒,为贫民治病,毕生专志于医学。因此,在《本草纲目》的编撰之中,融入了他对儒、道、医等诸家思想的理解和认识。

李时珍自认为《本草纲目》"虽曰医学药品,其考释性理,实吾儒格物

---

① 《本草纲目·序》。

之学"①，被王世贞誉为"兹岂禁以医书勤哉，实性理之精微，格物之通典"②。李时珍的这种"格物穷理"思想正是受儒家思想影响的结果。李时珍还提出："药有阴阳相配"，"阳为气，阴为味"，"外为标，内为本，阳为标，阴为本"，"木出酸，火生苦，土生甘，金生辛，水生咸"，"肝属木，心属火，脾属土，肺属金，肾属水"。这是道家思想与医学思想的统一。他认为四时用药"必先岁气，勿伐天和……所以体天地之大德也"，"顺四时气而养天和也"，并指出"暮世治病，不本四时，不知日月，不审逆从……故旧病未已，新病复起"。李时珍这种"天、地、人为一体思想"与道家"人法地，地法天，天法道，道法自然"是十分相合的。同时，李时珍反对道教鼓吹的所谓"长生不老"之药、"炼丹成仙"之术、"羽化登仙"之技，对利用神仙道教思想来麻痹百姓，敛聚钱财、讨好皇帝进行无情揭露。他先后批判过服水银、服芫花、服黄连、吞蝙蝠等可长生，戳穿服丹砂、服灵芝、服松脂等可以成仙，驳斥"养白鸡能辟邪""服麻勃能先知"等谬论，指出"方士荒诞之谈，不足信矣。"体现了朴素的唯物思想。

（三）注重实践的学术方法

李时珍采用以纲挈目的方法，将《本草经》以下历代本草的各种药物资料，重新进行剖析整理，使近200万字的《本草纲目》体例严谨，层次分明，重点突出，内容详备。他的学术思想和研究方法很有特色，成功地运用了观察和实验、比较和分类、分析和综合、批判和继承等方法。

李时珍对药物采用亲自采集、仔细观察，为弄清每味药物，提出释名、集解、辨疑、正误、修治、气味、主治、发明、附方八项内容指标，这八项不是每味药全有，有的五项、六项不等。他研究每味药，总是先参考诸家本草，考核诸家异同，用自己观察试验的结果，加以参证。如《本草经》中只

---

① 《本草纲目·凡例》。
② 《本草纲目·序》。

载枸杞之名,未言明药用部位;《名医别录》指出根大寒,子微寒;《药性论》谓枸杞甘平、子、叶皆同,《本草衍义》说枸杞是梗皮,据此,李时珍提出"窃谓枸杞:苗、叶,味苦甘而气凉;根,味淡气寒;子,味甘气平,气味既殊,则功用当别。此后人发前人未到之处也"。李时珍经过研究,在批判继承的基础上,推陈出新,"发前人未到之处",这种精神,贯穿于他的全部研究活动中。

(四)"辨证施法"的医疗思想

在《本草纲目》中,记载的疗法有六十多种之多。如汤药疗法、丸药疗法、散药疗法、滋膏疗法、丹药疗法、药酒疗法、药茶疗法、药粥疗法、药枕疗法、药汁疗法、针灸疗法、蒸气消毒疗法、熏洗疗法等。李时珍认为:"欲疗病,先察其源,先候病机"。在确定疗法前,要首先确诊病因与病机,要求"逆者正治,从者反治。反治者,热因寒用,寒因热用,塞因塞用,通因通用","高者抑之,下者举之,有余折之,不足补之,留者行之,燥者濡之,急者缓之,散者收之,损者益之,逸者行之,惊者平之。叶之、汗之、下之、补之、泻之,久新同法。"李时珍在临床中认识和总结疗法,在选药遣方过程中辨证施法,将辨证论治思想贯彻于治疗学之中。

三、龚廷贤的"医称多术"医学教育思想

龚廷贤(1522~1619),字子才,号云林山人,又号悟真子,江西金溪人,出身于世医之家,先学儒学,后随父学医,尽得其传,又博学众多医家,撰有《古今医鉴》八卷、《济世全书》八卷、《寿世保元》十卷、《万病回春》八卷、《小儿推拿秘旨》三卷、《药性歌括四百味》、《鲁府禁方》四卷、《医学入门万病衡要》六卷等。其传世医著中蕴含了大量的医学教育思想。

(一) 医学创新思想

在医学理论上,他博采诸家医经,创造性地提出了许多辨证施治的观点。

1. 血气论

他详细阐述了气血的生理、病理、相互关系及调治方法。指出人身之根本为血气,血气不通则百病始生。治疗以"人之一身,调气为上,调血次之"① 为主导思想,重在调气,气行则血随,并强调在调气调血的同时,要不忘助胃气,此乃治病之本。在治疗血证时,尤勿使滋腻之药损伤胃气。他还认为气为阳,血为阴,故左血右气,夜血昼气。此观点对临床辨证有重大的指导意义。

2. 脾胃论

他强调脾胃为五脏六腑之主,为血气生化之源,并说"补肾不若补脾。"脾胃受损乃内伤之根本,将脾胃受损原因概括为饮食劳倦、恣味纵欲、饮食自倍三点,简明扼要。因饮食与脾胃关系密切,饮食调理与否,直接影响到脾胃的健衰。故龚氏特别注重饮食养生,勿令饮食失调以害生。其总纲为"凡以饮食,无论四时,常令温"②。无论是防病、治病还是病后调理,都将调理顾护脾胃摆在重要位置,充分说明了龚氏注重脾胃的思想。

3. 衰老论

他阐释了人体衰老的机理为肾阴肾阳虚衰,而恣味纵欲会加速衰老以致早夭不救。龚氏提出"善养生者养内,不善养生者养外"③,反对单纯运用补药以保生,反对恣食厚味,认为不过是加速正气的衰退。而应重视摄生养性的重要性,倡导节欲清心以保精。

---

① 《寿世保元·血气论》。
② 《寿世保元·饮食》。
③ 《寿世保元》。

4. 养生延年思想

他提出万病之原为虚，致虚之由有四方面：一是饮食失节，损伤脾胃；二是劳役过度，耗散元气；三是思虑过度，损伤心血；四是房欲过度，耗伤肾水。虽智者亦难免犯之一二，运用王道和平之剂来进行调摄，早晚间服坎离既济丸和保合太和丸，则可免终身之患，延年益寿。再如，中风先兆为大指、次指麻木不仁或肌肉蠕动。在出现先兆症状后，及时用药治疗，则不仅可以可避免中风的发作，而且增强正气，不生他病。

（二）医学教育目的观

龚廷贤的医学教育目的是培养仁医以博施济众。正如他在《济世全书·序》中所言："古人有言：不得良相，则愿为良医。良相调燮宇宙，裨举世常无病。良医亦调燮宇宙，裨举世有病而无病。"他认为仁爱之心是做医生的必备条件，达则为良相，不达则为良医，不可以寿国脉，但可以寿苍生。因此，他"遂缵父业"，专心研读医学，最终成为一代名医。

（三）"医称多术"的医学人才观

他认为习医者对医学知识的掌握应全面，应当做到精脉理、识病原、知气运、明经络、识药性、会炮制。其中脉理是习医者首先要学习的。他在《万病回春·凡例》中写道："一是辑门分类析，简易详明，诚初学指南。首之以脉诀，继之以病论，次之以治法，又次以方药，即未谙医者，一展卷则脉病治方灼然于目。"此外，他十分重视运气学说，认为学习五运六气，可以了解疾病的发生、发展及其与自然环境的相互关系，在治疗时按时令的不同而分别施治，更好地实施辨证论治的原则。另外，掌握人体经络的分布、走向及所主也有助于洞察脏腑，辨治疾病。对于药学知识，他认为医者不仅应掌握药物的性味归经、识药性宜忌，还应掌握药物的炮制方法，清楚处方中药物需要如何炮制及处理火候等细节，必要时医者应亲自炮制药物以供所需。他本人精晓内、外、妇、儿各科，对脏腑虚实、妇孕之理、童幼之疾、疮痈肿毒均有精深的研究。在治法上则博采众长，多法并进，不仅在临床上创制了大量的方药，还在针法、灸法、推拿疗法、饮食疗法等颇有见地，是一位真正的全科医家。

他在采用治法、开具方药方面提出："医妙无穷，其间标本异治，虚实瞬易，损增互换，歧中之歧，变外之变"（《寿世保元·自叙》），强调临证时不应拘泥于古人成例，而应有所创新。目前临床上广泛使用的补气养血、调经止带的"乌鸡白凤丸"和治疗风热头痛的"清上蠲痛汤"均为龚延贤首创。

（四）未病先防、防治结合的思想

他的医著中载有许多预防疾病的自我保健方法，为传播医学知识、宣传预防医学思想做出了贡献。在他所著的《药性歌括四百味》一书中记述亦药亦食之品400味，多次再版刊行，传播食疗防病知识。他认为，如果人们平时能够通过饮食、心理等方面的调养"保其元气"，则"百邪不能奸，百病无由作矣"。对于出现发病先兆的疾病，医家应积极予以指导，如对于中风先兆大指、次指有麻木不仁感，或有手足无力、肌肉微掣等症状，应即刻服用愈风汤、天麻丸以防中风发生。

他还提出了切断传染性疾病传播途径的防疫思想。如对瘟疫的预防，龚氏推荐使用艾醋熏蒸、空气消毒，通过衣物、环境的熏蒸、洗鼻、口服屠苏酒等方法预防疾病的传播。如果家中有瘟疫患者，应将患者衣物置于甑上熏蒸，高温杀毒，则可一家不染。如果亲戚乡里患有瘟疫，探视前先用清油涂抹鼻孔，使其"任进入，候出外"①，然后用纸捻成条状探鼻取嚏三五个，就可预防疾病传染。

（五）医德医风教育观

他在带徒教学和著述中反复强调医德，屡次抨击世俗歪风，劝人引以为

---

① 《寿世保元》，中国中医药出版社1993年版，第102页。

戒。他自己临诊从不问富贫高下，认为"医乃生死之寄，责任匪轻，岂可因贫富而我之厚薄哉！"① 明确反对医生唯名是务、唯利是图，诋毁同道，倡导学术交流，自己临诊心得妙方从来不避外传，而且还呼吁其他医家："夫医为仁道，况授受相传，原系一体同道……慎勿訾毁，斯不失忠厚之心也。戒之戒之！"② 他抛弃门户之见，择善而从，广结同行贤才，共论医道，达到"睹闻觉日益多，谙练觉日益熟"③ 的境界。

（六）通俗医学教育观

龚延贤著成《药性歌括四百味》，将药学知识编为易颂易记的俗语歌赋，使"人易晓"④ 在民间广泛流传，极大地促进了医学知识的传播与应用。他在《寿世保元》中写道："予集《回春》已有二百四十味，今增补共四百味，编成四韵，下注制法，以示后学。"在讲到恶心时形容"恶心心中常兀兀，欲呕不呕吐不吐，此为恶心非心病，寒热痰虚停食水，治之须与呕吐同，随机应变毋胶柱"（《云林神彀·卷二·恶心》）。再如《小儿推拿方脉活婴秘指全书》中编写的"婴童歌""面部险症歌""险症不治歌""面部捷径歌""小儿无患歌"等多首歌诀，均道理明晰而又易于记忆，用心良苦但收效巨大。

他还重视对病人进行普及医学知识教育。他告诫求医之人应"罄告其所患，令医者对症切脉，了然无疑，则用药无不效矣"⑤他还指出，病有表里轻重，疗程可长可短。若病深胶结，则需精心调理，非二三剂奏效。频繁换医，甚易延宕病情，往往欲速则不达。他反对病家索得药方后自行购买服用，认为自行购药服用可能购得假药，或虽购得真药，但炮制不符合要求。所以必须在医生的指导下用药。

---

① 《万病回春》，人民卫生出版社1984年版，第490页。
②⑤ 《万病回春》，人民卫生出版社1984年版，第491页。
③ 《寿世保元·自叙》。
④ 《种杏仙方·序》。

龚延贤的人才价值观、"医称多术"的全科教育思想、预防医学思想、崇尚医德思想以及通俗医学教育等医学职业教育思想，对当代的中医教育及医学实践仍有很大的借鉴意义。

四、徐光启的农业、科技、军事教育思想

徐光启（1562～1633），字子先，号玄扈，上海人，曾任内书房教习、翰林院纂修、礼部尚书等，是明末杰出的科学家。他同耶稣会传教士利玛窦等人共同翻译了《几何原本》《泰西水法》等科学著作，著《测量异同》《勾股义》等天文学、数学著作，主持130多卷的《崇祯历书》的编写工作，著《农政全书》《甘薯疏》《农遗杂疏》《农书草稿》等农业著作。他还著有《徐氏庖言》《兵事或问》等军事方面的著作，并亲自练兵，负责制造火器，并成功地击退了后金的进攻。在这些著作和实践中，体现了徐光启丰富的农业、科技、军事和西学教育思想。

（一）农业教育思想

徐光启在《农政全书》等著作中阐述了其农业教育思想。他认为，国家的农业生产政策和措施是否得当，对农业生产的顺利进行具有重大的作用。他对历史上行之有效的屯垦、水利和荒政三项农业政策做了详细介绍，论述了此三者对保证农业生产的顺利进行和农业劳动者生存的重要性，提出了通过开垦荒地、兴修水利来发展农业生产，通过备荒救荒来稳定农业生产的主张。

1. "富国必以本业"的重农思想

徐光启在《农政全书·农本》中指出："君以民为重，民以食为天，食以农为本"，"故圣人治天下，必本于农"，"农者，生财者也"，"富国必以本业"，把"务农贵粟"作为富国富民的重要途径。他猛烈抨击了明朝后期国家不重视农业知识、技术及其研究和传播的现象："国不设农官，官不庀农

政，士不言农学，民不专农业，弊也久矣。"① 提出当政者应从思想上认识农业的重要性。

在农业教育方面，他认为，朝廷必须有"司农之官，教农之法，劝农之政，忧农之心"②。国家应当设立专职农官，官吏应当以农政为急务，士子应当研究和讲论农学，百姓应当专心农业生产。徐光启针对当时"农人不过什三，农之勤者不过什一。然则一人生之，数十人用之，财安得不细"的状况，提出必须"有法以驱之，使去末而就本"③，必须督促游食之民归于农，保证农业劳动力。他甚至提出令宗室食禄者也从事农业生产，以自给自足的方式保证宗室的供养，达到给农民减负的目的。这在当时只能是一种幻想。

2. "水利者，农之本也"

重视兴修水利是徐光启重农思想的又一重要表现。他在《农政全书》中阐明了水利与农业的关系，认为"水利者，农之本也，无水则无田也"，水利是"国家之基本，生民之命脉"，"国家财赋，多出于东南，而东南财赋，皆资于水利"。他用了九卷的篇幅阐述水利建设的技术和经验，阐明"水利之兴废，乃吴民利病之源也"，兴修水利，"涝可为容，不致骤当冲溢之害；旱可为蓄，不致遽见枯竭之形"。强调水利建设"其利不可胜计"，"赋税之所出，与民生之所养，全在水利"，必须"督吏民修农田水利"，把水利作为"农田急务"。他认为水利建设的重点在西北，认为"西北之地，夙号沃壤，皆可耕而食也。唯水利不修，则旱潦无备。旱潦无备，则田里日荒。遂使千里沃壤，莽然弥望，徒枵腹以待江南"，只有大兴水利，才会改变西北地区"旱则赤地千里，潦则洪流万顷"的境况。他还提出水资源首先要用于发展农业的观点，认为"水者生谷之藉也"，"能用水，不独救旱，亦可弭旱……不独救潦，亦可弭潦……用水而生谷多"，指出当时国穷民贫，是由于不能多生产粮食；粮食生产不多，是由于没有把水资源用之于发展农业。另外，

---

①②③《农政全书》卷第二。

他对唐宋以来实行的"南粮北运"造成的巨大消耗提出批评,建议在西北兴修水利,实行屯垦,解决京师和西北的粮食问题。

3. "预弭为上,有备为中,赈济为下"的备荒思想

明朝末年,政治腐败,经济凋敝,外患不断,天灾连年,农民起义四起。徐光启认为灾荒是引起农民起义的重要原因,在饥荒发生时教民如何度荒,尽量避免饥民造反,对稳定社会,保证农业生产有着重要作用。他提出备荒、救荒要"预弭为上,有备为中,赈济为下"。"预弭"就是"浚河筑堤,宽民力,祛民害",以官粮招募饥民兴修水利,既可以避免在发生灾荒时饥民流离失所、冻饿而死,又使饥民集中于水利工程,防范饥民造反,稳定了社会秩序。"有备"就是"尚蓄积,禁奢侈,设常平,通商贾";"赈济"就是"给米煮糜,训一户而救"。徐光启在《荒政》中辑录《救荒本草》和《野菜谱》两书,提出"饥馑之岁,凡木叶草实,皆可以济农",并亲自到河洛秦晋等地尝试野菜达三十多种。

(二) 重视科技传播思想

崇祯二年(1629),徐光启在《条议历法修正岁差疏》中说:"盖凡物有形有质,莫不资与度数故耳",提出"分曹"料理即分学科研究的思想,并论述数学和其他科学的关系及数学在生产实践中的作用。他认为数学是"从用之基",提出"度数旁通十事":治历、测量、音律、军事、理财、营建、机械、舆地、医药、计时。在他掌管的"历局"内开展以数学为根本,兼及气象学、水利工程、军事工程技术、建筑、机械力学、大地测量、医学、算学及音乐等学科的研究工作,使历局形成了科学研究机构的雏形。

徐光启主持改历期间,对钦天监的天文、历法教育也进行了相应的整顿。首先,他专门挑选了一批能写会算的有为青年做学生,让他们一边参加修历工作,一边学习天文、数学、历法知识。这种将教学和科研结合的方法,继承发扬了沈括、郭守敬等主办钦天监时培养人才的经验。其次,他加强了科

技知识的教授工作,既介绍了西洋天文、历法的新知识,又补充了学生最薄弱的数学基础知识,还将历书的内容分解为"法原""法数""法算""法器""会通"五个部分,要求学生学习掌握。再次,他更新了天文观察仪器,在我国天文台上建造了三架天文望远镜,这在当时堪称世界先进水平。徐光启还亲自教授学生掌握使用、观测的方法。最后,他注意启发学生思维,培养学生的能力。天文官生朱光灿正是在他的诱导下,设计制造了一个食分板,准确地报告了日食的情况。

(三) 军事教育思想

徐光启在进行农学、历法、数学等自然科学研究的同时,还著有《选练条格》《兵机要谈》《徐氏厄言》等军事著作,阐发和传播了精兵、攻守、防御等军事思想。

1."强国必以正兵"的思想

针对明代后期的军事机构冗员臃肿、军官骄奢淫逸、兵员训练松懈等实际情况,提出"富国必以本业,强国必以正兵"的主张,他认为,军事素质低下的士兵参战如"担雪填井,无丝毫之益","虽调集百万,亦空残民命,徒费资储而已。"① 他多次上疏朝廷,主张"正兵"即整饬军队,提高军队的作战能力。他认为"正兵"以精兵为要,精兵的原则是"少、饱、好",提高士兵的生活待遇,募兵时应按照勇、力、捷、技四个标准进行挑选和训练,而且"选须实选,练须实练",做到"齐众若一,分合如意,守莫能攻,战莫能敌。"② 他强调,部队的军事训练要"求精贵实",运用"角技"等方式提高训练质量,军官的选拔也采用"角技"的办法,"每队长、哨官缺,于上士中角技补之;千总、把总缺,于队长、哨官中角技补之"③,逐级上推,直至将领,还可以越级提拔。他的这一主张在重视门第、功名的明后期必然难以实行。

————————
①②③ 《皇明经世文编》卷四百八十八。

2. "先求我之可以守"的持久防御思想

面对明朝后期国内民变丛生、北方的蒙元后裔入侵、东南沿海倭寇为患、荷兰入侵台湾、南方越人袭扰、辽东后金兴起等内忧外患，徐光启上疏朝廷提出"先求我之可以守，次求我之可以战，次求我之可以大战"① 的持久防御思想。他认为，明军要改变长期以来的被动局面，须量力而行，在战略上采取守势，先通过长期防守，消耗敌人，稳定防御态势，改变敌我力量对比，进而过渡到"战"和"大战"，最后进行全面战略反攻。如对蒙元后裔的"北房"，他主张采取屯垦政策，在靠近边境的适宜地区建筑若干城寨，驻军屯垦戍边；对于倭寇取消海禁，恢复开放政策，进行正常贸易；对越人采取多种刺竹，构成一道天然长城，防其入侵；荷兰虽然是"真虎豹"，终将成为"百年之患"，但目前还不是现实威胁；正在扩张的后金盘踞的辽东，是最可怕、最危险的敌人，应集中主要兵力于辽东方向，"宜以战为守"，有准备的重点防御。敌人"遇到一城坚守，就不会越过它再往前进，遇到数城坚守，怕后路被袭，自然会撤退。"明朝听并未采纳他的建议，导致进攻后金遭到惨败，崇祯二年（1630），后金由冀北入关，次年直逼北京城下。

3. 重视发展新装备和新战术思想

徐光启敏锐地预见到火器的发展将作为一种变革性武器取代冷兵器，使用火器可以坐而胜敌。火器的运用必将引起军队装备、编制和战术的变革。他还认为，火器如不和机动结合起来，不创立新的战术，就难以充分发挥作用。为此他主张建立一支以使用火器为主的机动部队——"车营"，配备西洋大炮、中炮、鹰、鸟铳、炮车、粮车等新式装备，无论行进或宿营都能攻守自如。徐光启认为，按这样的战术，如果组建四五个车营，长城以南的安全就有了保障；组建十个营，就不怕收复不了关外的失地；有十五个营，就"不忧进取"。这些设想在当时的历史条件下是难能可贵的。

---

① 《皇明经世文编》卷四百九十。

（四）"会通中西，以求超胜"的西学思想

西学东渐潮流初见端倪之际，徐光启首先敏锐地意识到引进西学的必要性。他在1629年给崇祯皇帝的奏折中提出"欲求超胜，必须会通；会通之前必须翻译。"的西学思想。"翻译、会通、超胜"的思想一直贯穿于徐光启毕生的科学实践中，成为他试图构建我国近代科学体系的一个主导思想。1607年，徐光启和利玛窦译出拉丁文十五卷注释本《几何原本》的前六卷。这是我国最早翻译的西方数学著作，后九卷一直到250多年后才被译出。该书首次介绍了以严密的逻辑推理为特色的欧几里得几何体系，有别于中国传统的演绎法推理习惯。他在后来完成的两部数学著作《勾股义》和《测量异同》中都自觉地运用了这种推理方法。《崇祯历书》中体现了他在天文学方面引进西学的成果。该书明确了地圆思想，引进了一套与中国完全不同的天文学度量制度，包括分圆周为360度，一日96刻，60进位制，黄赤道坐标等。在农业方面，《农政全书》也引进《泰西水法》六卷，介绍了西方取水蓄水之法。他还关注西方的葡萄种植技术，运用西方近代自然科学的思维和方法来进行农业试验和研究，通过农业试验，收集丰富而准确的数据，进行科学的分析，从而得出客观的结论。

综合来看，由于时代和阶级局限，徐光启的重农思想、科技思想、军事思想、西学思想以及诸多具体措施都没能得到实施，但是通过著作的刊行和思想的传播，对于当时和后世的影响是巨大的。

五、宋应星的"法""巧""器"辩证统一思想

宋应星（1587~1666），字长庚，明代江西省南昌府奉新县北乡雅溪牌坊村（今江西省宜春市奉新县宋埠乡牌楼村）人，明末清初著名的科学家。因科举仕途不顺使他能够潜心了解民俗民情和社会生产技术，为日后著《天工开物》一书打下了深厚的实践基础。之后宋应星曾历任江西分宜县教谕、

福建汀州府推官、安徽亳州府知州、南瑞兵巡道等职。他撰写了《天工开物》《野议》《论气》《谈天》《思怜诗》等多部著作，其中《天工开物》最为著名，是一部全面介绍中国古代工农业生产技术的百科全书。他在整理介绍生产技术的同时，还运用了自然科学和哲学的思维方法，阐明了自己的科学技术思想，在我国科技教育发展史上做出了重要贡献。

（一）"法""巧""器"辩证统一思想

宋应星认为，科技的发展取决于"法""巧""器"三个概念，即生产者所掌握的基本技法、生产技能和所使用的工具器具三要素。在技术三要素中，正确的操作方法固然很重要，但只有通过"巧"与"器"才能达到最佳效果，而其中，"人巧"是最积极的因素，因为"人为万物之灵""人巧造成异物也"[1]。他甚至在《锤锻》章认为"锤工亦贵重铁工一等"，对从事复杂技术生产如锻造铜乐器的工人，应给予比锻造铁器的工人高一档工资。这就从技术政策上落实了他的思想主张。他提出："世无利器，即般（鲁班）、倕安所施其巧哉？"[2]，意思是，如果世界上没有优良的工具，即便是鲁班和倕这样的能工巧匠，又将如何施展技巧呢？在强调"人巧"的同时，宋应星还强调"器"的重要性和先决性，认为"人巧"是操作器物之巧，若没有各种先进的生产工具和技术设备与之配套，工农业生产也就不能有效进行。他又举例说："凡榨，木巨者围必合抱，而中空之，……中土江北少合抱木者，则取四根合并为之，铁箍裹定，横拴串合，而空其中，以受诸质，则散木有完木之用也。……若水煮法，则并用两釜。……注水滚煎，其上浮沫即油。……然得油之数毕竟减杀。"[3] 可见"榨"油的技术和"煮"油的技术都需要巧用器具才能实现。"器"和"巧"的辩证联系在于"器"为"人巧"所制并为"人巧"所用，"巧"则通过"器"的使用得以体现，二

---

[1] 《天工开物·五金》。
[2] 《天工开物·锤锻》。
[3] 《天工开物·膏液》。

者互相联系，统一于生产实践中。

（二）传统技术分类思想

宋应星在《天工开物》序中阐明"卷分前后，乃贵五谷而贱金玉之义"的技术分类思想，并以此原则把全书的体系编排为上、中、下三卷，十八章，形成了一个井然有序的整体，内容涉及当时农业、手工业、交通运输业、国防、工商等几个主要部门，插图122幅，图文并茂地记录了明末居于世界领先水平的技术成就、科学方法和科学创见。全书以介绍关于粮食作物的栽培技术的《乃粒》篇开始，以介绍珠宝玉石来源的《珠玉》篇结束，如《乃服》篇涉及养蚕、种桑麻、纺织等技术，《甘嗜》篇涉及种甘蔗、制糖、养蜂等技术，《彰施》篇包括染料植物栽培及染色等技术……对于如此众多的各行各业的生产技术和细分环节，宋应星采取了科学的分类方法，尽其所能，详细具体地加以介绍。宋应星将谷物按其产量及在口粮中的重要性为序，按自然类别划分为稻、麦、黍稷粱粟、麻、菽（豆）五大类，再以五大类为纲，纲下分细目。如稻类下分糯、粳，麦类下分小麦、大麦、裸大麦，豆类下分大豆、绿豆、豌豆、蚕豆、小豆、扁豆、豇豆等。尽管书中还分类介绍了诸如机械、砖瓦、陶瓷、硫黄、烛、纸、兵器、火药、纺织、染色、制盐、采煤、榨油等生产技术，但仍遵循了"贵五谷而贱金玉"的思路，由此可见宋应星的技术分类思想受到中国古代传统农本思想的深刻影响。

（三）朴素唯物论与科技思想的统一

宋应星一生致力于对农业和手工业生产的科学考察和研究，收集了丰富的科学资料，同时也逐步形成了朴素的唯物论和辩证法的思想。他把自己的著作命名为《天工开物》，"天"即自然界，"工"指人的技巧；"开物"即开发利用物质财富。宋应星已经认识到自然界是人类赖以生存的物质基础，人则能够用自己的智慧技巧开发利用自然界物质财富满足生活需要。他在《天工开物》的序中开宗明义："天覆地载，物数号万，而事亦因之曲成而不遗，岂人力也哉？"意思是：宇宙天地容纳万物，而事之纷繁复杂便由此衍生，物、事遵循相同的规律，互相影响派生出世间万象而无所遗缺，这难道是人力可比的吗？这种强调自然界不以人的意志而客观存在的思想属于唯物论思想，在当时非常可贵。《天工开物》出现在中国传统社会中科学技术最为活跃的时期。宋应星把他的哲学思想与科学技术紧密结合起来，用《天工开物》中所述三十种技术的实例来支持和解释他的哲学思想，既是对古代科学传统的有效继承，也与当时兴起的实学意识和进步思想息息相关。

六、黄宗羲的"经世致用"思想

黄宗羲（1610~1695）明末清初经学家、史学家、思想家、地理学家、天文历算学家、教育家，著有《明儒学案》《宋元学案》《明夷待访录》等。《明夷待访录》一书中论述教育的《学校》一文，针对当时科举腐朽、学校流弊重生的社会现象，对学校职能、教师、受教育者及教育内容等方面都提出了一些新的观点，阐述了他的"经世致用"思想。

（一）"学贵履践，经世致用"的教育思想

黄宗羲批判宋明理学和心学的空疏无用："夫儒者均以钱谷非所当知，徒以文字华藻，给口耳之求，不顾郡邑之大利大害。"指出"科举之弊未有甚于今日矣"，"此等人才岂能效国家一幛一亭之用？徒使天之生民受其笞挞，可哀也夫。"抨击了科举取士的弊端。他因此提出"学贵履践，经世致用"的主张。他研究了地理、数学、几何和中西历等自然科学科目，大部分著作是关于农业、手工业和国防业等实用性的自然科学技术。在他设计的未来市民社会的学校体系中，各级各类学校"其下有《五经》师，兵法、历算、医、射各有师，皆听学官自择。"[①] 除经师开经学外，还特别开设兵法、

[①] 《明夷待访录·学校》。

历算、医学、射术各科,并各有学官教授。他还提倡所谓"绝学","绝学者,如历算、乐律、测望、占候、火器、水利之类是也。郡县上之于朝,政府考其果有发明,使之待诏,否则罢归。"① 他主张通过学校和实行法治来监督君权,这种学校具有面对天子直言"政有缺失","公其是非"的职能,提出以"天下之法"取代君主的"一家之法",从而实现"有治法而后有治人"的理想。

(二) 培养和重用科技人才的教育主张

黄宗羲在教授弟子经、史、诗文以外,还进行科技知识教育。他在甬上证人书院主讲期间,讲授内容除了经学外,还有天文、地理、六书、九章等内容。在海宁讲学期间,天文历算与数学也是黄宗羲讲授的重要内容。黄宗羲的学生、数学家陈评曾深受其启发:"海昌陈言扬,因余一言发药,退而述为《勾股书》。空中之数,空中之理,一一显出,真心细于发,析秋毫而数虚尘者也。"② 在黄宗羲所设想的"取士八法"中,"绝学者之法"是专门针对科技人才的,主张取用包括历算、乐律、测望、占候、火器、水利等方面专才的学子。他在《明夷待访录·学校》篇中说:"学历者能算气朔,即补博士弟子。其精者同入解额,使礼部考之,官于钦天监。学医者送提学考之,补博士弟子,方许行术。岁终,稽其生死效否之数,书之于册,分为三等:下等黜之;中等行术如故;上等解试礼部,入太医院而官之。"主张对那些具有科技知识的人量才选官任用。

(三) 提倡实学、"学用一致"的教学思想

黄宗羲强调:"经术所以经世,方不为迂儒之学",认为兵、农、天时、地理和物理都属于"经世致用"之务。他精研天文、数学、地理、乐律等,

---

① 《明夷待访录·取士》。
② 《黄梨洲文集》,中华书局2011年版,第316页。

曾撰有《授时历故》《西历假如》等天文类著作十种,《圆解》《割圆八线解》等数学类著作六种,《今水经》《四明山志》等地理类著作五种以及《律吕新义》乐律著作一种。他还用这种思想来教育学生。因而,弟子们都能刻苦钻研"经学、史学以及天文、地理、六书、九章至远西测量推步之学",而且"皆卓然有以自见",取得了相当的成就。他还倡导文武合一。学生既学文,又学武,以适应当时社会的需要。他认为学者学兵法,可"知兵书战策非我分外",武夫学文可"知亲上爱民为用武之本"[①],互相取长补短。他提倡"学用一致"的教学方法,学历者能算气朔,观测天文气象"即补博士弟子";学医者必须通过提学理论考试,进行临床实践一年"方许行术",年终"稽其生死效否之数,书之于册"[②],分三等处理,"下等黜之",取消学籍,中等者继续作医疗工作,上等者入太医院做官。黄宗羲将天文、数学、地理、医学等科学知识列为教育内容,既是对中国古代科技教育传统的继承和发展,也是受到当时西方科学知识传入中国的影响。他的教育思想适应了明末资本主义萌芽的历史潮流,对近代实学思想产生了积极的影响。

此外,黄宗羲提出"工商皆本"的思想,与传统的"重农抑商"政策相对立,反映了当时市民阶层与普通地主的要求与愿望。

经世致用是先秦儒学的传统,被程朱理学、陆王心学在一定程度上抛弃,专讲道德性命、修身养性,学问与社会实际严重脱节。以黄宗羲为代表的明代思想家提倡的经世致用思想,简言之,即学习对现实社会有用的东西,研究学问要和社会实际相结合,不要空谈,要活学活用。除了黄宗羲之外,明代思想家当中还有王廷相、顾炎武、王夫之、李二曲等人秉承了这一思想。他们继承了中国古代朴素唯物主义传统,在明末科学技术的进步及资本主义生产关系萌芽的形势下,反对宋明理学,提倡唯物主义思想;反对封建专制主义;倡导均田说与"工商皆本"说;反对浮夸空谈,讲求经世致用,开创

[①] 《明夷待访录·兵制》。
[②] 《明夷待访录·学校》。

了新思潮、新学风。

七、程春宇的商业教育思想

程春宇是明代天启年间徽州府人,其生平经历不详。他根据多年经商经验,辑录詹漪子《士商要览》等其他商书章节,加之新撰内容,著成《士商类要》。新安原版《士商类要》共四卷,卷一中记录了天下水陆路程共计 100 条,卷二的《客商规略》《杂粮统论》《船脚总论》《为客十要》《买卖机关》《贸易赋》《经营说》《醒迷论》等论述了经商之道。《士商类要》打破了明代商书以两京为中心的体系,开始突出以徽州为中心的体例,基本上可以代表明代徽商的经营技能和理念传承的思想。

(一) 商业道德教育思想

程春宇生在徽州,从小受到重商风气的熏陶,他很注重商人的自身修养,力求道德之完善,成为儒商,不做损人利己的亏心事。他提出,为商者须"勤俭为先,谨言为本"[1],只有勤劳节俭,多收入,少支出,才能积累资财。

他认为,商贾为人处事要持"致中和"之道,"人过者,满则必倾,执中者,平而且稳""凡人存心处世,务在中和""不可因势凌人,因财压人,因能侮人,因仇害人。倘遇势穷财尽,祸害临身,四面皆仇敌矣。"律己应力求自省,宽仁为本,"惟能处势益谦,处财益宽,处能益逊,处仇益德。若然,不独怀人以德,足为保身保家之良策也"。[2]

他在《戒嫖西江月》和《醒迷论》中特别强调,商人多恃钱财,易陷声色犬马之好,应当戒色戒赌,"半路逢花,慎易沾惹",如遇赌博"宜远不宜近",不要"夜饮过度",做到洁身自好,保全身家。他还强调合法经商,

---

[1] 《士商类要·贸易赋》。
[2] 《士商类要·买卖机关》。

"报税不可隐瞒,……此系守法",反对偷税漏税。

(二) 商人的商品质检意识

程春宇认为商贾者必须熟悉商品的优劣。他根据长年经商的经验积累,在《杂粮统论》篇中对芝麻、菜籽、米、糯米、大小麦,绿豆、黄豆、黑豆诸类的优劣特点进行了逐一介绍。例如芝麻、菜籽要以出油率为准,以"老、乾净、润为优",检验可用探筒,"滑顺到底者必乾"。米要看糠的粗细,皮的厚薄。小麦"清深皮厚者面少",大麦则以"饱满青白无须寡净者为上"。他在《经营论》篇中列举了各种主要商品鉴别真假优劣、估定等次的专门知识和技巧。这是强调商品质检意识的具体表现。

(三) 对商业经营规律的认识

1. "量入以制出"的经营原则

他在《士商类要》中强调,商业经营要遵循"量入以制出"的原则,即保持收支平衡。他指出:商人"出纳不问几何,其家必败"[1]。要"临财当恤","银钱堆积目前,亦宜斟酌出纳","若迷蒙不问所进若干,尽其所有而用,更无稽考,不怀畏惧,此为必败之道。"[2] 以此告诫商贾不能因追求奢侈生活而超过收入承受能力;应知道创业艰难,守业更难,"切莫欢娱轻易费"[3],但是也不能过分惜出,落个鄙吝之名。

2. 货物贵贱互转的价格规律

他在《士商类要》中辑录《客商规鉴论》,告诫商贾须知道"货有盛衰,价无定例,须识迟中有快,推详好处藏低,贵者量有贱之时,衰者度有兴之日,买必随时,卖须当令。如逢货贵,量处不可荒,若遇行迟,脱处切宜宁耐",掌握货物的贵贱互转关系,不因物价忽涨忽落而惊慌失措,而是要掌

---

[1] 《士商类要·醒迷论》。
[2] 《士商类要·买卖机关》。
[3] 《士商类要·贸易赋》。

握好时机。他以粮食买卖为例，阐明物价涨落有一定规律可循。如："如贩粮食，要察天时，既走江湖，须知丰歉"；"荒年艺物贱，丰岁米粮迟"；"堆垛粮食，须在收割之时，换买布匹，莫向农忙之际"，"买卖莫错时光，得利就当脱手"说明掌握贸易时机的重要性；"货贱极者，终虽转贵。快极者，决然有迟"；"价高者只宜赶疾，不宜久守，虽有利而实不多，一跌便重。价轻者方可熬长，却宜本多。行一起而利不少，纵折却轻"，是说明价格高低与存货周期、获利多少的关系；"得意者，志不可骄，骄则必然有失。遭跌者，气不可馁，馁则必无主张"则说明在价格变化之际，商人把握好买卖心态的重要性。

（四）"重莫重于知人"的商业理念

他十分重视商业交往中对人的观察和了解。认为"凡谦谀重礼之人，其中心必诈；面颜不能诏媚，则起坐无恭"；相见时酒席破格丰盛，谦恭过度，一定是货滞急于找人脱手；运货中途如有人要求搭船，身无行李而衣冠齐整，定是不良之徒；"行动朴素安藏者，定然诚实"，口是心非，言过其实，必非善良之辈。

经商结伴而行，提倡"处处马头交益友"，旅途中可以互相照顾。但是要谨慎结伴，"真实者言必忤，勤俭者必自行"。在买卖中，"问价即言，大都不远，论物口慢，毕竟怀欺。"说话慢，心里可能正在盘算，"齿下不明，久后徒然混赖。"买卖上有问题要当面说清楚，防止日后含混赖账。结交朋友，要以"至诚忠厚、虽无能干，其信实正大可取，总有妙才，转环之智，若丧心丧德，役诡役诈，此不可交"；"宅新而焕，标致奢华"的排场之徒，"内囊必无积聚"，房内用具虽然古旧，不是破旧不堪者，往往是"老实俭朴好人家也"。

（五）经商安全为要的思想

程春宇在《士商类要·为客十要》中，前三要就是讲商家外出、行船、住店的安全问题:"凡外出,先告路引为凭,关津不敢阻滞;投税不可隐瞒,诸人难以协制。此系守法,一也。凡行船,宜早湾泊口岸,切不可图快夜行;陆路宜早投宿,睡卧勿脱里衣。此为防避不测,二也。凡店房门窗,常要关锁,不得出入无忌;铺设不可华丽,诚恐动人眼目。此为谨慎小心,三也"。

他还告诫商人:"铜铁忌藏箱簧,重物莫裹包囊","有物不可离房,无事切宜戒步","客商慎勿妆束,童稚戒饰金银","天未大明休起早,日终西坠便湾船","不论陆路、水行,俱看东方发白,方可开船离店。若东方冥暗,全无曙色,寒鸡虽鸣,尚属半夜,若急促解缆陆行,恐坠奸人劫夺之害,不可不慎。至于日将西坠,便择地湾船投宿。"强调"逢人不令露帛",以免"被人瞧见,致起歹心,丧命倾财"①。

八、李晋德的商业道德教育思想

李晋德(生卒年月不详),明代崇祯年间闽籍商人,著《新刻合并客商一览醒迷天下水陆路程》(简称《新刻客商一览醒迷》),崇祯八年刊印,为明代著名商业书。该书内容偏重于论述商业行为规范、道德修养,包含了他教授后人、生徒和告诫商贾同行的商业道德教育思想。

(一)"钱财物业,来之有道"

在《新刻客商一览醒迷》的开篇,李德晋提出:"人生于世,非财无以资身;产治有恒,不商何以弘利?"他强调财以资身、商以弘利,但是也强调义字为先,生财有道。他说:"钱财物业,来之有道,义所当得者,必安享永远。若剥削贫穷,蒙昧良善,智术巧取,贪嗜非义,虽得之,亦守之不坚。"他认为,以义生财才能心安理得,不结仇怨。但是如果贪图不义之财,短期得利,不能长久坚守财富。如果"为人丧却良心,生端倾陷害人,惟图

---

① 《士商类要·买卖机关》。

己利,……用尽机关,策算无遗……似此之人,不殃其身,必及其裔也。"① 也就是靠坑害他人获利,机关算尽终有报应。这些商业道德教育观点无论在古代还是现代都具有重要的思想价值。

(二)"心地光明,诚心不欺"

在商业的行为方面,他反复告诫商贾要诚信无欺,心底敦厚,以义行商。他提出:"盖慈善存心端正,动履庄严,所作所为,不由岐险,是以多获平坦福也";否则,必将"陷于不道"而遭报应,"处世为人做一场,要留名节与纲常;古来倾险奸臣辈,国未亡兮身已伤。"② 这些以"信义""纲常""名节"为主要内容的商业道德教育体现了儒家道德伦理的基本思想。

(三)"自古富从宽厚得"

李晋德总结了前人经商之道,结合自己的领悟,得出"自古富从宽厚得"的观点。他认为"修桥砌路虽为福,建寺斋僧固是仁。未似理财无刻剥,宽些利息让些贫"。特别是"经营贸易及放私债,惟以二三分利息,此为平常无怨之取。若希七八分利者,偶值则可,难以为恒。倘存此心,每每欲是,怨丛祸债,我本必为天夺而至倾覆矣。"③ 这里强调的是商业道德的更高境界,即商业经营或放债取利应当宽厚为本,让利贫民,这样做胜过修路礼佛,长远来看更能防止怨祸,从而持财久远。

(四)"和能处世,俭能治家"

李晋德在商人处世、持家等方面也多有论述。他深知创业艰难,守业更难。因此,《醒迷·警世歌》中有"三纲废则勿亲,五伦明则可友"之训诫,也有"慈能致福"之倡导。李晋德认为"处人和则无争,家和则道昌,国和

---

① 《客商一览醒迷》。
②③ 《客商一览醒迷·警世歌》。

则治强,四海和则万邦宁矣"。他还崇尚"富从勤得",强调"不勤不得,不俭不丰",提出"其治家之道,犹在节俭",在日常用度、打理生活过程中应做到"常将有日思无日,莫等无时思有时",告诫商贾"若不俭省爱恤,则动渠劳碌,何益哉?"他强调商人面对经商过程中的各种诱惑要"锐志坚持,必不堕于勾引"①,宁甘清淡,洁身自好。

---

① 《客商一览醒迷·警世歌》。

中国古代职业教育
思想研究
Chapter 10

第十章 鸦片战争前的清代职业教育思想

清朝（1636~1912）是我国最后一个封建君主制王朝，政治、经济、文化的发展曾达到封建社会高峰，出现"康乾盛世"。清代的农业、手工业、商业取得较大发展，推动了职业教育的进步，以颜元为代表的中国知识分子开始反思传统的儒家教育，提出注重"实学"的职业教育思想，对中国职业教育的发展产生了重要影响。但是，由于奉行闭关锁国的政策，清朝末期逐渐落后于世界发展的进程。直至鸦片战争爆发，清帝国被西方帝国主义用坚船利炮打开国门，使中国沦为长达一个世纪的半殖民地半封建社会。

第一节 鸦片战争前的清代职业教育概况

清代政治专制，吏治严格，经济恢复，民族冲突得到融合。清朝统治者推行"首崇满洲""满汉并用"的政策，奖励垦荒、招揽流民，稳定社会秩序，增加耕地面积，根治黄河水患，疏通运河，兴修水利，减免捐税等政策，社会经济有所发展。在文化教育方面，清代初期大肆销毁古籍以及剃发易服等均在一定程度上割裂了汉族的文化传统。之后的康乾时期，编纂了几部集大成之作如《四库全书》《古今图书集成》等，对清理和总结中国历史文化遗产做出了积极贡献。然而，长期实施文化专制政策，加强对文人思想控制，对于科学技术的轻视，导致清代科技只在历法、医药、建筑等传统领域有所发展。

一、官办专门学校与职官教育

清代专门学校发展比较缓慢，基本处于衰落状态，主要有算学、天文历法以及医学。但此领域由于西方传教士影响出现了现代科技因素，以致影响了科举选人，出现"特科"以及"科技幕僚"现象。

（一）算学专门学校

由于资本主义萌芽导致对实用科学技术知识的重视，在明朝一度衰落的算学到清朝又重新勃兴。早在康熙九年（1167）已设置算学，康熙五十二年（1713），在畅春园的蒙养斋设立算学馆，教习16人，算学生约30余人。①"简大臣官员精于数学者司其事，特命皇子、亲王董之、选八旗世家子弟学习算法"。学时规定"未时起，申时止，学习算法"。雍正十二年（1734），又在钦天监附近专门设立算学所，设置教习2人，学生额定为满、汉学生各12人，蒙古、汉军各6人。②乾隆三年（1738），在钦天监附近处专设算学一所；乾隆四年（1739），把算学隶属于国子监，称国子监算学，扩大了算学规模。乾隆十年，钦天监将学生中的24名分配到算学馆"附学肄业"，这样，算学馆学生名额增加到60名。后来，由钦天监兼管算学。这种体制有助于数学为天文、历法服务，但却阻碍了理论数学的发展。因此，尽管清代恢复了中断已久的官办算学，统治者也重视算学教育，但其归属于国子监管理而不是一个独立的系统。算学教育的目的是为钦天监培养天文生做准备。

清代的算学教职人员由皇帝选择一名管理大臣负责，另设七品助教1人，由钦天监博士或算学教习考选补用。教习人数因需设立。如康熙时算学馆有3名教习和3名协同分教。雍正十二年（1734），增设算学教习16人。算学教习在职任教三年或五年期满。如若满五年则奏明吏部议叙或晋升等级。据《钦定八旗通志·学校志五·算学》记载，算学教习是没有俸禄的，每月只有2两左右的廪饩，可见算学教习地位之低下。

算学馆学习期限为5年，前三年学习线、体、面知识，后两年学习关于天文历法方面的知识，此外还有西洋的几何学和传统的珠算学习。考试分月考、季考和年考三种。

---

①② 《钦定国子监志》卷十六。

（二）天文历法专门学校

钦天监是清代天文历法专门学校，在编著历书、制造精密天文仪器和编撰仪器说明、编著全天星表专著等工作的同时，还培养了一批天文学人才。

钦天监内部分科治事，初设时宪科、天文科、漏刻科、回回科。顺治十四年议准，因"回回科推算虚妄"，革去不用，只设时宪科、天文科、漏刻科，另设主簿厅、助教厅。顺治元年（1644）设监正、监副、五官正、博士、主簿等官，均用汉员。设天文生66人。康熙三年（1664）增设满洲官员，设博士、笔贴式、五官正等。康熙四年（1665）增设满洲监正、监副。康熙五年添设天文生94人。康熙八年规定汉监正改用西洋人，名曰监修。雍正三年（1725）任用西洋人为监正。六年（1728）增西洋人监副1人。乾隆十年（1745）定监副以满、汉、西洋人分别担任，特派大臣兼理钦天监事务，增设西洋人左右监副各1人。道光六年（1826）后不用西洋人，复设满、汉监正各1人，满、汉监副各2人。天文生分两种，其一为食九品俸禄的天文生，规定"满、蒙各十六人，汉军八人，汉二十有四人。"其二为食粮的天文生，规定"汉五十有六人。"阴阳生都是食粮的，但给以九品冠带，规定"汉十人"。

钦天监的教学内容主要是算学和天文历法，有严格的考核制度。《大清会典·国子监》规定："凡算学之教，设肄业生。满洲十有二人，蒙古、汉军各六人，于各旗官学内考取。汉十有二人，于举人、贡监生童内考取。附学生二十四人，由钦天监选送。教以天文算法诸书，五年学业有成，举人引见以钦天监博士用，贡监生童以天文生补用。"这表明，钦天监博士和天文生都接受了至少五年的天文和算学的科班教育。《大清会典则例·钦天监》规定："本监官生三年考核一次，术业精通者，保题升用。不及者，停其升转，再加学习。如能黾勉供职，即予开复。仍不及者，降职一等，再令学习三年，能习熟者，准予开复，仍不能者，黜退。"这些考核规定保证了钦天监从事天文工作的人员的专业素质。钦天监的学生主要来源于算学馆的肄业生以及钦天监职官的家传子弟，其研习层次高于算学馆，形成了所谓的二级培养体制，造就出知识和技术更为扎实的专业人才，这是清代天文历法职业教育的新发展。

钦天监师生承担了繁重的天文观测、数学计算和星图绘制等任务，为天文生、算学生提供了学习和实践的机会。清廷重视任命精通科学的官员担任科技专门学校的教职。例如一代数学大师明安图，长期就职钦天监；一代学人阮元及秦蕙田等监理国子监算学馆；数学家陈杰任钦天监博士、官国子监算学助教等。西方传教士对天文学传播影响巨大。清前期引进的汤若望、安文思、南怀仁、郎世宁等都具有一定的科学技术水平。康熙年间随白晋来华的法国人马若瑟、雷孝思、巴明多等教士也都是经过挑选的精通天文、历算、舆地、医学等专门知识的人才。汤若望曾任钦天监监正，有近百位传教士在钦天监任职，其中20余人担任过监正或监副。

（三）医学专门学校

清代的太医院兼中央医学专门学校职能。鸦片战争以前，清太医院沿袭明朝旧制，以医事为主，教职为辅。顺治元年（1644）设太医院为独立的中央医事机构，为帝后及宫内人员诊视疾病、配制药物，也担负其他医药事务。最初设院使一人（正五品），左右院判各一人（正六品），掌太医院事。其下设御医10人、吏目30人、医士40人、医生20人、切造医生20人，分掌所属事务。医学教育方面，设教习培养医官人才，分为内教习与外教习两种，各置教习2人，由御医、吏目中选品学兼优者充任。内教习住在东御药房，教授药房的太监学习医书。外教习教授初进太医院教习厅肄业生及医官子弟学习医学。凡到院学习者，通常要经六品以上同乡官员推荐，满人要经该管佐领推荐，并由本院医官作保，由首领官而试，粗知医理，且通晓北京话，合格者方可入学，称之为医生。入院学习后，称为肄业生。一般肄业生学习3年期满，由礼部堂官来主持考试，合格者标为医士，不合格者继续肄业，以待再考。凡肄业一年以上，经季考3次，名列一等者，遇粮生有缺，可呈报礼部递补，不再考试。

医学分科曾3次改制，顺治间分为大方脉科、小方脉科、痘疹科、伤寒科、妇人科、疮疡科、针灸科、眼科、口齿科、咽喉科、正骨科等11科。嘉庆二年（1797）痘疹科并入小方脉科，口齿咽喉合为一科成为9科。嘉庆六年（1802）奉旨以正骨科划归上驷院蒙古医生兼充，成为8科。道光二年（1822）奉旨以针灸之法究非奉君之宜，太医院针灸一科永久停止，成为7科。同治五年（1866）改为大方脉科（伤寒科、妇人科并入）、小方脉科、外科（即疮疡科）、眼科、口齿咽喉科等5科。教学内容主要是《内经》《本草纲目》《伤寒论》《金匮要略》，后来又增习《医宗金鉴》。

（四）地方医学与民间医学家传

清代地方虽设医学、规定考试制度但规模小。府设正科，州设典科，县设训科，名额各为一人，俱未入流。雍正元年（1723）题准，命各省巡抚，详加考试所属医生，对精通《内经注释》《本草纲目》《伤寒论》者，题请作为医学官教习，每省一人，准其食俸三年，此间，如工作勤奋慎重，品德正派，即上调太医院，授为御医，其遗缺，由本省习医人内拣送补授。

在清代官办医学教育趋向衰弱的形势下，具有悠久传统的民间家传与师徒相授成为主要的医学传承形式，造就出不少医学名家。如张志聪、叶天士、薛雪、黄元御、赵学敏、吴瑭、王清任、王士雄、徐大椿等。

张志聪（约1616~1674），字隐庵，浙江杭州人，对《内经》《伤寒论》《神农本草经》颇有心得，现存医著有《素问集注》《灵枢集注》《伤寒论宗印》《金匮要略注》《侣山堂类辩》《本草崇源》《医学要诀》等。张志聪在杭州胥山（即吴山）建侣山堂，召集同道、弟子数十人，讲论医学，目的在于研究中医学术之同异，辨其是非。《侣山堂类辩》是张思聪汇集同学及弟子在侣山堂研讨中医学术、医理的文集。这种讲论结合的教学形式成为中医医学教育民间授徒形式的一大发展。

叶天士（1666~1745），江苏吴县人，清代名医，四大温病学家之一，著有《温热论》。后人称其为"仲景、元化一流人也",为温病学派的奠基人物,对儿科、妇科、内科、外科、五官科无所不精。著有《叶天士医案存真》《未刻本叶氏医案》《医效秘传》《叶氏医衡》《叶氏名医论》等。叶天士的儿子叶奕章、叶龙章都是著名医家,江南医家吴鞠通、章虚谷、王孟英等皆为他的私淑弟子。

薛雪(1681~1770),字生白,号一瓢,江苏苏州人,清代医学家,医术与同郡叶天士齐名,曾选辑《内经》原文,按阴阳、藏象、论治、疾病等分为十四类,约取诸家注释,并加入个人体会,编为《医经原旨》;又著《湿热篇》,为论湿热病之专著。

黄元御(1705~1758),名玉璐,字元御,清代著名医学家,尊经派的代表人物,乾隆皇帝的御医。著有《伤寒悬解》十五卷、《金匮悬解》二十二卷、《四圣悬枢》四卷、《四圣心源》十卷、《长沙药解》四卷、《伤寒说意》十一卷、《素灵微蕴》四卷、《玉楸药解》四卷、《素问悬解》十三卷、《灵枢悬解》《难经悬解》等,医学理论对后世医家影响深远。

赵学敏(约1719~1805),钱塘县(今浙江杭州)人,清代著名医学家,著作涵盖药书、本草、养生、祝由、眼科、炼丹及民间走方医疗法等多方面,有《医林集腋》《养素园传信方》《祝由录验》《囊露集》《本草话》《串雅》《花药小名录》《升降秘要》《摄生闲览》《药性元解》《奇药备考》《本草纲目拾遗》等,今仅存《串雅》和《本草纲目拾遗》两种,其中《串雅》是中国医学史上第一部有关民间走方医的专著。

黄宫绣(1730~1817)字锦芳,江西省抚州市宜黄县人,清代著名医学家,为乾隆时代宫廷御医,平生为众多病人治疗疑难病症,对宫廷珍藏的各种医学专著以及秘方、验方无不悉心研究,主张四诊合参,反对单凭脉断病。著《脉理求真》三卷,《本草求真》十卷,《本草求真主治》(又名《锦芳医案》二卷),《医案求真初编》五卷。

王清任(1768~1831),字勋臣,直隶玉田(今属河北)人,著有《医林改错》一书。他强调解剖学知识对医病的重要性,并对古籍中有关脏腑的记载提出了疑问。他通过对尸体内脏的解剖研究，绘制成《亲见改正脏腑图》二十五种，改正了前人的一些错误，为我国解剖学的发展做出了贡献。

王士雄（1808~1868），字孟英，浙江钱塘（今杭州市），中医温病学家，毕生致力于中医临床和理论研究，对温病学说的发展做出了承前启后的贡献，尤其对霍乱的辨证和治疗有独到的见解。重视环境卫生，对预防疫病提出了诸多有价值的观点。

二、劝课农桑：农业职业教育

清代的农业生产十分发达，历代帝王普遍重视农业生产，地方官员也致力于农业技术推广，农书的数量与种类超过前朝。康熙帝在位60多年间，清政府奖励垦荒屯田，耕地面积扩大。重视兴修水利，多次减免租税，各省因地制宜，采用多种种植方法，使粮食产量大幅度提高。高产作物甘薯的种植，由福建、浙江等省推广到了长江流域和黄河流域。经济作物桑、茶、棉花、甘蔗、烟草等种植面积扩大，出现了桑秧业、蚕种业、柞蚕业、烟草业、养蜂业、鱼苗业、花卉业等新的产业部门，丰富了农业生产的内容，扩大了农业生产的范围。

（一）帝王劝农

清朝历代帝王基本奉行重农劝农政策。康熙皇帝认为："农事伤则饥之本也，女红害则寒之源也。"他提出"王政之本在于农桑""农事为生民之本"，下令重订《劝垦章程》，对于士人百姓，规定"贡监生员民人垦地十二顷以上，试其文义通顺者，以县远用；不能通晓者，以百总用。一百顷以上，文以通者，以知县用；不能通晓者，以守备用"。凡垦地达到一定数量的，经过考核，都能授以官职，以此调动百姓大力垦荒的积极性。对于农民垦荒，则规定给予大力扶持，将不纳入课税的期限延长到6年。自此，耕地面积大增。雍正皇帝认为："养民之道，惟在劝农务本，若舍本逐末，游手望风而至,岂能别其奸良?"他在上谕中又说:"朕观四民之业,士之外,农为最贵。凡士工商贾,皆赖食于农,以故农为天下之本务,而工贾皆其末也。今若于器用服玩,争尚华巧,必将多用工匠。市肆中多一工作之人,则田亩中少一耕稼之人……不但有害于农,而并有害于工也。小民舍轻利而趋重利,故逐末易而务本难。"他训谕臣下平日要留心劝导,使民知本业之为贵,养成重本的风气,如此,"虽不必使为工者尽归于农,然可免为农者相率而趋于工矣"①。这种思想和政策,为乾、嘉、道诸朝所沿袭。乾隆帝在位时说:"天下之本农为重。各府州县卫,果有勤于耕种、务本力作者,地方官不时加奖以示鼓励。""若游手怠惰,早归晚出,好逸恶劳,不勤事业者,则郡县守令随事加罚,罪一劝百"。乾隆还组织大臣编撰了大型综合性农书《授时通考》颁行全国,作为农业生产的指导书目。

以"耕籍礼"重农劝农。清代规定每年仲春亥日举行"耕籍礼",皇帝亲自参加祭天祀地活动。清代历时260多年,共祭先农和亲耕240多次。其中乾隆皇帝在位60年,亲耕和观耕达到了58次。康熙皇帝还亲自参加耕作以作表率。据《养吉斋丛录》记载:康熙四十一年,康熙帝在京南博野视察春耕情况,曾亲持犁器,一气儿耕了一亩地。当时共有万人观看此景,大学士李光地特为文勒石,以志其事。雍正三年,礼部对各省、州、县耕籍礼做出统一要求:"各省择东郊官地之洁净丰腴者立为籍田,如无官地,照九卿原议,动支正项钱粮置民田,以四亩九分为籍田,即于籍田后建坛,高三尺一寸,宽二丈五尺;神牌高二尺四寸,宽六寸,座高五寸,宽九寸五分,红地金字。每岁遵部颁日期致祭,祭毕行耕籍礼。""其在州县,则知州、知县秉耒,佐执青箱播种,耆老一人牵牛,两农扶犁,九推九返,农夫终亩。既毕,朝服,率耆老、农夫望阙谢恩,行三跪九叩礼。籍田之谷,以供祭祀,重农也。"②

---

① 《清世宗实录》卷五十七。
② 《台湾通史》卷十《典礼志》。

（二）地方官员劝课农桑

清代地方官员把推广优良作物品种、推行先进农业种植技术等作为管理属地的重要职责。乾隆十九年（1754），石泉县知县姜炳璋注意到邻县江油、安县等擅长种棉花，但石泉农民称风土不宜而不能种。为此，他指示各乡发挥本地优势试种邻县的成功产品。乾隆三十年（1765），江津县令遵照督府劝民之令，将种植技法晓示于民："山傍河岸，沙性之土，种棉最宜……津民农事颇勤，独桑棉之利，尚待兴起"，并深入田间加以技术指导。康熙三十一年（1692），任思庵任绵竹县令"教以栽种善法"推广桑蚕，并下令报数登记，视其荣枯而行赏罚。该县农民获得蚕丝之利。同治八年（1870），川东兵备道姚觐元筹资购浙蚕之种，分发所属州县，并招募精于蚕事的浙籍农民，在佛图关利用荒地种桑。姚觐元亲自向浙籍蚕农学习养蚕技术，并在关内立蚕神祠，以神其事，"使民知所敬重焉"。巴县农民"知有蚕桑，于是乎始"。潘曾沂于道光八年（1898）亲自在潘姓义庄田里试行水稻区种法两年，获得丰收，于是用白话写成《潘丰豫庄本书》，详列区种法32条。乾隆十年（1745），陕西巡抚陈宏谋令正杂各官中系四川等省籍贯者，"从家乡觅带薯种，……到处传种，不几年而遍一邑矣"。乾隆五年（1740），德阳知县阚昌言在《农事说》中指出："川蜀多青墨沙砾之地，而黄土亦间有之。青黑泥壤多肥，沙砾黄土多瘠，而高阜尤瘠。所以变瘠为肥者，惟在积粪酝酿而已。……今查川中民动曰'下粪则田肥苗茂，禾多损坏，'遂不用粪。不知稻禾之中，有最宜粪一种。……近见粤民来佃种者，家家用粪，所收倍多"，劝告四川农民效而行之。乾隆七年（1742），罗江知县沈潜，对县境农桑耕织等事业，多所建树。因罗江农民不知蚕事，沈潜特作《蚕桑说》一文以劝导之，当地蚕桑业由是得以兴起。据各地方志记载，清代地方官员劝农实例不胜枚举。

（三）农业著作和农业技术传播

清代农书包括官修农书和私修农书，内容除农作物外，涉及花卉、蚕桑、果蔬、牧医、虫害、气象、水产等，以蚕桑及花卉的专门农书为最多数。清代农书实用操作技术丰富、详细，覆盖面扩大，超过了前代。

清代官修农书主要有《授时通考》等。《授时通考》为乾隆帝组织编纂的，各省大都有复刻，流传很广。《授时通考》搜集文献 427 种之多，远超过《齐民要求》的 157 种和《农政全书》的 225 种。《授时通考》引用文献，体例严谨，将农业上的某个项目的历代文献都汇集于一起，便于后人的查检研究。如谷种篇抄录了 16 个省 233 个府、州、县的明清方志中水稻品种 3429 个（包括重复），并配有直观插图 512 幅。无疑给后人研究以极大方便。《广群芳谱》是 17 世纪初的一部植物学兼农学巨著，在国内外植物学界有很大影响，但《群芳谱》也有不足之处，是所谓"略于种植而详于治疗之法与典故艺文"等①。

清代私修农书种类繁多。雍正九年（1731 年），时任成都知县的张文（林风）编成《农书》，约 2200 余字，共分 9 目，依次为岁所宜谷、养谷种、播种之时、耕犁、疏耙、锄耘、粪壤、水利、牧牛。另有包世臣著《齐民四术》、屈大均著《广东新语》、杨屾著《知本提纲》、蒲松龄著《农桑经》、胡炜著《胡氏治家略》、程瑶田著《九谷考》、方观承著《棉花图》以及陈世元著《金薯传习录》等。民间编著的私人农书是作者在总结实践经验基础上编著的，具有很强的指导意义。

三、手工业行会组织与手工业职业教育

清朝前期手工业生产比明朝更加发达，官营手工业只限于铸造兵器和钱

---

① 《四库全书》提要。

币，供应宫廷的织造和瓷窑，以及内务府所属各作坊。民间工场手工业已在一些商品经济发达的地区，在某些生产行业中出现和发展着。丝织业早在明代就已出现手工工场，到了清代又有了进一步发展，规模愈加扩大，分布地域更加广泛。另外，与丝织业相关联的染印业也出现了手工工场。其他如云南的炼铜业、四川的井盐业、广东的冶铁业、景德镇的陶瓷业，以及陕西汉中的造纸业，均出现了规模较大的手工工场。在这些手工工场中萌芽着新型的资本主义生产关系。但是，由于受到封建统治者的严重摧残，民间工场手工业发展的速度极为缓慢。

（一）手工业行会组织与行规

清代前期，由手工业者建立的行会出现，分为行业会馆与工匠会馆。

行业会馆多称公所，如创建于乾隆年间的帽行会馆，创建于嘉庆年间的靛行会馆等。会馆多数都立有行规，明确表达防止同行间竞争的目的。《武岗铜店条规》："盖闻百工店肆，各有规矩，以安其业，苟规矩不有，则和气不洽，而竞争起焉。我行铜艺居是帮者，不下数十家，其间带徒弟、雇工者，每多竞争，较长计短，致费周旋，爰集同行，商议条规，约束人心，咸归无事，庶几和气洽，而业斯安也。"道光年间苏州小木公所条规规定："外行开张吾业，先交行规钱四两八钱等"。其行规限制新开设店作，要求新开店作必须缴纳行规钱。另外，对新开设店作的地点和数量都做了严格的限制。

工匠会馆由同行业手工工匠组成。某些有专长的工匠，按行业又常与乡土相联系而形成帮，一般称之为行帮。乾隆后期，景德镇砌窑、满窑、烧窑、把庄、菱草、看色等行业工匠都分别有自己的行帮。比如："满窑一行，另有店居。凡窑户值满窑日，则召之至，满毕归店……今则镇分二邦，共计满窑店三十二间，各有首领，俗呼满窑头。"[①] 这类组织，具有防止竞争、垄断技术的特点。

---

① 《景德镇陶录》卷四。

第十章 鸦片战争前的清代职业教育思想

(二) 手工业技术传承

云南铜矿的炼铜技术传承。"一火成铜"即炼一次便成净铜技术。炼炉称"大炉",高1丈5尺,底长9尺,宽2尺多,底深2尺多。炼铜时,先把矿砂与木炭相间入大炉,炭燃,矿熔沉流于炉底,可揭取。视矿性不同,在揭矿时以米汤或泥浆水浇泼矿液,使其凝结一层。揭出后则淬然入水,铜饼可成。揭一二层后未尽渣滓,称为毛铜;三四层后为紫板铜。紫板铜在蟹壳炉重炼一次,即为蟹壳铜。百斤紫板铜出蟹壳铜80斤,含铜90%,为云南最纯铜料。毛铜则入大炉重炼。有的矿砂较易锻炼,则先在窑中煨烧两次,再在炉中煎炼,揭得黑铜,黑铜再入蟹壳炉炼一次,即炼得蟹壳铜。另一种"白铜"即镍铜合金,也产自云南。白铜生产虽仍用点化法,但规模更大,反映了近代化学工艺的发展。

江南的棉织技术的改进。上海的纺纱脚车,可"一手三纱,以足运轮(名脚车),人劳而工敏"。织布机也有一些改进和革新,上海的"梭布,衣被天下,良贾多以此起家"。清初时,苏州出现一种织花机,机顶装置花楼,多置缯面,特穿经线,织造花布时,需要2~3人同时工作,一人在花楼上提经,一人在下织纬,二人协调工作使经纬交织一致,织出的布匹"价格昂贵"。清代棉纺织工具生产出现了专业化趋势。由家户个体经济转向纺织工场的经营,乾隆时已出现拥有织机千台、工人数千的大型工场。

景德镇制瓷工艺发展。清代民窑器最为丰富多彩,青花瓷是瓷器中的主要产品,斗彩、五彩、素三彩继续在更高水准上烧制。此外,康熙时期又创新了珐琅彩、粉彩和釉下三彩等新品种,康熙青花色调青翠艳丽,层次分明,浓淡笔韵能分五色,如水墨画一般生动。五彩瓷器也是康熙时最为精绝,其胎骨轻薄,釉色洁白莹亮,画工细腻,色彩柔和,线条流畅。康、雍、乾三朝的器型最为丰富,即有仿古又有创新,尤其是各式装饰性瓷器如瓶、尊之类较元、明代大为增加。清代瓷器的装饰艺术纹饰、内容、手法最为多样,各有特点。

清代河工技术的传承发展。其《河工器具图说》四卷对清代所沿用的河工器具做了全面的记录，对河工工地使用的器具逐一进行了图解说明。书中绘有133帧图画，包括254种器物，如水牐、木龙、铁篦子、戽斗、吸笆、混江龙、土车、条船、云破、抬土筐、钻等。此外，清代河工疏浚技术方面发明了挖"川"字河的方法；筑堤技术方面推广并改进了塌坝以及堵口、抢险技术等。

另外，清代酿酒技术、编织技术等皆有所发展。

（三）行业会馆、工匠会馆学徒制

清代，行业会馆、工匠会馆学徒制取代了衰落的官府手工业"艺徒"制。但这种学徒制度都在于保持本行在本地的优势，限制同行的大量出现，以免影响既存店铺的利益，这是一种抑制商品生产发展的保守制度。行业会馆的行规包括招收徒弟的年限和数额。一般是师傅带徒弟，一人带一个，学徒年限3年。例如长沙京刀业、衬铺业、裱糊业、制香业、木业等都是"三年为满，出一进一"。但有的行业则年限不等。如武岗铜店业"两年半带徒弟一名"。长沙靴帽业"一年半"为满。苏州蜡笺纸规定"六年准收一徒"名。一般情况下，会馆和公所都规定各店作收徒必须缴费。如长波衬铺业乾隆五十二年条规规定："店内带徒弟，出钱八百文入公，一日交清，违者议罚。"吴县蜡纸业条规规定："作伙每人每月捐钱五十文，以资眷举，必须捐至钱十二千文，方许收徒一人。"[①] 行业会馆对于学成出徒有严格规定。如未满期限的学徒，同行各店作不得雇请，学徒期满要交较高额的入帮费或上行银，还要帮师一年。学徒满师后，经过一定的仪式就可以当师傅，或者按照行会制度规定自行开店。不同地区的手工业行会学徒制度在雇请帮工、帮工待遇、带徒数目、学徒待遇等方面有一定差异。

---

① 《明清苏州工商业碑刻集》，江苏人民出版社1981年版，第97页、第103页。

工匠会馆技术垄断。工匠会馆中的师傅、徒弟同在一个团体,对技术的传授、外来人投行以及作工地点的划分都有严格规定,具有防止竞争、垄断技术的特点。例如景德镇的砌窑行,元明清为魏姓水平最高,形成垄断,自成行帮。由于对技术过于守秘,几乎失传。学徒与师傅之间的关系既是知识与技术方面的传授关系,也类似父子的人身依附关系。师徒生活在一起,师傅负责教授学徒手艺等职业技能,也要负责学徒吃、住、穿等生活必需;而学徒除了学行业知识与技术外,还要承担多项家务。

四、商业学徒制度成熟：商业职业教育

清代的商业贸易十分繁荣,各种商品行销海内外,广东佛山的各种铁器、苏州的丝棉织品、南京的绸缎、景德镇的瓷器、广东和台湾的蔗糖以及安徽、福建、湖南的茶等商品行销全国。清代商业经营方式较前代更为复杂多样,文献中有独资、合伙、合资、连财合本、领本、托本、附本、贷本等说法。商业规范、商业理论、商业文化的积累和传承促进了清代商业的发展。比较典型的是山西晋中地区特别是祁县、太谷、平遥一带的商人遍布全国各地,甚至将商贸生意做到了蒙古和俄罗斯。

商业会馆或公所出现,其职能是面对共同市场的要求、统一价格、便于存货与寄居、共同对付行外牙商、祭祀神祇和协助各衙署办官款等。

(一) 商业学徒制度

清代商业学徒制逐步成熟。晋商学徒制是典型的商业学徒制度,可以代表清代商业学徒的概况。

1. 学徒选拔

清代晋商学徒推行保举制度,保举人名曰"铺保",一般为本地或本行有名望、有信誉,为商号掌柜熟识并信任,有的还须与商号有利害关系的人。学徒一般要求为当地人,家世清白,"恐有不良遗传,必先问其以上三代做

何事业，出生贵贱"①。学徒的年龄一般是 15~20 岁，体健貌端，聪明伶俐，有的还须"更须仪态大方，习于礼貌"且"不惮远行者"。

2. 学徒培养

学徒入选后，便进行日常生活礼仪技能、商业基本技能、商业专业技能、职业道德四个方面的培养磨炼。学徒第一步，凡打水、烧水、扫地、铺床叠被、侍候掌柜等事务至少要做一年。晋商商业书《生意论》记载同样的洒扫礼仪规范：凡学生意之人，清晨早起在诸人以前，夜晚睡觉在诸人以后。临事不用人唤，食在人后，做在人先。《贸易须知辑要》中对学徒要求"五品"：学小官，先要立品行。行有行品，立有立品，坐有坐品，吃有吃品，睡有睡品。以上五品，务要端正，方成体统。还要求学徒稳重处事且八面玲珑：学小官，要站在柜后，照看柜里柜外，看人做生意，听人说甚话的买卖，彼此交谈问答，对答贯串，必须听而记之。学小官，不可嘴快插言多嘴，如众人在一处议话，你可耳听，勿使眼望。

商业基本技能主要有写字、珠算、写信。晋商商业书《生意论》中对学徒的劝诫："遇闲暇时勤学算法，逢忙碌日事要经心，眼观六路，耳听八方，不图自在，不旷功夫，尽心竭力，不懒惰，不好间（闲）。"在蒙古国、俄罗斯等地的学徒，还要学习蒙语和俄语等地方语言。入票号、钱庄主要学习辨别银钱成色，熟记各地银色比较及换算的歌诀。入当铺主要学习各种珠宝、首饰、皮毛、绸缎、铜、锡、瓷、木等货物的识别及价格，练习当票的写法，熟记当票的暗记符号，并学习当行的银钱计算等。对学徒的职业道德教育，主要是培养学徒诚信、谦和、正直、忍让、勤俭、吃苦等优良品质。

3. 学徒出班

学徒出班主要通过岗位锻炼考察能力，设计情境考察操守。如：票号学徒在学习了基本技能后，经推荐可以从事简单业务大约一年时间，被认为可

---

① 《山西票号史料》（增订本），山西经济出版社 2002 年版，第 612 页。

以造就者再到从事商业文案抄录工作岗位锻炼一年,得到文牍先生认可后再教以文字学。再经一年多时间升充帮账,半年后遇各分庄有人员调换时,经高级人员推荐提拔,就有机会被派往各埠分庄服务。这样的业务锻炼是一个票号学徒出班前的必经之路。从这种岗位锻炼和考核可以看出,优秀商业技能培养需经过种种业务实践历练方可能成才。商号一般设计考试情境以观其操守。如通常许多商号掌柜故意把钱丢在某个地方,看学徒是否会悄悄拿起私藏,以此观其品质好坏。在考察学徒能否担当大任时,还有更具体详细的方法和谋略。

(二) 商书与商业职业教育

清朝时期,工商业渐成本业,"本末俱利"思想日益为社会所接受,经商不再是一种为人轻视的职业,"弃农从贾""弃儒从商"现象越来越多。清代商书发挥了重要的商业教育作用。这一时期的著名商书有崔亭子《路程要览》二卷、赖盛远《示我周行》全三卷附续集、吴中孚《商贾便览》八卷、王秉元《生意世事初阶》、杨树棠抄本《杂货便览》等。大量商书的刊行,也说明这一时期的商人并不仅是凭经验维持生计的小商小贩,而是开始重视商业知识的累积和传播,通过编写商书总结升华从商理论,对子弟、生徒进行系统的商业职业教育。

第二节 鸦片战争前的清代职业教育思想

鸦片战争以前的清朝,社会经济取得一定的发展,但是对外部世界资本主义的发展并无察知,对民间资本主义的萌芽也缺乏认识。这一时期出现了一批崇尚实学的先进思想家,如颜元、李塨、黄宗羲、阮元等,他们批判宋明理学空疏无用,大力倡导"经世致用"实学思想,在当时产生了积极的影响。在重农思想得到巩固的同时,这一时期的名医辈出,大量医书问世,医学职业传承得到发展，医学职业教育思想也得到丰富和发展；工商业繁荣发展孕育了大量商书的出现，既推广和传播了商业经营理论和技巧，也阐发了商业教育思想。

一、颜元的"实学"教育思想

颜元（1635~1704），字浑然，又字易直，河北博野人，明末清初杰出的教育家，"实学"与"实用"教育的倡导者与实践者。他自幼家境贫寒，青年时期由于生活所迫，亲身"耕田灌园"，并曾学做医生。24岁开塾授徒，一生从事教育活动，著《四存编》《习斋记余》。他与学生李塨共同创立了颜李学派，培养了一大批注重经世致用的人才。

（一）经世致用思想与"百职"专门人才观

颜元认为教育不是培养无益于国家的"庸碌"官吏，而是培养"经济臣"。人才需"以经世致用为宗"。由此，颜元提出了著名的"百职"专门人才观。颜元认为，要"经世"治国，仅有"君相"与"百官"不行，必须有"百职"专门人才。他举例论述："禹之治水，非禹一身尽治天下之水，必天下士长于水学者分治之，而禹总其成。"[①] 颜元批判了把专门人才比作下等卑贱职业的思想，其提出"学须一件做成便有用，便是圣贤一流"。[②] "生存一日，当为生民办事一日"[③]，颜元"经世致用"人才观与"百职"专门人才凸显了民本思想。颜元反对"通儒与通才"，其认为只有少数人可为，而众人皆可成为专门人才。学生请教颜元欲想成为"无不知能"的人才时，颜元提出："误矣！孔门诸贤，礼乐兵农各精其一；唐虞五臣，水火农教，各司其一。后世菲资，乃思兼长，如是必流于后儒思著之学矣。盖书本上见，心

---

① 《习斋四存编》之《存学编》。
② 《颜习斋先生言行录》。
③ 《习斋年谱》卷下。

头上思，可无所不及，而最易自欺欺世也。究之，莫道无一不能，其实一无所知也。"①

（二）"实学"教育内容与"德业、文武、兵农"统一论

颜元"实学"思想概括为主张"实文、实行、实体、实用"②。认为程朱是与孔孟对立的，所以"必破一分程朱，始入一分孔孟"。以尧舜周孔所倡导的"三事、六府、三物、六德、六行、六艺"作为"实学"内容。颜元强调学习"六艺"以及"兵农钱谷，水火工虞"等生产、军事方面的知识和技能的重要性，以造就德才兼备、文武双全或有一技一艺的实用人才。颜元以经世致用为出发点改造了"六艺教育"，把礼乐与兵、农并举，作为教育三大基本内容。必须"人皆兵，官皆将"，"兵农合一"，"文武兼备"，才能建立强盛的国家。颜元认为，六艺之学是对学生"身心道艺"的全面发展与"德业"并重。他所强调的"六府"教育内容，实际上主要是指专门技能的学习。颜元最有名的弟子李塨解释了水、火、金、木、土、谷的内涵。如"言水，则凡沟洫漕挽，治河防海，水战藏冰，醋榷诸事统之矣，言火则凡焚山烧荒，火器火战，与夫禁火改火诸燮理之法统之矣……"③可见，颜元的"六府"教育内容即为实用学科与专门技术。

（三）"因人质性"教学观与"业各殊、才各异"论

颜元在其"经世致用"人才思想基础上，提出了"业各殊"的社会分工理论与"材各异"的人才差异论断。他培育人才讲究因材施教，不拘一格，主张教育要结合学者的个性进行，注意发挥每个学生的特长。在其弟子中，"有勇力者"则教之骑射技击诸艺；"抗节不仕者"就教其学习兵法，而学礼、学书、学乐、学律、学数等也因材施教："凡弟子从游者，则令某也学

---

① 《颜习斋先生言行录》。
② 《习斋四存编》之《存学编》。
③ 《瘳忘编》。

礼,某也学乐,某也学兵农,某也学水火,某也兼数艺,某也尤精几艺"①。颜元主张各专其业,各得其用,他说"人之于六艺,但能究心一二端,深之以讨论,重之以体验,使可见之施行,则如禹终身司空,弃终身教稼,皋终身专教而已,皆成其圣矣。"②他还列举先贤"各专一事"鼓励其弟子各专一艺。在颜元的生徒中专门人才有很多,如李塨专于乐,李植秀专于礼,颜士俊专于骑射,颜而俨精于数学,颜修己专于律,宋希濂专于书,张鹏举长于兵法,朱敬专攻水、火诸学。还有"手制小仪器,业者自谓弗如"的巧匠冯雍,善于垦荒种田农技人才齐林玉等。

(四)"平生非力不食"与劳动教育观

颜元重视农业知识的传授以及注重劳动教育。他生于贫民之家,一生都没有脱离生产劳动,劳动教育贯穿于他的教学实践中。他认为劳动是国家与家族富足的根本,自己始终恪守"平生非力不食",而且教育学生要自食其力。他提出人人应以生产劳动为己任,"不当穿天下人的衣,吃天下人的饭","苟安白吃"是可耻的,"上自天子,下至庶人,皆有所事,早夜勤劳"③。另外,颜元认识到劳动的教育价值,认为经常劳动则"筋骨竦,气脉舒",而久之则"魂魄强",体质增强可以使学习起"振竦精神,使心常灵活"。他还认为通过劳动可以杜绝邪念,纯净内心:"吾用力农事,不遑食寝,邪妄之念,亦自不起。"勤于劳动就会不愁衣食住行,而邪念不起。"人心动物也,习于事则有所寄而不妄动。"④意思是人习于劳动之事,身心有所集中,而其邪念则不易发生。他把长期劳动积累的许多宝贵经验传授给弟子,并写了《农政要务》一书,对于耕耘、收获、辩土、酿粪、区田、水利等知识皆有陈述,可惜此书已经失传。

---

① 《颜氏学记》。
②④ 《颜习斋先生言行录》。
③ 《习斋四存编》之《存人编》。

(五)"习行之学"与"习行"教学法

颜元以实学教育思想为基础,提出"习行"教学法。力主实学、实用、实践、实行,以为天下造实绩,必使学、教、治紧密结合为一体,着实培养实才实德之士。他认为:"见理于事,因行得知","手格其物,而后知至","致知在事物上,便亲见了那物,不尤胜于宋儒与今人不见梅枣,而自谓穷尽酸甜之理乎?"[①] 颜元把自然科学和工农生产知识技术列入实学内容,更重要的是指出了"习行之学"贵在"实行""实践"的为学原则。认为"诵说中度一日,便习行中错一日;纸墨上多一分,便身世上少一分"[②]。上述实学内容是需要讲授传习的,但讲授传习不是口耳之学,而是重在实践练习以便真正掌握知识技能。如学医,除了阅读《黄帝素问》《金匮》《玉函》等医学著作之外,必须力行诊脉、制药、针灸、摩砭等,如果只务览医书千百卷,熟读详说,而视诊脉、制药、针灸、摩砭等为术家之粗艺,弃之不习不行,非但不能治病救人,相反会使病人待命等死。他主张学一艺必习一科、验一方,手脑并用,切忌纸上谈兵。"觉思不如学,而学必以习",便将家塾之名由"思古斋"改为"习斋"。他说:"读书无他道,只须在行字上著力"。《存学编》以习学琴为例:"今手不弹,心不会,但以讲读琴谱为学琴,是渡河而望江也,故曰千里也。今目不睹,耳不闻,但以谱为琴,是指蓟北而谈云南也,故曰万里也"。说明只求书本知识是不够的,必须付诸实践。

(六)漳南书院与"分斋教学"思想

漳南书院地处河北肥乡县,在清初的一所义学基础上扩建而成。康熙三十五年(1696),颜元62岁时曾应邀主持漳南书院。他的最重要的实学思想体现在漳南书院"六斋"教学实践中。颜元指出:"人才者,政事之本也",

---

① 《习斋记余》卷六。
② 《习斋四存编》之《存学编》。

把人才视为是治国安民的根本，认为"无人才则无政事，无政事则无治平，无民命。"他说："如天不废予，则以七字富天下：垦荒、均田、兴水利；以六字强天下：人皆兵、官皆将；以九字安天下：举人才，正大经，兴礼乐。"颜元规划的漳南书院陈设六斋，即在书院分设"文事""武备""艺能""经史""理学""帖括"等六斋，分斋教习礼、乐、书、数、天文、地理、兵法、战术、历史、时务、诗文、水学、火学、工学、象数、程朱陆王之学及八股举业等知识技能。六斋的教育内容各异，其中的文事斋：课礼、乐、书、数、天文、地理等科；武备斋：课黄帝、太公及孙、吴五子兵法，并攻守、营阵、陆水诸战法，射御、技击等科；经史斋：课《十三经》、历代史、诰制、章奏、诗文等科；艺能斋：课水学、火学、工学、象数等科；理学斋：课静坐、编著、程、朱、陆、王之学；帖括斋：课八股举业。颜元在漳南书院的办学计划与教学实践，充分体现了他的实学教育思想，开启了中国古代书院教育向近代实学教育转化的先河，在中国教育史上具有重大的意义。

二、李塨的实学教育思想

李塨（1659~1733），字刚主，号恕谷，保定蠡县人，从师颜元，康熙二十九年（1690）中举，深感时文害世，立志专务实学，任教师，做幕僚，和各地学者研讨学问，大力提倡实学、实用、实效的教育主张。他的教育著作有《大学辨业》《小学稽业》《圣经学规纂》《论学》《学礼录》《学乐录》《学射录》等。李塨涉及职业教育方面的思想和观点主要有下列几方面。

（一）"立品制行，以图经济"人才观

李塨与颜元一样，强调真正的儒士必须"内外并进"，一方面律己要严，一方面以经邦济世为己任。他以自己躬行经济的经历和体会勉励学生，要求学生敦品立行，通晓世务，关心民生。

李塨继承了颜元的实学教育人才观。他严厉批判了理学家提倡的习静教育

和书本教育。他说:"静坐,十三经未有其说,宋儒忽立课程,半日静坐,则几乎蒲团打坐之说矣。"并说:"纸上之阅历多,则世事之阅历少,笔墨之精神多,则经济之精神少。宋明之亡,此物此志也。"①他认为,教育所要培养的应该是明德亲民、经邦济世的人才,而欲达此目的,必须"仕与学合""学用合一"。他提出,为学首须做到"立品制行,以图经济",无论写文章或从事教学,都要讲明"六府三事之学",首应明确经济作用。他在《祭颜习斋文》中自称:"塨受业后,知操存,知省家,知礼知乐,知射御书数,知一时经济,百世经济,不敢负先生"②。他推崇韩愈的《原道》,称赞为:"固唐之柱础圣道者也",专门记录韩愈的有关经济著作若干篇,作为借鉴和参考。李塨经常采用当面讲学答问、书信解疑等形式讲议实学。自己学六艺,多从实处学,力求经济之用,躬行实践。他严于律己,同样也严格要求学生或后辈。

(二)崇尚实学的教育内容

李塨认为:"教士之道,不外六德六行六艺。自颜先生倡明此学,而今学者多知之,卓哉见也。尊德行以此,道问学以此,隐居以此,行义以此。所学即其所用,所用即其所学,此府修事和之世,所以治且隆也。"他根据躬行实践的体会,对"六府三事"教育内容加以具体阐述,认为"六府"中"金"包括冶铸、泉货、修兵、讲武;"木"包括茶榷之类;"水"包括沟洫、漕挽、治河、防海、水战、藏冰之类;"火"包括焚山、烧荒、火器、火战以及禁火等法;"土"包括辨五土、治九州、井田、封建、山河、城池等地理之学;"谷"包括"屯田、贵粟、实边、足饷诸农政统之"。认为"三事"事关国计民生,"正德"就是正"六府"之德;"利用"就是利"六府"之用;"厚生"就是厚"六府"之生。

李塨深感宋明理学、科举八股都不能匡世济时,因此反对宋儒脱离实际的

---

① 《恕谷先生年谱》卷二。
② 《恕谷先生年谱》卷三。

本本教育，批判程朱唯心主义理气观。他在《论宋人白昼静坐之非经》一文中，直斥周放颐"以主静立教，程朱陆王因之，用白昼静坐，以为存心立本"，如佛道之参禅入定，不可为训。他反对压抑人才的科举八股，认为人才靡弱不振，到了宋明两代形成十分严重的局面，主要原因在于上之所取，下之所趋，以八股为科举，文风多弊，脱离实际，造成死气沉沉的局面。李塨奔走四方，遍历边远，游学授徒，面向极广，推广其务实教育，使颜李实学得以远播天下。

（三）因材施教、不拘一格的教学思想

李塨"三事六府"教学，贯穿着因材施教、实学实用的思想。他晚年在习斋学舍授徒之外，更多的时间是到处讲学。他学生众多，有入室弟子，有私塾弟子，有登门求教者，有函请解答者。据《年谱》记载，李塨的弟子或研究河工，或学习兵事，或治刑名钱谷，或好音乐，或讲治平……各有专攻，不拘一格。李塨认为学生能专一技一长，掌握一门实际有用的知识也就不错了。他在《答长举问》中说："卞庄子之勇，臧武仲之智，见许圣门；养由基之射，造父之御，传名千古，只在一长一技。""贤如由、求，兵农各务；圣如禹益，水火不兼"。他特别强调学生必须学法律，要看到学法律的重要性："皋陶明刑，三代划一，萧何造律，唐、宋是规，知明处当，谈何容易。"①

（四）学制和选士制度设计思想

李塨详细地提出了他理想中的学制和选士制度，其主要内容是：八岁入乡学，乡师教之孝弟、幼仪、认字，习九九数。读《孝经》《论语》《大学》《孟子》，及《易》《诗》《书》《春秋》《周礼》等，并习小乐小舞。十五岁，入县学，教之存六德、行六行，讲究经世济民之道，读《资治通鉴》及古文。习礼乐、骑射、六书、九数，做策论。聪颖者可涉猎九经、廿一史。二十岁，教成

---

① 《答长举问》《恕谷后集》卷十。

者进之郡学,教之三学,察试德行学艺。再经藩学、成均,察试后即谓之太学生。然后,分科以为士,共分礼仪、乐律、天文、农政、兵法、刑罚、艺能方域、理财、兼科等九科。乡、县、郡要定期考核这些士子并向政府进行推荐,以供选用。特别是小学,李塨在《小学稽业》一书中详细陈述儿童自八岁至十四岁时,应该学习的礼、书、数、乐四类课程的具体内容。

李塨继承和发展了颜元的三事六府之学,贯彻他的"实学""实用""实效"教育思想,躬身实践,农工商各有职掌;举凡农田水利、理财、武备、刑法等各宜设科教学,无一不是经世致用之学的具体内容。《清儒学案·恕谷学案》认为李塨在实学方面,继承、发展了"习斋家法",对习斋论著时加以补充。梁启超称颜元、李塨是启蒙派,抱经世致用之观念,致力经世之务,和当时"专崇宋学,或为考证而考证,为经学而事经学"的正统派截然不同。李塨实学、实用、实效的教育思想,和颜元一样开辟了理论与实践教育的新方向,在中国古代职业教育史上产生了重大影响。

三、戴震的实学教育思想

戴震(1724~1777),字东原,号杲溪,休宁隆阜(今安徽黄山屯溪区)人,清代著名语言文字学家、哲学家、思想家。乾隆二十七年举人,乾隆三十八年被召为《四库全书》纂修官。乾隆四十年第六次会试下第,因学术成就显著,特命参加殿试,赐同进士出身。授翰林院庶吉士。晚年从事著作,曾讲学于广西寿阳书院,又主讲于浙东金华书院。著作被后人编成《戴东原先生全集》。戴震治学广博,音韵、文字、历算、地理无不精通,又进而阐明义理,对理学家"去人欲,存天理"之说有所抨击,揭露了程朱理学和清统治者"以理杀人"的反动本质,对"理"做了唯物主义的解说。在职业教育思想方面,他也提出了以实用科学补儒学之空疏的思想。

（一）以实学补儒学之空疏

戴震认为，教育的目的是培养具有圣智的贤才，治学的目的在于"闻道""明理"。学习儒家经典的同时，还要学习实用的自然科学知识。若没有科学知识，则经典上所讲的东西是无法审识判断的。他提出："经之难明者，尚有若干事，如天文、古韵、典制、舆地、名物、算术、律吕等学"，"儒者不宜息置不讲，如悬绳树，毫厘不可有差"[①]。他还提出："不知恒星七政所以运行，则掩卷不能卒业"，"不知地名沿革，则禹贡、职方失其处所"，"不知少广旁要，则考工之器不能因文而推其制"，"不知鸟兽虫鱼草木之状类名号，则比兴之意乖。"[②] 所以，戴震认为，实学是理解经学的基础，研究自然科学，才能会通诸经。于是，在他的教学内容中常常把天文、数学、地理、工艺等列在学生必学科目。

（二）学问"务切实用"

戴震努力钻研并教授自然科学，对于天文、数学、水利、工程等自然科学，皆有精湛的造诣。他汲取了当时自然科学发展成果，写出了很有创见的著作。如"其测算之书，有《原象》四篇，《迎日推策记》一篇，《勾股割圆记》三篇，《续天文略》三卷……皆古人所未发也。"[③] 因此，戴震虽为儒学大师，但其作品突破儒学局限，包含诸多实用科学技术内容。戴震提倡研究、学习实用科学，要为生产服务。他为整理《夏侯阳算经》写的跋提出："其书务切实用，为官曹民事所必需"。在《续天文略》中说，学习研究天文绝非"妄语机祥"，而是掌握"日月星运行有常"，然后"施之于用"，"用知时节，而趋耕作"，"示农事女工勿怠缓也"。他编著的《宜隶河渠书》被后

[①]《与是仲明论学书》。
[②]《戴东原文集》卷九。
[③]《清史稿·戴震传》。

人称为"有用之书,为国家水利农田利泽无疆之功"①。

四、阮元的"专勉实学"教育思想

阮元(1764~1849),字伯元,号云台、怡性老人,江苏仪征人,乾隆五十四年进士,先后任礼部、兵部、户部、工部侍郎,山东、浙江学政,浙江、江西、河南巡抚及漕运总督、湖广总督、两广总督、云贵总督等职。历乾隆、嘉庆、道光三朝,体仁阁大学士,太傅,是清乾嘉学派中一位著名的学者和教育家,在经史、数学、天算、舆地、编纂、金石、校勘等方面都有着非常高的造诣,对近代教育的发展也产生了一定的影响,被尊为一代文宗。

(一)"专勉实学"的教育思想

阮元出生在扬州一个盐商家庭,自幼受"明体达用"思想的影响,青少年时专心于经学和自然科学,也接触到了西方的天文、数学著作。阮元做官以后,仍保留了学者本色,在繁忙的公务中,抽出时间做学术研究工作,在经籍训诂之外还研究天文、历算、地理等学科,结合自己的教育实践,组织学者、学生编纂了《十三经注疏校勘记》《经籍纂诂》《畴人传》等书。《畴人传》是我国第一部大型的自然科学家传记,辑录了从黄帝到清朝中期我国天文、数学家243人,西方天文、数学家37人,开创了我国全面总结整理科技史的先例。《畴人传》"综算氏之大名,纪步天之正轨,质之艺林,以稔来学,俾知术数之妙,穷幽极微,足以纲纪群伦,经纬天地,乃儒者实事求是之学,非方技苟且干禄之具,有志乎通天地人者,幸详而览焉"②。让广大学者士子懂得自然科学知识的重要性,大力提倡"实测"精神,反对迷信和墨

---

① 《戴东原先生年谱》。
② 《畴人传·凡例》。

守成规，介绍了我国历史上自然科学的辉煌成就，对当时世人学习和研究自然科学发挥了积极的推动作用。

明末清初，西方的一些自然科学知识由传教士带入中国。同时，戴震等学者倡导将我国古代天文、算学等自然科学作为研究经学的工具和辅助知识，自然科学的研究到了一个新阶段。阮元受戴震的影响，一方面博通六经，另一方面对自然科学很有研究。阮元大力推崇算学："数为六艺之一，而广其用，则天地之纲纪，群论之统系也。天宇星辰之高远，非数无以效其灵；地域之广轮，非数无以步其极；世事之纠纷繁赜，非数无以提其要。通天地人之道曰儒，孰谓儒者而事以不知数乎！"① 认为天文、算学等自然科学是真正的学问，不仅能加深对经的理解，还有利于经世济民。他批评"后之学者，喜空谈而不务实学，薄艺事而不为，其学始衰，降及明代，寝以益微。"② 抨击明代理学家空谈性命、不务实学导致中国天文算学落后于西方，倡导改革当时的传统教学内容，恢复自然科学知识的重要地位。

（二）"致事之学"的教育内容

阮元在任浙江巡抚期间，于嘉庆五年（1800）创办诂经精舍，在广东任两广总督期间，于道光元年（1821）开办学海堂。这是两所经学、实学结合的新型书院，不仅人才辈出，而且研究成果颇多。阮元在诂经精舍、学海堂的日常教学活动中，将"稽古之学"与"致事之学"结合起来进行传授，不仅讲授"经史、苍雅、星纬、金石、考订、文艺之学"，而且也讲"兵刑漕河诸经济之学。"《诂经精舍文集》收入《炮考》三篇，从"炮"字的起源介绍炮的发展历史和使用方法，还谈到了明末清初引进的西洋火炮，呼吁统治者重视对武器的改进和利用。由此可见，诂经精舍的教学内容并非全是毫无实际意义的文字训诂考据之学。

---

①② 《研经室三集》卷五《里堂学算记序》。

在科举八股之学盛行的形势下，阮元在浙江以天文算学别为一科，让那些"精于西人算术，通授时宪之法，明于仪器"的学子就试，为学生积极钻研自然科学创造了条件，提供了机会。在阮元的督促和指导下，当时诂经精舍的学生中"能习推步之学者不乏人"。

(三) 重视实验的科学精神

阮元在比较中、西方自然科学的基础上，认为："唐宋说部性理诸书，惟高陈其理，而未能实验其事。西洋天文学诸书，略能于事求理，而未抉其微。余观古人之书，兼采泰西之说⋯惟期理明事实而已。"[1] 他承认"西人尚巧算，屡经实测修改，精务求精"[2]，重视仪器制造，制器精巧，比中国固守卦气之说，无所用心要先进，世人不应持怀疑和排斥态度，特别是西方重视实验的方法，求实的精神，更应该吸收和借鉴。他觉得中国学者不重视实验，只知道高谈阔论而未实验其事，甚至还杂以方术迷信内容，背离了"实践"的原则，实在是不可取。这亦是造成中学落后于西学的重要因素。他在修水利、建炮台、写《浙江图考》时，都进行了实地勘测，在某种程度上是受到了西方实验方法的影响。

(四) "惟求其是"的教育思想

阮元看到了当时人们对西方的自然科学持有不同观点，一种是"值中法湮替之时，遂使乘间居奇。世人好异喜新，同声附和"[3] 的迷信西学现象；另一种是"每据人之密而追咎古人，见西术之精而薄视中法"[4] 的全盘反对西学现象。阮元提出了"惟求其是"的观点，认为无论是学习西学还是学习中法都应实事求是，盲目崇拜西方理论或中国古法都是不对的。他说："元

---

[1] 《定香亭笔谈》卷三。
[2] 《畴人传·序》。
[3] 《续畴人传·序》。
[4] 《畴人传·凡例》。

尝稽考算氏之遗文，泛览欧罗之述作，而知中之与西枝条虽分，而本干则一也，……中之与西不同者其名，而同者其实。乃疆生畛域，安所习而毁所不见，何其陋欤！"① 表明他通过比较中国算学著作和西方科学著作，看到了理论上的大同小异，各有所长，"苟能综二千年来相传之步算诸书，一一取而研究之，则知吾中土之法之精微深妙，有非西人所以及者，彼不读古书，谬云西法胜于中法，是盖但知西法而已，安知所谓古法哉"②，认为对西学要能"取其精华，而去其糟粕"，不能对西学一概弃而不用或崇洋媚外，全盘照搬。

阮元还认为，如果全社会都重视自然科学的教育和研究，中国学者能"追逐占今推步之法，亲验七政运行之故，精益求精，则其造诣当必有出于西人之上者"③。他认为中国不可能总是落后于西方，预见到中国的自然科学必会不断前进，超过西方，充分体现了他的民族自信心。和当时许多儒家学者一样，阮元一方面主张向西方学习自然科学知识，振兴中国的自然科学事业；另一方面也看到了传教士在带进西学的同时也在进行文化侵略，预感到西学的传入有可能会使中国传统的伦理道德体系崩溃，自然而然地产生了对西学的抵触情绪。同时，阮元所倡导的自然科学知识教育仅仅止于为经学服务的层面，难免具有时代局限性。

五、叶天士的医学教育思想

叶天士（1666~1745），名桂，号香岩，又号上律老人，江苏吴县人，是一位具有巨大贡献的伟大医学家，后人把他和张仲景、华佗相提并论。他首先是温病学派的奠基人物，又对儿科、妇科、内科、外科、五官科无所不精。无论其医学理论还是治学态度都值得后人珍惜和学习。

---

① 《里堂学算记·序》。
② 《畴人传·利玛窦传论》。
③ 《畴人传·汤若望传论》。

（一）遍访名家，谦诚求学的治学态度

叶天士14岁丧父，从学于父亲的门人，很快小有名气。他酷爱医学，性格谦逊，凡是听说有比自己高明的医生，都不远千里，前往求教，从不矫作遮掩。叶天士先后拜了17位老师，终成医界骄子，他的谦恭诚恳，也成为后世习医者学习效仿的典范。

叶桂本来就"神悟绝人"，加之这样求知如渴、博采众长，且能融会贯通，因此自然在医术上突飞猛进，不到30岁就声名远播。他精于各科医术，尤其在温病一门独具慧眼、富于创造。在杂病方面，他补充了李东垣《脾胃论》详于脾而略于胃的不足，提出"胃为阳明之土，非阴柔不肯协和"，主张养胃阴；对中风一症有独到的理论和治法；提出久病入络的新观点和新方法等。

（二）不囿成论，大胆创新的温病论

在清代以前，中医论治热病大都采用《伤寒论》的方法。叶天士的著作《温热论》全文言简意赅，对于临床常见的温热病的病状和传播规律做了精辟的分析和总结，是温病学派的开山之作。他将使用了千余年的以"六经辨证"为主的外感病诊断方法，进一步发展为以"卫、气、营、血"四个层次为主体，由表及里的辨证方法，这既是成功的创新，又是对于六经辨证的高水平的应用和发展，标志着中医学在辨证水平上的又一次提高。自此，将"伤寒"与"温病"两大学说从辨证方法上区分开来。他这种大胆的创新来自于对前辈医书的透彻分析和丰富的临床经验。他认为，温病的病理变化主要是"卫、气、营、血"的病机变化，提出"卫之后方言气，营之后方言血"的观点，提出了"在卫汗之可也，到气才可清气，入营犹可透热转气，……入血就恐耗血动血，直须凉血散血"[①]的治疗方法。

---

① 《外感温热篇》。

另外，他还概括了温病的特征性发展规律，如"温邪上受，首先犯肺"①，指明温邪的传入是从口鼻而来，首先出现肺经症状，如不及时外解，则可顺传阳明或逆传心包，与伤寒之邪按六经传变完全不同。再如"温邪上受，首先犯肺，逆传心包。"② 被医家认为是对现代医学常见的由肺炎导致心肌炎这一现象从中医学理论角度最贴切的诠释。他还提出了"吾吴湿邪，害人最重"的观点，认为温病产生于江南一带，与地域和气候有很大关系，与北方的伤寒派的差异很大，这也是温病学的重要特征。

叶天士在诊断上发展、丰富了察舌、验齿、辨斑疹、白疹等方法，对一些常见急症热病，如时疫和痘麻斑疹等，有独到看法和妥善治法。他也是中国最早发现猩红热的医家，他的许多治法方剂，经弟子整理而成为广传后世的效验名方，和他的温病学说一道被后世医家奉为经典、推崇备至，对医学职业教育产生了深远的影响。

（三）悬壶济世的医德思想

叶天士的医术多惠及"贩夫走卒，卖浆者流"，史书称他"居家内行修备，尤能拯人之危"。他觉得"学问无穷，读书不可轻量也"，虽身负盛名，仍然手不释卷，体现了学无止境的进取精神。他在医学中治病救人的仁者之心，也体现在他的待人接物方面，故后人赞其"内行修备，交友以忠信。……以患难相告者，倾囊拯之，无所顾藉。"叶天士在世八十年，临终前警戒他的儿子们说："医可为而不可为，必天资敏悟，读万卷书，而后可借术济世。不然，鲜有不杀人者，是以药饵为刀刃也。吾死，子孙慎勿轻言医。"③ 凸显出对行医救治的极端负责态度和医学专业境界。

---

① 《温病论》。
② 《外感温热篇》。
③ 《香岩传》。

六、吴瑭的"医医病"医学教育思想

吴瑭(1758~1836),字配珩,又字鞠通,江苏淮阴人,少年习儒,19岁立志学医,著成《温病条辨》,提出"三焦辨证"理论,成为温病学派代表人物之一。以医为业40余年,晚年著《医医病书》(1831)二卷,针砭时医弊端,阐论医德,亦为世人所重。其医案得后人汇辑整理成《吴鞠通先生医案》(一名《吴氏医案》)五卷(一作四卷)。在医学教育方面,除了著书立说和授徒传技之外,其学医"须用格致诚正之功"、读书"戒喜简畏繁,又戒好博不精"、立说"须补偏救弊,精而勿杂"以及医德论是宝贵的医学教育思想,对后世医学教育产生了重要影响。

(一)"三焦辨证"医学思想

吴瑭创立了"三焦辨证"的学说,是继叶天士发展了张仲景的六经辨证,创立了"卫气营血"辨证方法之后,在中医理论和辨证方法上的又一创举。"三焦辨证"法就是将人体"横向"地分为上、中、下三焦:上焦以心肺为主;中焦以脾胃为主;下焦包括肝、肾、大小肠及膀胱。这种新的人体脏腑归类方法十分适用于温热病体系的辨证和治疗。他提出三焦的正常传变方式是由上而下的"顺传"途径,"温病由口鼻而入,鼻气通于肺,口气通于胃,肺病逆传则为心包,上焦病不治,则传中焦,胃与脾也;中焦病不治,则传下焦。始上焦,终下焦。"① 因而,由传变方式也就决定了治疗原则:"治上焦如羽,非轻不举;治中焦如衡,非降不安;治下焦如沤,非重不沉。"② 在《温病条辨》中,吴瑭认为温病有9种,温疫是其中最具传染性的一种,除此之外,另外还有其他8种温病,可以从季节及疾病表现上加以区分,这是对于温病很完整的一种分类方法。他还列举了许多优秀的实用方剂,

---

①② 《温病条辨》。

为后世医家常用。

（二）"医必以明理为要"

吴瑭自述"兹经历四十年矣，时时体念，时时追思，愈知医之难且深也。"① 他指出："盖医虽小道，非真能格致诚正者不能。上而天时五运六气之错综，三元更递之变幻，中而人事得失好恶之难齐，下而万物百谷草木金石鸟兽水火之异宜，非真用格致之功者，能知其性味之真耶？"② 也就是做医生应当上知天时运气，中通人事得失，下识万物性味；学医术须通晓其理，纠其倚偏；行医诊治关乎性命，宜补宜攻，不可偏差。

他提出："不明理者，虽饮食亦不能调；明理者，虽毒药亦应手而效，故医必以明理为要。""倘若学者并未细心格物，无知妄作，自误误人，为害实甚也。"③ 不能勤于思索，穷究医学原理，就无法获得真知灼见。如果一知半解就妄加施治，就会误人害己，危害很大。他认为，学医的人应当博学古今，不能浅尝辄止，片面理解；也不能局限于一家之说，刚愎自用，"及其读书之时，得少便足，偏好偏恶，谬于一家之言，人者主之，出者奴之，爱读简便之书，畏历艰辛之境。至于临症之际，自是而孟浪者害事，自馁而畏葸者亦害事。有所偏则不得其正。非真能用诚正之功，能端好恶以备四时之气哉？"④莽撞施治和犹豫不决都会贻误性命。如果不能诚心正意地下一番苦功夫，怎能做到明理为要，临证施治呢？

（三）"戒喜简畏繁，戒好博不精"

吴瑭认为："不尊经则学无根柢，或流于异端。"并针对当时一些学者只读《药性赋》《汤头歌诀》便欲行医的流弊，严肃指出："今人不读古书，安于小就，得少便足，囿于见闻，爱简便，畏繁重，喜浅近，惧深奥，大病

---

①④ 《医医病书·医非上智不能论》。
②③ 《医医病书·医以明理为要论》。

也"。并明确提出：《神农本草经》《灵枢》《素问》《难经》《伤寒论》《金贵要略》，甚至《易经》、四书皆为医者不可不读之书。他还指出："叶氏之书，本不易读，盖其用古最多，读者不知其来路，不能领会其用意。"可见学医必须读经典医书和必要的儒学经典来帮助理解。另外，吴氏还认为："务博而不精详，亦为学人之大病"。儒家之书、医家之书重要的莫过于《易经》、四书和《内经》《难经》《玉函经》。这些治学主张对后世学医者大有裨益。

（四）"补偏救弊，精而勿杂"

吴瑭认为："古法之阙略者补之，偏胜者论之，流俗之坏乱者正之，治验之可法者表之。"对于前贤疵谬粗疏之处，敢于直言驳证，毫不隐讳。他在撰写《温病条辨》一书时，纲目分明，诸条、诸证及诸方，都具体说明出处，以免后人妄注，参以杂说，失其本义，贻误后学。虽然有如此成就，但是他依然谦逊诚恳备至，不贪前人之功。他曾自谦地说："诸贤如木工钻眼，已至九分；瑭特透此一分，作圆满会耳。非敢谓高过前贤也。"[1] 又谓："未始非叔和有以肇其端，东垣、河间、安道、又可、嘉言、天士宏其议，而瑭得以善其后也。"[2] 这样客观地对待前人和他人的成就，非明道济世之人是难以做到的。

（五）"医也，德为尚"医德教育论

吴瑭在晚年著有《医医病书》，针砭时医俗医的弊端，提倡博学和医德。他对"时医又骄又吝，妄抬身份，重索谢资"大加指责，认为行医治病关乎生死，不可以利为先。他痛斥俗医"为自己打算则利，其如人命何？己以是谋生，人竟由是致死，清夜自思，于心安乎？"[3] 他非常鄙视那些将行医作为末路，不求学术之精，只图敛财糊口的庸医："呜呼！生民何辜，不死于病

---

[1] 《温病条辨·凡例》。
[2] 《温病条辨·上焦篇》。
[3] 《医医病书·时医俗医病论》。

而死于医,是有医不若无医也,学医不精,不若不学医也。"① 悲叹庸医不学无术、草菅人命的残酷现实。

吴瑭的《医医病书》专辟《医德论》:"天下万事,莫不成于才,莫不统于德。无才固不足以成德,无德以统才,则才为跋扈之才,实足以败,断无可成。有德者,必有不忍人之心。不忍人之心油然而出,必力学诚求其所谓才者。医也,瞽也,德为尚矣。"② 他认为学医首先要有医德,要德才兼备。医者的"不忍人之心"即不忍心看到患者为病痛所苦,为庸医所害,竭尽全力施救的良心。具备不忍之心才会刻苦学习医术,成为救死扶伤的良医。

对于医界各立门户之弊,他谆谆告诫同道、门徒:"后之学者,其各以明道济世为急。毋以争名竞胜为心,民生幸甚。"③ 彰显了医学大家风范。

七、王士雄的医学教育思想

王士雄(1808~1868),字孟英,又字篯龙,浙江钱塘(今杭州市)人,清代中医温病学家。他毕生致力于中医临床和理论研究,著有《温热经纬》《霍乱论》《随息居饮食谱》《归砚录》《重庆堂随笔》《潜斋简效方》等,对温病学说的发展做出了承前启后的贡献,尤其对霍乱的辨证和治疗有独到的见解,还提出重视环境卫生、防疫、食疗等医学教育思想。

(一) 博采众长,直造精微的治学态度

勤奋好学是王士雄治学最可贵之处。他身处逆境,但学医之志愈坚,平时苦心攻读,手不释卷,上自《内经》《难经》,下迄明清诸先贤著作,无不深究极研,并能博采众长,融会贯通,打下了坚实的中医理论基础。《海宁州志》称他"究心《灵》《素》,昼夜考察,直造精微"。

---

① 《温病条辨·自序》。
② 《医医病书·医德论》。
③ 《温病条辨·杂说》。

王士雄生活在西学东渐的时代,他对当时传入中国的西方医学持开明态度,摒弃门户之见,取长补短,并且批评中医界有些人崇古尊经、拒绝接受西说的保守观念,体现了他善于吸取新知的治学精神。王士雄还十分重视临床,从实践中求得真知,虽然平时诊务繁忙,但是广泛接触病人为他积累了丰富的临床经验。他在大量临床实践的基础上,采取"以轩岐仲景之文为经,叶薛诸家之辨为纬"①的编纂原则,辑集各家医论,阐发自己的见解,于1852年著成《温热经纬》,其中明确提出"新感""伏邪"两大辨证纲领,重视审同察异,灵活施治,充实并发挥了瘟病的发病机理和辨证施治理论,使温病学说遂成系统,成为温病学之集大成者。

清道光年间,江浙一带霍乱流行,王士雄不避秽恶,尽力救治,并于1838年写就《霍乱论》书稿。1862年,沪地霍乱猖獗,他又将原书重订,更名为《随息居重订霍乱论》,汇集生平治法、医案、医方,对霍乱的病因、病机、辨证、防治做出了系统论述。霍乱病汉代以来就见诸医书,概称吐泻一类病症;清朝时真性霍乱传入,两者概念常被混淆。王士雄提出霍乱分为时疫真性霍乱、寻常吐泻霍乱,前者多属热霍乱,后者则属寒霍乱。寒霍乱是阴阳二气乱于肠胃造成的;热霍乱则是一种"臭毒"疫邪为患,由于暑秽蒸淫、饮水恶浊所致,应该明辨细析,区别施治。这在当时是一个了不起的创见。

(二)重视食疗的思想

王士雄生活在社会底层,深知民众的疾苦,"饮食失宜,或以害身命"②,于1861年编著了《随息居饮食谱》一书,详述330多种药食的性能和治疗作用,并载述了许多民间食疗便方,是较为系统的食品营养和食疗专书,而他的《王氏医案》中,应用食疗方案亦比较多。他认为,以食代药"处处皆

---

① 《温热经纬·自序》。
② 《随息居饮食谱·前序》。

有，人人可服，物异功优，久服无弊。"① 如对伤津液的病人，主张多食梨汁、蔗汁，以其凉甘之性味达到救阴养阴之目的。他称梨汁为"天生甘露饮"；甘蔗汁为"天生复脉汤"；西瓜汁为"天生白虎汤"等。王氏常选择食物，配合成适当方剂，临床时用以提高疗效。如以橄榄、生萝卜组成"青龙白虎汤"治疗喉症；以生绿豆、生黄豆、生黑大豆（或生白扁豆）组成"三豆饮"以治痘症、明目、消疳、疮疡、泄泻；以漂淡海蜇、鲜荸荠合为"雪羹汤"；以猪肚、莲子为"玉苓丸"等；还主张节饮食，忌厚味，戒醇酒，宜进清淡饮食，以保护脾胃功能，预防夏秋季胃肠道传染病。他研究和推广食疗之方，将平淡饮食用于治疗并收到奇效。

（三）重视环境卫生的思想

通过行医实践，王士雄发现环境污染、水源和饮食不洁是温病特别是霍乱病的重要病因。江浙一带居民饮食濯秽，共用一水，暑月旱年，热毒蕴蓄，因此多发霍乱、疟疾、痈疡等疾病。王士雄移居上海时亲见商船群集、人烟稠密，居住拥挤，污染严重，以致霍乱疫疠等病流行。所以，他力倡疏通河道，毋使积污，广凿井泉，毋使饮浊；并主张饮雨水、雪水，贮水以备用。他在刊行《重庆堂随笔》时详细介绍了审水源、定井位、凿井、试水美恶、验水质好坏等方法。同时，他提倡于夏秋季节，将白矾、雄精置井中，解水毒、辟蛇虺；将降香、菖蒲投缸内，去秽解浊用药物来净化水；以枇杷叶汤代茶，去除一切外感时邪，方法简便易行，至今仍为民间所习用。他还认为田螺能澄浊，宜蓄水缸，这是用生物净化水质的良好方法。另外，他提倡改善室内外卫生条件，曾说"住房不论大小，必要开爽通气扫除洁净。设不得已而居市廛湫隘之区，亦可以人工斡旋几分，稍留余地，以为活路"②。夏秋之际湿热蒸腾，室内多秽，可焚大黄、茵陈等药，以去秽辟浊，预防疾病。

---

① 《随息居饮食谱》。
② 《随息居重订霍乱论》。

这些思想颇有创见，突破了传统的医论医方范畴，在其他医家思想中未曾涉及，是当时难能可贵的医学教育思想。

八、吴中孚的商业教育思想

吴中孚（生卒年月不详），清乾隆年间著名徽商，根据商业的实际需要而编纂了《商贾便览》八卷，内容不仅有水陆路程、商业条规、物价、商品生产、流通、市场、经营方法等经商必备基本知识，还包括儒家伦理商道、经商行为规范等方面的内容。书中所述观点不仅是商人自身思想意识的体现，也反映了当时社会人们对商业的普遍看法，实际上也是吴中孚关于商业职业教育思想的反映。

（一）"行商""坐贾"并重

吴中孚在《商贾便览》自序中说，他从12岁即开始经商，编纂的目的在于"因见坊间江湖必读一书，确当行商要说，但既有行商之论，岂遂无坐贾之论，爰增数条，兼及土产、书算、字义、辨银、路程等类，辑成数卷，名为商贾便览，以训后裔"。《商贾便览》卷一"江湖必读原书"部分，基本上是辑录了《三台万用正宗》《士商类要》《客商一览醒迷》等书中行商者必备的知识；"工商坊要"部分是新增内容，包括"学徒称呼须知、学徒任事切要、因人授事，量能论俸"等内容，详细介绍了有关学徒、开店、店铺的选择、如何用人等关于"坐贾"的内容。该书既对前人经商理论进行了系统整理，同时亦在兼论坐商经验，弥补了前人商书的不足，是他一生经验的总结。

（二）重视商业道德

吴中孚非常重视对商人进行儒家思想基础上的商业道德教育，强调传统的伦理道德思想对商人的积极影响，注重中国传统文化、人伦道德对经商行为的规范作用。他在《商贾便览》开篇中说道："习商贾者，其仁、义、礼、智、信，皆当教之焉，则及成自然生财有道矣。苟不教焉，而又纵之其性，必改其心，则不可问矣。虽能生财，断无从道而来，君子不足尚也"。商业是社会所必需的一种职业，商业行为本质上是讲求利益的，不可避免地会带着唯利是图的属性。但中国传统文化中又很注重利义关系，强调以义取利，不能见利忘义。如何协调这二者的关系，始终是中国传统社会中从事经营活动的商人面临的重要问题。吴中孚的商业道德观仍然是传统伦理中的以义为重，反对见利忘义。这种传统的"义利观"对清代的商人具有深刻的影响。

（三）推崇勤俭致富

《商贾便览·江湖必读原书》中说："富从勤得，贫系懒招"。《商贾便览》中还有："若谓贫富，各有天定，岂有坐可致富懒可保贫哉？"的论述，以尚勤、崇俭的观点批评"贫富天定"的谬论。他以自身作为实例，阐述勤俭致富的道理，批评懒惰好闲之人衣食无着的窘况："吾衣食丰足，未必不由勤俭而得。观彼懒惰之人，游手好闲，不务生理，即无天坠之食，又无他产之衣，若不饥寒，吾不信矣"。强调勤俭二字是经商致富之本。

（四）强调安全行商

《商贾便览·江湖必读原书》郑重告诫经商者："凡外出，先告路引为凭，关津不敢阻滞；投税不可隐瞒，诸人难以协制。此系守法，一也。凡行船，宜早湾泊口岸，切不可图快夜行；陆路宜早投宿，睡卧勿脱里衣。此为防避不测，二也。凡店房门窗，常要关锁，不得出入无忌；铺设不可华丽，诚恐动人眼目。此为谨慎小心，三也。"对于抵制经商遇到的各种诱惑，他指出："赌嫖二事，好者无不败家倾本，甚至丧命……二害非小，当自知之"。

（五）提倡诚信经营

在经营理念方面，《商贾便览》中反复强调在商业运作过程中，不仅要公平交易，光明正大，而且要诚实无欺，重恩守信。其中有诸多规范要求，包括双方买卖交易时"好歹莫瞒牙侩，交易要自酌量"，"货之精粗，实告经纪，使彼裁夺售卖，若昧而不言，希图侥幸，恐自误也"，"买卖既已成交，又云价贱不卖，希望主家损用增补，此非公平正大人也"；还告诫商贾"宁甘清淡，不以利禄关心，正大光明，惟求洁白"，"凡处财治事，须宽弘大度"，"怀人以德"，"恩德之债，尤当加倍奉偿"等等。在商业运作中体现中国传统伦理所提倡的"诚者天之道也，诚之者人之道也"的诚信观。

九、王秉元的商业教育思想

王秉元（生卒年月不详），江苏句曲人，乾隆年间的商人，总结经商的成功经验纂集《生意世事初阶》抄本，此后又著《贸易须知》刊行。和大多数商书主要论述"行商"不同，王秉元的《生意世事初阶》和《贸易须知》专门论述和传播了"坐贾"经营技能，也阐发了他的经营理念和商业教育思想。

（一）重视商人职业教育的思想

王秉元在《贸易须知·序》中自述："余贾人也，少时习业，承师友指教多端，皆一一听受，以底于成。至今心焉溯之，犹觉耳熟而能详也。……余既承人之教而获益矣，则人之受业于我者，余又安忍秘之？暇辄追述旧闻，添之己见，编为一百余条，名曰'贸易须知'，以示继我业者，代口舌之劳焉"，希望"初学者研求温习，玩味熟思，即此目击心通，何啻耳提面命？依准绳，循规矩，由道义，履中和，异日有成，出人头地，则余之一片深心为不负矣"。可见王秉元总结自身从商的经验编写成书，是为了后来的从商者便于学习经营技能和经验,从中不难理解王秉元的商业经营理念和教育思想。在对商人的职业认知方面,《生意世事初阶》《贸易须知》较之明代商书具有更加鲜明的崇商意识,将"异日有成,出人头地"作为经商的追求,反映了经商者自身的职业自豪感和商人意识的觉醒。

（二）严格授徒的思想

《生意世事初阶》从开店经营的角度,传授学徒如何学习店铺知识、如何迎对顾客并兼及为人处世之道等,鲜明体现了对学徒在道德人品、专业知识等方面严格要求的思想。

在《生意世事初阶》与《贸易须知》开篇,都要求学徒"第一要守规矩、受拘束。不以规矩,不能成方圆;不受拘束,则不能收敛深藏",也就是首先严格遵守店规;其次是洁身自爱,"扫地倘遇失落银钱,须拾取放在账桌上,不可怀藏"。对学徒在人品道德方面的严格要求贯穿全书内容,如"烟酒最为误事,有损无益,切不可勉强,致坏身体","酒乃杀身鸩毒,色为刮骨钢刀"要"戒之慎之","切不可嫖赌废荡";"女子堂客来买东西,切勿笑言戏谑,趣语留连"①。《贸易须知》强调："商亦有道,敦信义,重然诺,习勤劳,尚节俭。此四者,士农工皆然,而商则尤贵,守则勿失。"这是儒家文化与传统道德规范在商业道德上的反映。

王秉元认为,学徒经营技巧要从最初的人情世故开始学起。他说"学小官,清晨起来,即扫地抹桌,添砚水,润笔头,捧水与人洗脸,取盏冲茶,俱系初学之事"②,做生意首先在于做人,这种人情世故的训练是对学徒基本素质的培养,强调"学生意,要照看柜里柜外,看人做生意,听人说甚的话,彼此买卖交易,问答对敌,贯穿流通,必须听而记之"③；"进店学生意者,全在流通活泼。先学眼前一切杂事,谙练熟滑,伶俐精灵。更要目瞧耳听,手勤脚快。大概已定,然后用心学习戥子、银水,算盘、笔头。

---

①②③ 《生意世事初阶》。

次之听人言语，学人礼貌。种种法门，都要学到。"① "如是种种，方入生意之门"②。

在专业知识方面，他认为"学生意，先要学官话"，"学字须在饭后闲暇无事"，学算盘"要在晚上无事"，"称小戥必平口，称大戥务必平眉，不可恍惚，称准方可报数"；辨银子的成色要"整锭者，看其底脸，审其路数"分辨出处，"块头者，看其宝色、墙光、底脸、查口。纹银是纹银查口，九五是九五底脸，如底脸不相顾者，必要存神"③，以防收进假银子。这是难度最大的基本功之一，学徒需要长时间习练和积累才能掌握。

（三）实践教学思想

王秉元非常重视实践教学，《生意世事初阶》与《贸易须知》都强调，学徒在经过严格的品行和技能训练之后，就要正式上柜经营，进行实践学习锻炼。"学到周年两载，生意有点眉眼，有点墨线，就要硬着头，恋在柜上，勉力做生意，不可退后"，在经营中向师傅学习怎样与顾客洽谈生意、怎样讨价还价、怎样给顾客看货、怎样处理师徒关系、怎样收款等方面。他要求"小官上柜，必须挺身站立，礼貌端庄，言谈响亮，眼观上下，察人诚伪，辨其贤愚，买物之人，自不轻视你了"；还要根据顾客的言谈话语，随机应变，"做生意，看人来甚言谈，就要将甚话敌他，切不可嫩弱"，"交易虽要言谈，却不要太多，令人犯厌，须说的得当。你若多言，不在理路上，人反疑你是个骗子。"在讨价还价时，"开口价钱，须留些退步。时下生意老实不得，要放三分虚头，到后奉还，彼是信服的。你若突然说实在价，买者未能全信"。诸多技巧，需要长时间的实践授受和经验积累。

（四）重视商业道德思想

和众多商人一样，王秉元也在《生意世事初阶》《贸易须知》中论及商

———
①③《生意世事初阶》。
②《贸易须知》。

业道德的重要性。他特别注重对顾客的尊重与宽容，体现了诚信为本、顾客为重的经营原则。如要求店员"说话第一要谦恭逊让，和颜悦色"，"大凡言语之中，不可浇漓刻薄，诡诘奸诈"；强调"人无笑脸休开店"，"交易无论大小，须在柜前交易做妥。彼真意不买，方可做别事。切不可三心二意，别处观望打岔，更不可因还价不到本，就抛去不理他，恐买者动气而出"，体现顾客至上观点。

他认为，坐贾经营一定要以诚取信。"必须将货物从地头因何而贵，或是不出，或遭干旱，或遇水荒，以致缺长，如此分剖明白，买者自然信服，添价买去"；"公道待人，则见你童叟无欺，下次自多投奔"。他还强调做生意要一视同仁，不可嫌贫爱富。"柜上做生意，不论贫富贵贱，要一样应酬，不可别其好丑，藐视于人。做生意的人，是无大小上下，只要有钱问我买物，他即是个花子，总可交接。所谓生意人无大小，上至王侯，下至乞丐，都要圆活谦恭，应酬殷勤为要"。

在人际道德方面，《生意世事初阶》要求东家要体恤伙计，伙计亦要尽职尽责。"东君固须体恤伙计，量材给俸，水深才养得鱼住。为伙计者，亦当尽心竭力。有道：食人之禄，必当忠人之事"。《贸易须知》对于"做掌权大伙计者，不可自抬身价，切勿目中无人。诸事要有赏有罚，按事提调，即或东家有非礼不是处，亦宜直谏，不可谄谀。而待同事及待下等人，亦要圆活通融，倘有不是处，亦以理而剖之，则上下欢心，无不服你"，强调伙计不可自以为尊，自夸其能，惹得众人不服，背后唾骂。此外，还阐述了如何对付赊账之人、如何追账、讨账等坐贾经营必不可少的人际交往技巧和道德要求。

在清代，市场交易缺乏完备的法律和制度保护，民间商道实际上发挥了秩序约束和信用支撑作用。这两部商书中所代表的清代商贾经营理念，反映了中国传统"仁、义、礼、智、信"的道德规范，强调尚德重于趋利的诸多训诫，诚信为本的伦理提倡及顾客为重的经营理念等，均成为当时市场交易的无形约束规范。对于当今市场经济发展也具有一定的启迪价值。

参考文献

著作部分

[1] 孙培青：《中国教育史》，华东师大出版社2000年版

[2] 郭家齐：《中国教育思想史》，教育科学出版社1987年版

[3] 王玉生：《中国教育思想研究》，中国社会科学出版社2006年版

[4] 朱永新：《中华教育思想研究》，江苏教育出版社1993年版

[5] 吴玉琦：《中国职业教育史》，吉林教育出版社1991年版

[6] 路宝利：《中国古代教育史》，经济科学出版社2011年版

[7] 米靖：《中国职业教育史研究》，上海教育出版社2009年版

[8] 朱永新：《中国教育思想史》（上下），上海交通大学出版社2011年版

[9] 李蔺田：《中国职业技术教育史》，高等教育出版社1994年版

[10] 毛礼锐、沈灌群：《中国教育通史》（1~6卷），山东教育出版社1985年版

[11] 王玉哲：《中华远古史》，上海人民出版社2003年版

[12] 胡厚宣、胡振宇：《殷商史》，上海人民出版社2003年版

[13] 杨宽：《西周史》，上海人民出版社2003年版

[14] 顾德融、朱顺龙：《春秋史》，上海人民出版社2003年版

[15] 杨宽：《战国史》，上海人民出版社2003年版

[16]《国语》,上海古籍出版社1978年版

[17]《十三经注疏》,中华书局1980年版

[18]《睡虎地秦墓竹简》,文物出版社1978年版

[19]《颜元集》,中华书局1987年版

[20]《战国策》,上海古籍出版社1985年版

[21]《诸子百家丛书》,上海古籍出版社1989年版

[22]《诸子集成》(1~8),影印本,上海书店1986年版

[23]林剑鸣:《秦汉史》,上海人民出版社2003年版

[24]王仲荦:《魏晋南北朝史》,上海人民出版社2003年版

[25]王仲荦:《隋唐五代史》(上),上海人民出版社

[26]陈振:《宋史》,上海人民出版社2003年版

[27]李锡厚、白滨:《辽金西夏史》,上海人民出版社2003年版

[28]周良霄、顾菊英:《元史》,上海人民出版社2003年版

[29]南炳文、汤纲:《明史》(上),上海人民出版社2003年版

[30]南炳文、汤纲:《明史》(下),上海人民出版社2003年版

[31]李治亭:《清史》(上),上海人民出版社2002年版

[32]李治亭:《清史》(下),上海人民出版社2002年版

[33]戴逸:《简明清史》(第一册),中国人民大学出版社2006年版

[34]戴逸:《简明清史》(第二册),中国人民大学出版社2006年版

[35](北齐)魏收:《魏书》,中华书局1983年版

[36](北魏)贾思勰撰:《齐民要术》,缪启愉校释、缪桂龙参校,农业出版社1982年版

[37](东晋)袁宏:《后汉纪》,周天游校注,天津古籍出版社1987年版

[38](汉)班固:《汉书》,中华书局1962年版

[39](汉)司马迁:《史记》,中华书局1982年版

[40](后晋)刘昫:《旧唐书》,中华书局1983年版

[41](梁)肖子显:《南齐书》,中华书局1983年版

[42]（明）宋应星：《天工开物译注》，潘吉星译注，上海古籍出版社1998年版

[43]（明）徐光启：《农政全书》，陈焕良、罗文华校注，岳麓书社2002年版

[44]（南朝梁）沈约：《宋书》，中华书局1983年版

[45]（南朝宋）范晔：《后汉书》，中华书局1975年版

[46]（清）张廷玉：《明史》，中华书局1974年版

[47]（清）赵尔巽：《清史稿》，中华书局1976年、1977年版

[48]（宋）欧阳修、宋祁等：《新唐书》，中华书局1975年版

[49]（宋）欧阳修：《新五代史》，中华书局1983年版

[50]（宋）司马光：《资治通鉴》，中华书局1956年版

[51]（宋）宋濂：《元史》，影印本，上海古籍出版社、上海书店1986年版

[52]（宋）薛居正：《旧五代史》，中华书局1983年版

[53]（唐）杜佑：《通典》，影印商务印书馆万有文库本，中华书局1988年版

[54]（唐）房玄龄：《晋书》，中华书局1974年版

[55]（唐）李百药：《北齐书》，中华书局1983年版

[56]（唐）李延寿：《南史》《北史》，中华书局1975年、1983年版

[57]（唐）令狐德棻：《周书》，中华书局1983年版

[58]（唐）魏徵：《隋书》，中华书局1973年版

[59]（唐）姚思廉：《陈书》，中华书局1983年版

[60]（唐）姚思廉：《梁书》，中华书局1983年版

[61]（西晋）陈寿：《三国志》，中华书局1975年版

[62]（元）马端临：《文献通考》，影印商务印书馆万有文库本，中华书局1990年版

[63]（英）李约瑟：《中国古代科学思想史》，陈立夫等译，江西人民出

版社2000年版

[64]（英）李约瑟：《中国科学技术史》，科学出版社、上海古籍出版社1990年版

论文部分

[1] 路宝利，朱宝昌．中国原始社会"职业教育"特征与思考．河北农业大学学报（农林教育版），2011（3）

[2] 计然之策：http://3y.uu456.com/bp_0t59l4qez18xswn2y1ac_1.html

[3] 路宝利，等．试论傅玄职业人才思想．河北科技师范学院学报（社会科学版），2012（6）

[4] 吴天钧．贾思勰的农学思想及其当代价值．农业考古，2011（2）

[5] 焦振廉．试论孙思邈的医学思想．江西中医学院学报，2006（8）

[6] 张剑光．唐代陆贽农业思想研究．历史教学问题，1999（8）

[7] 黄书光．王安石的实学教育思想述评．殷都学刊，1987（4）

[8] 刘建立，文娟．范仲淹的教育思想与实践．沈阳师范大学学报（社会科学版），2004（1）

[9] 郭文韬．王祯农学思想略论．古今农业，1997（8）

[10] 潘鼎．探索郭守敬的科学思想与方法．中国科学院上海天文台年刊，1982（6）

[11] 刘可凤，解丹琪．元代经济伦理思想的实学转向．船山学刊，2016（7）

[12] 周曙光，郑玉刚．论宋应星的技术思想．宜春学院学报，2004（6）

[13] 王剑，等．试论李时珍医道文化思想体系．亚太传统医药，2010（7）

[14] 张稚鲲．龚廷贤医学教育评析．中医教育，2008（7）

[15] 张海英．从商书看清代坐贾的经营理念．浙江学刊，2006（3）

[16] 路宝利，赵友，宋绍富．治世之学：中国古代士子实学研究．职教论坛，2012（4）

后　记

在我国全面建设小康社会的关键时期，职业教育是把我国巨大的人口压力转化为人口"红利"的重要一环。加强对我国职业教育的理论研究特别是对我国古代职业教育现象、思想和规律的研究，是促进我国当代职业教育科学发展的必然要求。但是相对于现代职业教育的理论研究而言，对我国古代职业教育的研究还缺乏足够的重视。之所以如此，主要还是认识和价值问题。

职业教育是基于社会职业分化和职业人才培养的教育。虽然中国古代没有"职业"一词，但是职业的分化却是从氏族公社时期就已经初见雏形，《周礼·考工记》记载了奴隶社会已有"国有六职"的职业划分，《管子》记载了春秋战国时代的"四民分业"政策，在此后漫长的封建社会中，社会职业有了进一步的分化和发展。与此相伴随的是，从原始社会的"教化先民"到以"六艺"为代表的奴隶制官办教育都带有明显的职业性；夏、商、周时期的"畴人"之学开了古代官办技术职官教育的先河，东汉时期的鸿都门学及其之后的律学、医学、阴阳学、算学、书学、画学等官办职业教育专门学校历经兴废一直延续到清代；始于奴隶社会的官办手工业艺徒制和民间手工业技艺家传贯穿了中国古代手工业发展的始终；劝课农桑制度和大量农书刊行成为中国古代农业生产技术教育的典型方式；医学和商业技艺的私学家传取得了丰硕成果，历代名医、商贾层出不穷，著名医书、商书不断涌现。尽管这些形式多样的古代职业教育受到"重道轻器"传统思想的深刻影响和科举制度下儒学教育的严重制约,但依然以其特有的方式长足发展,并孕育产生了丰富的古代职业教育思想,为创造辉煌灿烂的中华古代文明做出了重大贡献。

然而,中国近代以来的教育制度和体系先后经历了借鉴乃至照搬欧、美、苏联等外国模式的过程,职业教育也概莫能外。这就在一定程度上造成了中国古代职业教育和现代职业教育的割裂和对立。我们不否认德国的"双元制"、美国的"普职融合"等西方职业教育理论对我国当代职业教育发展的借鉴意义,还应进一步认识到西方发达国家的长期市场经济基础和独特社会文化背景对职业教育的影响作用。同样,中国当代职业教育发展既要有创新精神和时代特色,也不能忽视对古代职业教育优秀基因的继承和发扬。我国古代职业教育既有"法式授徒"的技术理性,也有"信义为上"的职业操守和"经世致用"的人文情怀,这些恰恰是当代职业教育所欠缺的宝贵内核。我们需要从思想文化层面突破当代职业教育实用功利主义的工具价值认识,在中国古代职业教育思想中寻根立魂,真正从思想层面和文化价值上探求职业教育的真谛,在继承古代职业教育优秀传统和开放包容中重塑职业人才价值和大国工匠精神。

基于以上认识,深感对中国古代职业教育思想的研究大有可为。受命以来,自知天资驽钝,积淀浅薄,在研究之始便不敢稍加懈怠,和课题组的同事们每月相聚研讨,以保证写作的进度和质量。为不影响其他本职工作,课题研究和书稿撰写占用了两年多来的近乎全部业余时间及节假日。寒来暑往,终于完成书稿。即将付梓之际,内心稍感欣慰,但依然诚惶诚恐。在浩如烟海的中国古代职业教育思想当中,本书所载录的相关典籍、人物及其思想只是其中的若干部分,而且不免带有著者个人的主观认识和选择判断。因此,在这方面的学习和研究只是初步完成,更加深入细致的学习和研究有待今后继续进行。书中内容的欠缺和错误在所难免,诚请读者批评指正。

在课题研究和书稿撰写过程中,河北科技师范学院图书馆的彭妍副馆长

后　记

在资料查找方面提供了大量的帮助；闫志军博士、郑国萍博士、高秀叶博士、田辉（在读博士研究生）等同仁给予了很好的思路建议和帮助支持，在此一并表示衷心的感谢！

2017 年 4 月 9 日